中国智慧社区建设标准体系研究

万碧玉　主编

中国建筑工业出版社

图书在版编目(CIP)数据

中国智慧社区建设标准体系研究/万碧玉主编. —北京：中国建筑工业出版社，2017.12
ISBN 978-7-112-21539-3

Ⅰ.①中… Ⅱ.①万… Ⅲ.①社区建设-标准体系-研究-中国 Ⅳ.①D669.3

中国版本图书馆CIP数据核字(2017)第284905号

责任编辑：张幼平
责任设计：王国羽
责任校对：李欣慰

中国智慧社区建设标准体系研究
万碧玉 主编
*
中国建筑工业出版社出版、发行（北京海淀三里河路9号）
各地新华书店、建筑书店经销
北京红光制版公司制版
大厂回族自治县正兴印务有限公司印刷
*
开本：880×1230毫米 1/32 印张：9¼ 字数：222千字
2018年4月第一版 2018年8月第二次印刷
定价：**49.00**元
ISBN 978-7-112-21539-3
(31179)

《中国智慧社区建设标准体系研究》

主　　编　万碧玉　原卫东　蔡庆华

副 主 编　马　蓉　刘雅晶　刘笑愚　王树东　孙　维
　　　　　王芙蓉

编写组成员　张永刚　刘朝晖　姜　栋　曹　余　李玲玲
　　　　　冯清洋　张　行　张福军　彭桂林　聂　明
　　　　　徐立平　罗　军　张向前　刘　舸　毛芳甜
　　　　　陈正伟　李建平　陈　昂　谢　勇　张　昊
　　　　　薛国洲　陈　颖　张　健　邱　俊　孙　鹏
　　　　　李　进　廖海鸥　唐　震　王心禹　范秦寅
　　　　　冯纪武　陈宇艺　周海兵　顾　迅　黄　曦
　　　　　丁　艳　隗玉凯　纪晓伟　孟海峰　吴丽丽
　　　　　曾　昱　冯晓蒙　侯晓慧　徐俊杰　陈慧文
　　　　　冯文宇　白　洁　钟文静　杨　鹏　刘　娇
　　　　　庞广陆　朱海成　张晓娟　张飞飞　薛　倩
　　　　　邱　莉　廖艳军　何海生　田大江　董　南
　　　　　吴玉苗　万　军　庄　蕾　张伟全　刘　伟

主　　审　宋俊德

副 主 审　吴志华　钱　恒　陈海勇　曾　澜　姚世全

主编单位 中国城市科学研究会智慧城市联合实验室
绿城物业服务集团有限公司

参编单位 武汉光谷数字家庭研究院有限公司
广东国信物联科技股份有限公司
杭州绿漫科技有限公司
上海天诚智能集团有限公司
中建地下空间有限公司
中冶京诚工程技术有限公司
湖南建工德顺电子科技有限公司
北京帝测科技股份有限公司
北京建谊投资发展（集团）有限公司
富盛科技股份有限公司
中城智慧科技有限公司
碧桂园集团
中兴通讯股份有限公司
软通动力信息技术（集团）有限公司
北京东方道迩信息技术股份有限公司
棕榈生态城镇科技发展（上海）有限公司
时代智慧高新投资管理有限公司
中城慧谷（北京）置业有限公司
建设综合勘察研究设计院有限公司
中国城市科学研究会数字城市工程研究中心
中国城市科学研究会数据安全管理中心
珠光控股集团

序一

人类总是合群而居。城市的出现，是人类走向成熟和文明的标志，也是人类群居生活的高级形式。社区是若干社会群体或社会组织聚集在某一领域所形成的一个生活上相互关联的大集体，是社会有机体最基本的内容，是宏观社会的缩影，是城市重要的组成部分。社区的发展见证着城市的发展。

随着人类社会的不断发展，城市承载着越来越多的人口和功能。目前，我国正处于城镇化加速发展的时期，截至2016年底，城镇化率已达57.4%，快速发展的城市经济与相对陈旧的城市发展机制体制之间诸多的不协调导致“城市病”问题日益严峻。为解决城市发展难题，实现城市可持续发展，建设智慧城市已成为当今世界城市发展不可逆转的历史潮流。社区作为城市居民生存和发展的载体，其智慧化是城市智慧水平的集中体现。智慧社区以社区群众的幸福感为出发点，通过打造智慧社区管理系统为社区百姓提供便利，从而加快和谐社区建设，推动区域社会进步。

目前我国智慧城市发展百花齐放，智慧社区建设也五花八门。从国家部委指导建设的高度来看，智慧城市、智慧社区建设都需要在基础设施上实现标准化指导，才能实现今后城市管理数据的互联互通，才是真正的智慧城市。自2012年以来，在推进智慧城市标准化领域，我国都扮演着重要角色。在ISO、IEC、ITU等主要国际标准化组织中，智慧城市联合实验室不仅专家参与，还承担重要职务，对国际智慧城市标准化作出了重要贡献。国内智慧城市标准也在近些年蓬勃发展，2014年成立了国家智慧城市标准化总体组，在国家标准委的统筹下，总体组已取得丰富的研究成果。继《新型智慧城市评价指标》GB/T 33356—2016 之后，《智慧城市 技术参考模型》GB/T 34678—2017、《智慧城市评价模型及基础评价指标体系 第 1 部分：总体框架及分项评价指标制定的要求》GB/T 34680.1—2017、《智慧城市评价模型及基础评价指标体系 第 3 部分：信息资源》GB/T 34680.3—2017、《智慧矿山信息系统通用技术规范》GB/T 34679—2017 等四项国家标准将于 2018 年实施。2014 年 5 月《智慧社区建设指南（试行）》发布，2016 年 11 月 14 日《智慧家庭综合标准化体系建设指南》发布，这些成果都推动着智慧社区标准体系建设的发展。智慧社区如同智慧城市一样，也将是一个开放、包容、协同的智慧化平台，随着科技的进步和城市的发展，不断变更和升级内容。本书立足智慧社区本身，研究了目前阶段智慧社区体系构成的技术和内涵，并通过案例分析和地方标准的列举，提炼出标准体系框架，给出智慧社区发展的未来蓝图。希望本书可以为正在建设和将要建设的智慧社区给出良好的规划建设建议，也为正在进行的智慧社区标准化建设提供基础参考。本书的编写要特别感谢绿城物业集团和武汉光谷数字家庭研究院提供的翔实的案例分析。本著作系“十二五”国家科技支撑计划课题《智慧城镇标准体系和核心标准研究及综合评价系统研发与示范（2015BAJ08B06）》资助项目。

序二

纵观几千年社会城镇发展的历史，人类一直致力于为美好生活而努力创造。随着社会科学技术的不断发展，城镇发展逐渐开始规模化建设。近几年来，智慧城市已成为当前城市建设的主流趋势，智慧社区作为智慧城市的重要组成部分，正不断地改变着人们的生产生活。什么样的社区才能让人们的生活更舒适便捷？这是城市建设者们一直为之努力、社区管理者为之奋斗的课题。本书全面阐述了智慧社区体系构成、技术，国内现有地方标准以及智慧社区未来发展，对绿城物业乃至全国的智慧社区建设运营商提供了很好的指导，十分值得研习。

《国民经济和社会发展第十三个五年规划纲要（草案）》明确要紧紧围绕全面建成小康社会的奋斗目标，针对发展的不平衡、不协调、不可持续等突出问题。到2020年，常住人口城镇化率达到60%、户籍人口城镇化率达到45%。习近平总书记更强调，要坚持以创新、协调、绿色、开放、共享的发展理念为引领，以人的城镇化为核心，更加注重提高户籍人口城镇化率，更加注重城乡基本公共服务均等化，更加注重环境宜居和历史文脉传承，更加注重提升人民群众获得感和幸福感，促进中国特色新型城镇化持续健康发展。2016年底中国的城镇化率已达57.4%，预计2050年左右中国城市化率将达到75%。支撑新型城镇化的核心就是智慧社区的建设，在新的环境下，智慧社区已经从单纯的设备制造商、系统集成商主导，变为政府主导、各方参与、互利共赢的局面，产业链上下游涉及房产开发商、物业/社区运营商、业务提供商、设备提供商、系统集成商、电信运营商等多个角色。

近几年，我国的智慧社区建设也取得了一定的进展，但从整体上来看，我国大多数智慧社区的建设还处于探索阶段，系统效能也没有集中释放。我们绿城物业集团积极加入智慧社区建设运营行列，通过多年的积累和实践，形成了自己的建设和运营管理的标准和模式。但放眼全国，由于没有统一的标准，智慧社区的建设五花八门、互联互通性差，造成了资源与资金的浪费，建成后实际上并不能满足社区的真实需求，或者失去迭代的基础，连更新的框架都不具备，或者因为顶层设计的缺失或缺陷，使得系统不具备可扩展性，系统的升级往往要将原建系统推倒重来，造成人力、物力、财力、资源等的大量浪费。

面对智慧社区建设中的种种问题，专家认为智慧社区首先要做到人的“智慧化”，而非社区的“智能化”，技术装备可以引进和仿造，但人的素质和创新能力的提高绝非一朝一夕所能达到。在智慧社区建设的过程中需要将“以人为本”放在首要位置，发挥市场主体地位，建设要注意全面开花与典型示范的协调，宁缺毋滥。

事实上，以上这些问题的提出要求我国智慧社区建设者应该勇敢而且有效地应对挑战。只有面对这些挑战，才能在我国智慧社区建设中找到支点与位置，才不会脱离实际应用。由此可见，不解决实际问题的“智慧社区”方案，就是“白智慧”；不应用智慧技术的社区建设，就等于“瞎建设”。智慧社区既不能“瞎建设”，也不能“白智慧”。

根据“国家深入实施‘一带一路’建设、京津冀协同发展、长江经济带发展三大战略，启动建设一批重点项目；编制西部大开发‘十三五’规划，实施新一轮东北振兴战略，推动中部地区崛起，支持东部地区率先发展；加快推进新型城镇化”的指导思想，我们应该通过倡导“智慧社区建设标准”来智慧地探索新智慧社区的发展道路，从方法来说是如何运用系统论、控制论的思维，智慧地规划、建设、管理、运行智慧社区，核心是建立一个由新工具新技术支持的、涵盖政府、企业和个人的城市社区生态系统的优化。它向各行各业提供具备更透彻感知、全面互联互通和更深入智能化的便捷服务的基础设施，通过这些基础设施提供应用和服务，从而运用信息技术手段更透彻地感知和掌握整个城市的智慧社区，更畅通地进行交流和协作，更敏锐地对事关城市发展和市民生活的问题实现洞察。通过智慧社区建设，促进信息化和工业化的融合，解决城市社区发展的动力问题；促进农村人口向城镇合理有序流动，为农业现代化提供条件；发挥信息技术协调、组合和系统集成创新的功能，推动各方面有机融合和可持续发展；促进智慧社区本身的发展，为工业化、信息化和农业现代化提供机会舞台。

2010 年，我国人均国民总收入为 4260 美元，首次由“下中等收入”的经济体转变为“上中等收入”的经济体。2012 年起，我国城镇化率超过 50%，城镇常驻人口首次超过农村人口，达到世界的平均水平。这两个“首次”具有重大意义，标志着我国开始由“乡村中国”向“城市中国”转变，我国经济社会和城镇化进入新的发展阶段。因此智慧社区建设标准是非常必要的。

智慧社区是优化城市关系和实现文明转型的巨大机会。我国恰逢崛起过程中这样一个机会窗口，我们一定要把握和利用这个窗口，顺利实现文明转型、民族的复兴和和平崛起。未来三到五年，甚至十年，智慧社区建设将大规模展开，我们绿城物业将同城科会以及各智慧社区建设者一道继续在探索中进步、提高，让社区的智慧绽放光芒，照耀城市建设的中国梦！

李海荣

2017年10月

前言

新中国成立以来，经过改革开放30多年的发展，我国的标准化工作取得了令人瞩目的成绩。截至2016年9月，我国的国家标准、行业标准和地方标准总数达到11万项，覆盖第一、二、三产业和社会事业各领域的标准体系基本形成，我国主导制定国际标准的数量逐年大幅度增加。另外，还有企业标准数百万项。这些标准构成了中国的技术标准体系，对规范和指导我国企业生产，提高产品质量，降低生产成本，规范市场秩序，开展国内外贸易，从而促进我国经济发展和社会进步起到了重要作用。

从国家技术标准体系层级来看，我国标准依照现行的《中华人民共和国标准化法》分为国家标准、行业标准、地方标准和企业标准四个层次。国家标准的制定和发布由国务院标准化行政主管部门负责管理。目前。国家标准化管理委员会受国务院委托管理全国的标准化工作；行业标准由国务院有关行政主管部门或受国家标准委委托的行业协会、学会，负责组织制定和发布；地方标准由各省、市、自治区标准化行政主管部门组织制定和发布。企业标准由企业自行管理。

国家标准、行业标准和地方标准中又分为强制性标准和推荐性标准两种，其中保障人体健康，人身、财产安全的标准和法律、行政法规规定强制执行的标准是强制性标准，一经发布生效，就要由政府行政执法部门强制执行。其他标准是推荐性标准，推荐性标准由企业自愿实行。

按照《中华人民共和国标准化法》规定，行业标准和地方标准与国家标准之间是从属关系，对没有国家标准而又需要在全国某个行业范围内统一的技术要求，可以制定行业标准，并报国务院标准化行政主管部门备案，在公布国家标准之后，该项行业标准即行废止。对没有国家标准和行业标准而又需要在省、自治区、直辖市范围内统一的工业产品的安全、卫生要求，可以制定地方标准，并报国务院标准化行政主管部门和国务院有关主管部门备案，在公布国家标准或者行业标准之后，该项地方标准即行废止。

自 2012 年以来，随着我国智慧城市的蓬勃发展，我国的智慧城市标准体系也取得了卓越的发展。智慧城市标准体系建设旨在有目的、有目标、有计划、有步骤地建立起联系紧密、相互协调、层次分明、构成合理、相互支持、满足应用需求的系列标准并贯彻实施，以指导和支撑我国各地城市信息化用户、各行业智慧应用信息系统的总体规划和工程建设，同时规范和引导我国智慧城市相关 IT 产业的发展。由此可见，智慧城市标准体系是智慧城市建设的重要保障手段。

智慧城市的建设涉及城市建设和发展方方面面，包括生产、生活、生态等全方位的城市形态，可以说智慧城市标准体系源自信息技术标准，随着智慧化建设在城市中的不断渗透，今后将涵盖技术、服务（管理）两大标准体系，可以说，今后的各项标准都或多或少与智慧城市标准体系相关。

根据智慧社区建设试点和典型案例的情况，我们可以看出，各地的智慧社区建设蓬勃开展，内容丰富，技术手段多样。同时，各地对智慧社区的具体理解有差异，对信息化手段的运用水平有高低，对信息化的社区工作内容也是因地制宜。因此，如何贯彻政府对信息社区信息化的政策导向，让智慧社区工作更加规范、更加充分发挥信息技术的优势，更好地服务和改善民生，是需要考虑的问题。构建智慧社区建设标准体系，对智慧社区建设工作进行指导和评估是一个有效的方法。标准体系应覆盖全部的技术手段和管理服务应用。通过标准评估，可以明确共性的智慧社区主要内涵，合理消除各地建设工作中的差异性因素，引导智慧社区体系更完整，从而达到社区管理和服务工作水平的提升和社区民生水平的提高。

目　　录

绪　　论

0.1　术语与定义

下列术语和定义适用于本书。

（1）标准（Standard）

标准是衡量事物的准则。本文中的标准也指标准化。标准是科学、技术和实践经验的总结。为在一定的范围内获得最佳秩序，对实际的或潜在的问题制定共同的和重复使用的规则的活动，即制定、发布及实施标准的过程，称为标准化。国家标准 GB/T 20000.1-2014《标准化工作指南 第1部分：标准化和相关活动的通用词汇》、国家标准 GB/T 3935.1983《标准化基本术语第一部分》、国家标准 GB/T 3935.1-1996《标准化和有关领域的通用术语 第一部分：基本术语》都对标准给出了明确的定义。国际标准化组织（ISO）的国家标准化管理委员会（STACO）一直致力于标准化概念的研究，先后以“指南”的形式给“标准”的定义作出统一规定：标准是由一个公认的机构制定和批准的文件。它对活动或活动的结果规定了规则、导则或特殊值，供共同和反复使用，以实现在预定领域内最佳秩序的效果。

标准的制定和类型按使用范围划分有国际标准、区域标准、国家标准、专业标准、地方标准、企业标准，按内容划分有基础标准（一般包括名词术语、符号、代号、机械制图、公差与配合等）、产品标准、辅助产品标准（工具、模具、量具、夹具等）、原材料标准、方法标准（包括工艺要求、过程、要素、工艺说明等），按成熟程度划分有法定标准、推荐标准、试行标准、标准草案。标准的制定，国际标准由国际标准化组织（ISO）理事会审查，ISO理事会接纳国际标准并由中央秘书处颁布；国家标准在中国由国务院标准化行政主管部门制定，行业标准由国务院有关行政主管部门制定，企业生产的产品没有国家标准和行业标准的，应当制定企业标准，作为组织生产的依据，并报有关部门备案。法律对标准的制定另有规定，依照法律的规定执行。

制定标准应当有利于合理利用国家资源，推广科学技术成果，提高经济效益，保障安全和人民身体健康，保护消费者的利益，保护环境，有利于产品的通用互换及标准的协调配套等。

（2）标准体系（Standard System）

标准体系是一定范围内的标准按其内在联系形成的有机整体。也可以说标准体系是一种由标准组成的系统。标准体系内部标准应按照一定的结构进行逻辑组合，而不是杂乱无序的堆积。由于标准化对象的复杂性，体系内不同的标准子系统的逻辑结构可能体现出不同的表现形式。标准体系具有集合性、目标性、可分解性、相关性、整体性、环境适应性等六个特征。

（3）物联网（Internet of things，IoT）

物联网就是物物相连的互联网，通过射频识别（RFID）、红外感应器、全球定位系统、激光扫描器、二维码识别终端等信息传感设备，按约定的协议把各类物品和互联网连接起来，进行信息交换和通信，以实现智能化识别、定位、跟踪、监控和管理的一种网络。物联网实现了人与人、人与机器、机器与机器的互联互通。物联网是新一代信息技术的重要组成部分，也是“信息化”时代的重要发展阶段。其有两层意思：一是物联网的核心和基础仍然是互联网，是在互联网基础上的延伸和扩展的网络；二是其用户端延伸和扩展到了任何物品与物品之间，进行信息交换和通信，也就是物物相息。物联网通过智能感知、识别技术与普适计算等通信感知技术，广泛应用于网络的融合中，也因此被称为继计算机、互联网之后世界信息产业发展的第三次浪潮。

（4）云计算（Cloud Computing）

云计算是基于互联网的相关服务的增加、使用和交付模式，通常涉及通过互联网来提供动态易扩展且经常是虚拟化的资源。云是网络、互联网的一种比喻说法。过去往往用云来表示电信网，后来也用来表示互联网和底层基础设施的抽象。狭义云计算指 IT 基础设施的交付和使用模式，指通过网络以按需、易扩展的方式获得所需资源；广义云计算指服务的交付和使用模式，指通过网络以按需、易扩展的方式获得所需服务。这种服务可以是 IT 和软件、互联网相关，也可是其他服务。它意味着计算能力也可作为一种商品通过互联网进行流通。被普遍接受的混计算具有超大规模、虚拟化、高可靠性、通用性、高可扩展性、按需服务、廉价等特点。

（5）大数据（Big Data）

大数据，即巨量数据集合，指无法在一定时间范围内用常规软件工具进行捕捉、管理和处理的数据集合，是需要新处理模式才能具有更强的决策力、洞察发现力和流程优化能力的海量、高增长率和多样化的信息资产。大数据包括结构化、半结构化和非结构化数据，非结构化数据越来越成为数据的主要部分。对大量消费者提供产品或服务的企业可以利用大数据进行精准营销；做小而美模式的中小微企业可以利用大数据做服务转型；面临互联网压力之下必须转型的传统企业需要与时俱进充分利用大数据的价值。

（6）移动互联（Mobil Internet）

移动互联是移动互联网的简称，是指互联网的技术、平台、商业模式和应用与移动通信技术结合并实践的活动的总称。其工作原理为用户端通过移动终端来对互联网上的信息进行访问，并获取一些所需要的信息，人们可以享受一系列的信息服务带来的便利。移动互联具有终端移动性、业务使用私密性、业务与终端网络强关联等特点。在当今社会，移动互联成为拥有最大市场潜力、最快发展速度、最光明发展前景的一项科技产物，它创造出了庞大的经济财富，同时获得了一大批的顾客。

0.2 研究背景

0.2.1 智慧城市与智慧社区

随着信息技术的不断发展，智慧城市到底是什么到今天仍众说纷纭。两院院士李德仁认为“数字城市＋物联网＝智慧城市”。中国工程院院士李伯虎则认为，智慧城市实际上是城市信息从数字化网络化向更高级的智慧化发展，它将促进我国能源有效利用、绿色环保、居民安居乐业和创新型国家发展。国际电工委员会（IEC）给出的定义则是，智慧城市是城市发展的新理念，是推动政府职能转变、推进社会管理创新的新方法，目标是使得基础设施更加智能、公共服务更加便捷、社会管理更加精细、生态环境更加宜居、产业体系更加优化。在本书中，我们引用国家发展与改革委员会印发的《关于促进智慧城市健康发展的指导意见》（发改高技［2014］1770号）中所做的定义：智慧城市是运用物联网、云计算、大数据、空间地理信息集成等新一代信息技术，促进城市规划、建设、管理和服务智慧化的新理念和新模式。从技术角度看，智慧城市包括四个层面：一是通过深层感知全方位地获取城市系统数据，二是通过广泛互联将孤立的数据关联起来、把数据变成信息，三是通过高度共享、智能分析将信息变成知识，四是把知识与信息技术融合起来应用到各行各业形成智慧。

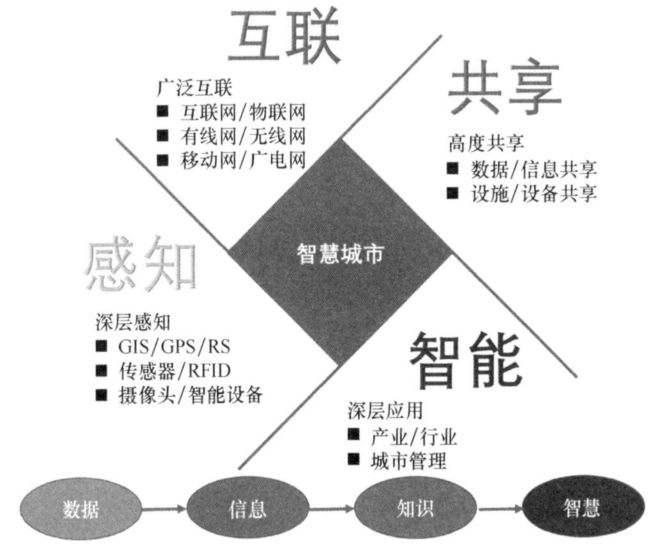

图 0-1　智慧城市技术角度的四个层面

自从我国在 2012 年 1 月颁布的《国务院关于印发工业转型升级规划（2015 年）的通知》中首次明确智慧城市建设方向以来，开展智慧城市建设，已成为我国经济社会和信息化水平先进城市的发展共识，成为众多城市发展战略性新兴产业、提升城市运行效率和公共服务水平、实现城市跨越式发展的重要途径。

但在惠民领域，通过智慧城市建设让老百姓看得见摸得着的东西不多。困扰百姓的雾霾，交通拥堵，看病难，办证多，办事难，冤枉路，跑断腿等现象依然存在。城市全面可持续发展课题引起了越来越多的关注，在2015年第二届世界互联网大会上，中国电子科技集团第一批智慧城市实践者适时提出了新型智慧城市的建设理念，此后在国家政策与规划层面得到了积极的引导。

新型智慧城市包括无处不在的惠民服务、透明高效的在线政府，精细精准的城市治理、融合创新的信息技术、自主可控的安全体系等五大要素，以提升城市治理和服务水平为目标，以为人民服务为核心，以推进新一代信息技术与城市治理和公共服务深度融合为途径，分级分类，标杆引领，标准统筹，改革创新，安全护航，注重城乡一体，打破信息藩篱。2016年4月19日，习近平总书记在主持召开网络安全和信息化工作座谈会时指出，必须贯彻以人民为中心的发展思想。要适应人民的期待和需求，让亿万人民在共享互联网发展成果上有更多获得感。城市的发展根本上是促进人在城市中更好地生活和发展，新型智慧城市的建设应紧密围绕以人为本这一核心内涵展开，而智慧社区建设，是将“智慧城市”的概念引入了社区，以社区群众的幸福感为出发点，通过打造智慧社区为社区百姓提供便利，从而加快和谐社区建设，推动区域社会进步。基于物联网、云计算等高新技术的“智慧社区”是“智慧城市”的一个“细胞”，它将是一个以人为本的智能管理系统，有望使人们的工作和生活更加便捷、舒适、高效。智慧社区承载了智慧城市建设中绝大多数与人民生活福祉密切相关的工作内容。

因智慧社区在智慧城市和新型智慧城市中内涵一致，本书中不强调智慧城市与新型智慧城市的区别，并将统称为智慧城市。

0.2.2 智慧城市的标准体系建设发展现状

智慧城市已经成为全球城市发展关注的热点，随着物联网、新一代移动宽带网络、下一代互联网、云计算等新一轮信息技术迅速发展和深入应用，城市信息化发展向更高阶段的智慧化发展已成为必然趋势。在此背景下，世界主要发达国家的核心城市纷纷启动智慧城市战略。纽约、伦敦、巴黎、东京、首尔等相继加快信息化发展的战略布局，以期增强城市综合竞争力，破解城市发展难题。美国、欧洲的瑞典、爱尔兰、德国、法国，以及亚洲的中国、新加坡、日本、韩国等国家的智慧城市建设纷纷起步，在多个领域积极探索智慧城市建设实践，推动信息技术的创新应用，促进提升城市经济社会发展水平。

我国政府也高度重视对智慧城市建设及发展的指导。自2012年住房城乡建设部正式发布《关于开展国家智慧城市试点工作的通知》以来，智慧城市不断在国家层面的重要政策文件和政府工作报告中出现，2014年3月国务院印发《国家新型城镇化规划（2014～2020年）》，2014年7月发改委印发《关于促进智慧城市健康发展的指导意见》，2015年、2016年智慧城市被写进国务院政府工作报告。继北京、上海、广州、佛山之后，我国各级地市也掀起了智慧城市建设高潮，纷纷提出智慧城市发展规划，涉及社会管理、应用服务、基础设施、智慧产业、安全保障、建设模式、标准体系等内容。目前，我国已公布了三批智慧城市试点，共计290个城市。《经济参考报》记者梳理各地政府工作报告和“十三五”规划还发现，截至2016年6月，我国95%的副省级城市、76%的地级城市，总计超过500个城市，均在政府工作报告或“十三五”规划中明确提出，或正在建设智慧城市。

据工业和信息化部电子工业技术标准化研究院调研，在我国当前智慧城市建设过程中，地方政府和承建企业认为，智慧城市发展面临的主要问题和挑战的前三项是“缺乏相关标准”、“缺乏政府的统一规划和指导”和“缺乏城市部门间的协同协作”。

目前，在国家标准化管理委员会和国家发改委的指导和协调下，我国多个部委联合起来，积极开展了智慧城市标准化工作，已经取得了重要成果。

国际上，自2013年以来，智慧城市成为国际标准化组织共同的工作热点，多个国际标准化组织相继启动了智慧城市标准研制工作。国际标准化组织（ISO）于2013年9月在技术管理理事会（TMB）下成立了智慧城市任务组，2014年2月任务组转为咨询组；国际电工委员会（IEC）于2013年6月成立了“智慧城市系统评估组”；信息技术国际标准组织（又名：国际标准化组织/国际电工委员会第一联合技术委员会，ISO/IEC JTC1）于2013年11月成立了智慧城市研究组；国际电信联盟（ITU-T）的环境和气候变化研究组于2014年2月成立了“可持续发展智慧城市焦点组”（ITU-T/SG 5/FG SSC）。各个组织均将基础性标准前期预研作为当前工作的重点，开展了标准梳理、术语、参考架构、评价体系等相关的研究。我国在这些国际标准化组织中均担任了重要职务，取得智慧城市国际标准化工作的领导地位，并积极推动着这些组织协调开展工作。

国内已形成国家级智慧城市标准化工作体系。一方面，为了加强我国智慧城市标准化工作的统筹规划和协调管理，国家标准化管理委员会联合国家发改委、科技部、工信部、公安部、国土资源部、住建部、交通部、农业部等八大部委，于2014年1月份成立了国家智慧城市标准化协调推进组、总体组和专家组（标委办工二［2014］33号）。另一方面，为了共同形成合力推动我国智慧城市发展，国家发改委联合科技部、工信部、公安部等25个部门，于2014年10月份成立了“促进智慧城市健康发展部际协调工作组”（以下简称“部际协调工作组”）。“部际协调工作组”建立了各部委在智慧城市领域的交流和沟通机制，奠定了各部委联合推进智慧城市相关工作的基础。在各组的核心单位的积极工作和努力推动下，我国智慧城市标准化工作取得了积极进展，目前在梳理现有相关标准和研究标准需求的基础上，已形成了标准体系、关键标准、评价指标体系等一系列成果。虽然，作为智慧城市的重要组成部分，智慧社区的标准化工作也在智慧城市的标准体系建设中有所进展，但还没有形成完整的体系架构。

0.2.3　智慧社区标准体系研究的必要性

目前，结合了大量物联网技术的智慧社区建设还处于方案或试运行阶段，物联网应用需求的发掘还不充分，智慧社区的发展还处于初级阶段。智慧社区产品与技术方案尚不成熟，在产品开发和应用实施过程中，还面临着技术方案及标准不一致等问题，各类技术方案主要针对应用展开，各类方案之间缺乏统一的规划、兼容和接口，处于离散状态。对智慧社区内涵理解的偏差，也会导致智慧社区建设内容五花八门。

智慧社区标准的制定是智慧社区发挥自身价值和优势的基础支撑。由于社区涉及智能楼宇、智能家居、路网监控、智能医院、食品药品管理、家庭护理、个人健康与数字生活等诸多领域，涵盖硬件产品、软件产品、集成施工、建筑施工等多环节，智慧社区标准既要涵盖不同应用场景的共性特征以支持各类应用和服务，又要满足自身可扩展、系统和技术等内部差异性，制定标准难度很大。标准是在推动国家信息化建设过程中，规范技术开发、产品生产、工程管理等行为的依据。统一标准是信息系统互通、互连、互操作的前提。智慧社区的标准化工作是推动智慧社区，乃至智慧城市建设实践的重要基础性工作。只有通过统一智慧社区的技术要求、工程实施要求和评价方法等标准化手段，才可以保障信息化建设中智慧社区相关工程的建设及软件产品的研发在全国范围内有章可循，有法可依，形成一个有机的整体，避免盲目和重复，降低成本，提高效益，从而规范和促进我国智慧社区、智慧城市和行业信息化建设有序、高效、快速和健康地发展。

0.3 研究范围

《中国智慧社区标准体系研究》聚焦我国智慧社区的概念和发展现状，通过研究智慧社区建设的技术体系，系统展示智慧社区内涵，同时分析智慧社区标准化工作现状，结合智慧社区建设实际需求，提出智慧社区标准体系框架，为推动我国智慧社区国家标准体系等工作提供基础和建议。期望本书成果可为统一对智慧社区的理解、规范产品研发、保障智慧城市实施，增强智慧城市系统互操能力等方面提供参考。

1 智慧社区概述

1.1 社区由来

“社区”一词源于拉丁语，意思是关系密切的伙伴和共同体。最早将“社区”一词作为一个专有名词提出的是德国社会学家滕尼斯。1887 年滕尼斯（F. J. Tonnies）（1855～1936 年）在《社区与社会》（即《Gemeinschaft and Gesellschaft》）中首次将“社区”用于社会学研究，书中认为社区是由同质人口组成的关系亲密、守望相助、疾病相抚、富有人情味的社会团体。美国社会学家查尔斯·罗密斯（C. P. Loomis）后来将该书译为《Community and Society》（《社区和社会》，也译为《礼俗社会与法理社会》，正式中译本为《共同体与社会》），英文“社区”一词由此产生。

20 世纪 30 年代费孝通在《二十年来中国社区研究》中说：“当初，Community 这个字介绍到中国来的时候，那时的译法是‘地方社会’，而不是‘社区’。当我们翻译滕尼斯的 Community 和 Society 两个不同概念时，感到 Community 不是 Society，成了互相矛盾的不解之辞，因此，我们感到‘地方社会’一词的不恰当，那时，我还在燕京大学读书，大家谈到如何找一个确切的概念，偶然间，我就想到了‘社区’这么两个字样，最后大家援用了，慢慢流行。这就是‘社区’一词的由来。”

1.1.1 社区定义

“社区”一词从滕尼斯提出到现在，其涵义发生了很大的变化。现在我们所谓的社区，是指聚集在一定地域中人群的生活共同体。具体而言，社区是在一定地域内发生各种社会关系和社会活动，有特定的生活方式，并具有成员归属感的人群所组成的一个相对独立的社会实体。作为一个社会实体，社区由以下 5 个基本要素构成：

（1）社区都有一个相对稳定、相对独立的地理空间。

（2）社区有一整套相对完备的生活服务设施。

（3）社区都有以特定社会关系为纽带形成的一定数量的人口。

（4）社区的核心内容是社区中人们的各种社会活动及其互动关系。

（5）社区居民（社区人）对自己所属的社区具有一种地缘上的归属感和心理文化上的认同感。

社区可以划分为不同类型。按照社会生产力水平高低可划分为发达社区、不发达社区；按照社区所发挥的社会功能，可分为工业社区、政治社区、文化社区、军事社区等；按照社区的地理环境，又可分为平原社区、山区社区、牧区社区等。总之，社区的分类不一而足。社区研究中最基本、最主要的分类方法，是以经济结构、人口密度和人口聚集规模的多元标准，把社区分为城市社区、城镇社区和农村社区。

1.1.2 社区的功能

社区功能是指社区在社会建设与社会发展环境下对“社区人”、社区事务以及社区发展产生的影响活动和发生的效用、效果。社区功能的表现主要体现在生活（即物质生活和精神生活）、人（即对“社区人”的教化，培育“公民意识”，培养“公民义务”，促进“居民”向“公民”的转化）、社会（即化解社会问题，促进社会稳定，促进社会和谐）等单个层面。社区的主要功能有：

（1）社区自治功能。社区是人的社会生活共同体，共住共管，广泛参与社区管理既是社区人的要求，也是社区自治功能的本质体现。社区管理体制的特点是：社区自治与政府行政管理的良性互动；社区自治功能与政府行政功能互补；社区民主协商机制与政府依法行政机制互联。其优势在于“社区人”的自我管理、自我教育、自我服务、自我监督与多元主体的广泛参与的有机结合。

（2）社区服务功能。社区的一个重要作用是“服务群众”。服务居民是社区以及社区工作的主题。强化社区服务功能就是坚持以人为本，拓展社区服务领域，构建以社区为平台的社会服务网络。就是要发挥社区在改善和提高居民生活水平、生活质量，提高居民生活品质的服务作用。

（3）社区教化功能。广泛开展“社区人”喜爱的社区文化体育，深入挖掘各民族的传统节庆文化，在潜移默化中使“社区人”受到教育，从而形成“共住共生，相互依存，守望相助”的社区生活理念。通过广泛参与社区事务和社区公益活动，居民在参与中认识到自我价值，提升其社会功能，逐步树立公民责任意识和义务意识，社区人向社会人转化。根据“社区人”的组织意愿，积极培育各类社区社会组织，发展社区社会组织，使社区成员“组织化”。制定自我约束的规则，开展自我组织活动。组织居民进行自我发现、自我发展、自我完善，发挥潜能，促进居民全面的发展。

（4）基层社会管理功能。社区是区域型社会。社区管理是具体的、可操作的社会管理。社区是社会构成的基本单位，家庭是社会构成的基本单元。社区是家庭与社会联系的中间环节，即社会—社区—家庭。“社区—家庭”是城乡基层社会结构的第一层面；第二层面无论什么性质的“单位”，都在一个明确的社区辖区之内，即社区—单位。社会管理的各项事务都可以分划到、落实到一个具体的社区。社区是社会管理的基本平台，是社区自治管理与社会参与的资源整合配置平台，是政府管理力量与社会调节力量互动的平台，是政府行政功能与社会自治功能有机互补的平台。

（5）化解社会矛盾、社会稳定功能。社区稳定是社会稳定的基础和基本保证。社会问题社区化，是大事化小；社区问题不能社会化，否则就是“小事化大”。

（6）实践、干预政策功能。社区是人们获取社会公共服务的平台。人们要通过社区获得应得的社会提供的均等化社会公共服务和适度普惠的社会福利保障。社区在让人民分享发展成果方面，起着再分配的作用。另一方面，社区通过提供的均等化社会公共服务和适度普惠的社会福利保障活动和实践，还能发现问题，提出建议，促进社会公共政策的改进，促进社会保障制度的健全与完善。

（7）社会资源的整合功能。各个社区的自有资源不同，需求信息不尽相同，根据社区的具体情况，配置相应的资源，既可以有效发挥资源效应，又可以避免资源重置。政府公共服务、社会服务、市场商业服务以及社区服务的资源通过社区这个平台进行合理配置。需求直接对接，不仅可以降低服务成本，发挥服务资源的最大效益，而且还能有效防止“纯商业化”的恶性竞争，使参与服务和接受服务的双方同时获益。

1.1.3 社区的作用

一是对提高居民生活幸福感具有促进作用。社区是人们赖以生存的生活家园和精神家园。“以人为本、服务居民、创建和谐”是当前我国社区工作的原则和目标。通过充分发挥社区作用，不断提高服务能力和水平，转变社区居委会工作方式，实现由“自己办事”变为“大家共同办事”，由“管理居民”变为“服务居民”的转变，让社区居民共同分享社区建设的成果。通过不断完善社区服务和政府公共服务，为居民提供方便快捷的社区服务和公共服务，大力倡导社区志愿者服务、广泛开展邻里互助。深入了解社区居民需求，解决社区居民的物质生活和精神生活的多层次需求，形成出入相友、守望相助的良好生活氛围，可以促进居民生活幸福感的提升。

二是具有密切联系党和政府同人民群众关系的桥梁作用。社区是社会的基本构成单位，是人们生活的社会共同体。不管是什么人，不管是从事什么工作，他最终要回归社区。各种意识形态，要在社区有所反映，各种利益诉求，在社区必然以多种方式有所表达。党和政府的重大决策的实施，最终也要落实到社区。社区已从传统的居委会协助政府部门开展工作，转变成把握、落实政策，确保人民共同分享社会发展成果的监督者。社区是熟人社会，社区不同利益群体的诉求要有序表达。社区成为政府和人民群众之间信息沟通的重要渠道。

三是具有维护社会稳定、为群众创造安居乐业的良好环境的促进作用。社区稳定是社会稳定的基础。随着社会的发展，人们的居住形态不断发生变化，社区居民结构、利益诉求和参与社会管理、社会事务的需求等都在变化。老龄人口增加、家庭空巢化趋势明显，外来人口不断增加等问题逐步凸显，社区内社会矛盾的有效治理，将会对社会的稳定起到积极促进作用。社区的适时引导，因势利导，按照民主决策、民主管理、民主监督的原则，完善社区成员代表大会、社区居民代表大会、社区民主议事、社区听政会等制度，切实保障社区居民对社区事务的参与权、知情权、管理权、监督权，使社区居民参与社区建设制度化、日常化，逐步实现居民自我管理、自我教育、自我服务、自我监督，推进社区民主政治建设，为群众创造安居乐业、和睦相融的良好环境。

1.2 智慧社区的定义

城市是人类文明发展的产物，社区是其最基本的组成部分，社区作为城市居民生存和发展的载体，其智慧化是城市智慧水平的集中体现。智慧社区是社区管理的一种新理念，是新形势下社会管理创新的一种新模式。智慧社区是指充分利用物联网、云计算、移动互联网等新一代信息技术的集成应用，为社区居民提供一个安全、舒适、便利的现代化、智慧化生活环境，从而形成基于信息化、智能化社会管理与服务的一种新的管理形态的社区。智慧社区的发展是一个持续过程，从20世纪80年代末开始，经过了智能化、数字化、智慧化几个阶段，产品与技术从非可视楼宇对讲开始逐步向网络化、信息化、可视化、社区服务化方向发展，服务范围从楼宇、家居扩展到周边商圈。智慧社区从功能上讲，是以社区居民为服务核心，为居民提供安全、高效、便捷的智慧化服务，全面满足居民的生存和发展需要。

2014年5月住房和城乡建设部颁布《智慧社区建设指南》，指南中明确智慧社区是通过综合运用现代科学技术，整合区域人、地、物、情、事、组织和房屋等信息，统筹公共管理、公共服务和商业服务等资源，以智慧社区综合信息服务平台为支撑，依托适度领先的基础设施建设，提升社区治理和小区管理现代化，促进公共服务和便民利民服务智能化的一种社区管理和服务的创新模式，也是实现新型城镇化发展目标和社区服务体系建设目标的重要举措之一。

从实现智能生活角度界定智慧社区，可以认为“智慧社区”是借助物联网、宽带移动互联网、云计算、数据挖掘等新一代信息技术，充分整合及利用资源，形成高效协同、敏捷的电子政务及电子商务的运行模式，通过现代物业管理、智能家居、智能楼宇、水电气自动抄表、食品安全溯源推送、社区医疗、社区住家养老保健、智能交通、环境监控、安防监控、电子投票、邻里互动、社区文化及教育、新媒体推送、电子商务、电子支付等服务，以社区群众的幸福感为出发点，构造一个以人为本的智慧民生服务系统。

从社会治理、信息化、智慧城市等三个视角阐述智慧社区，可以认为智慧社区就是充分借助物联网、云计算等技术，以满足社区居民和社区管理需求为导向，整合社区各要素资源，实现社区内部、社区与城市之间各类信息的共享与业务协同，完善社区基础设施建设，优化生产方式、生活方式、生活环境，构建一个便捷、舒适、智能、绿色、可持续发展的社区新模式。

从服务角度界定智慧社区，可以认为智慧社区是指依托各种传感与通信终端设备感知信息，利用有线与无线通信网络传输信息，运用智能化处理平台挖掘整合信息，并有效引入城市智慧应用系统，实现社区管理精细化、服务人文化、运行低碳化，为居民提供便捷、舒适、环保的生活空间的综合系统。

从管理角度界定智慧社区，可以认为智慧社区是充分借助互联网、物联网、传感网等网络通信技术对住宅楼宇、家居、医疗、社区服务等进行智能化的构建，从而形成基于大规模信息智能处理的一种新的管理形态社区。

1.3　智慧社区的表现形式

智慧社区以社区为载体，以社区居民为服务对象，以提高居民幸福感为目的，通过建立智能综合服务平台，以实现社区智慧管理、智慧服务的一种新型社区管理模式。服务和管理主要包括公共服务、便民服务、社会治理和物业管理等，涉及电子政务、物业、互联网＋企业、运营商、第三方汇聚服务实体等多个方面。

1.4　智慧社区建设意义

推进社区治理现代化和智慧社区建设，是党中央、国务院立足于我国信息化和新型城市化发展实际，为提升基层社会治理和城市管理服务水平而作出的重大决策。智慧社区的建设发展能够平衡社会、商业和环境需求，同时优化可用资源，通过应用信息技术规划、设计、建造和运营社区基础设施，提高居民生活质量和社会经济福利，从而促进社区和谐，推动区域进步。

（1）推进传统城市转型升级，促进城市可持续发展

快速增加的城市人口使得现有城市资源面临极大威胁，例如水资源短缺、能源紧张、交通拥挤、土地空间有限、基础设施落后、公共服务配套不足、失业率增加等，传统城市发展方式难以为继。建设智慧城市，可以实现对城市的精准管理和科学决策，推进经济社会发展及城市管理智慧化，推进实

体经济与虚拟经济结伴提升，实现城市高效协调运作，有利于提高经济社会发展效率和城市管理水平，有利于促进城市集约、绿色发展。智慧社区是发展智慧城市的关键内容之一，以社区为单位，开展数字化，智能化的建设，以点带面地逐步实现整个城市的智慧化，达到对城市实时控制，从而实现精准管理和科学决策。智慧社区的建设是对城市基础设施发展的前瞻性布局，也是城市发展核心竞争力的根本，有利于促进城市的可持续发展。

（2）加快和谐社会建设，提升政府执政形象

以社区作为政府传递新政策思想的新型单位，借助数字化、信息化的手段迅速传递政策，同时进一步加快电子政务向社区延伸，提高政府的办事效率和服务能力，提升政府执政形象，充分体现以人为本、服务民生。因此，智慧社区的建设对政府打造信息畅通、管理有序、服务完善、人际关系和谐的现代化社区具有重要意义。

（3）完善社区服务功能，提高居民生活质量

智慧社区所承载的应用涵盖了人们的生活、工作、学习、娱乐等各个方面，与人们的生活息息相关，并将改变人们的生活方式。智慧社区为居民提供一个互动的智慧网络，创造安全、舒适、便利、愉悦的社区生活环境，可以提高居民生活的舒适度，归属感和幸福感。智慧社区的发展是从强调技术为核心到强调以技术服务于人为核心的一种转变，通过技术使人们生活更便捷，更人性化和智慧化，真正提高居民的生活质量是构建智慧社区的目标。

积极推进智慧社区建设，有利于提高基础设施的集约化和智能化水平，实现绿色生态社区建设，有利于促进和扩大政务信息共享范围，降低行政管理成本，增强行政运行效能，推动基层政府型向服务型政府的转型，促进社区治理体系的

现代化，有利于减轻社区组织的工作负担，改善社区组织的工作条件，优化社区自治环境，提升社区服务和管理能力，有利于保障基本公共服务均等化，改进基本公共服务的提供方式，以及拓展服务内容和领域、为建立多元化、多层次的社区服务体系打下良好基础。

2 智慧社区发展现状与趋势

2.1 国外智慧社区发展现状

信息技术的高速发展带来了全球普遍的信息化浪潮，信息技术是智慧城市建设的主要支撑力，世界各国和政府组织都不约而同地提出了依赖互联网和信息技术来改变城市未来发展蓝图的智慧城市计划。美国率先提出了国家信息基础设施（NII）和全球信息基础设施（GII）计划，接着，欧盟又着力推进“信息社会”计划，并确定了欧洲信息社会的十大应用领域，作为欧盟信息社会建设的主攻方向。欧盟委员会更将信息和通信技术列为欧洲 2020 年的战略发展重点，定了《物联网战略研究路线图》。国际智慧城市组织（Intelligent Community Foru，CF）等相关机构相继成立，并开展“全球智慧城市奖”评选活动。智慧社区作为智慧城市的重要入口，也受到了各国的重视。

（1）美国

作为世界第一经济强国，尽管遭受了 2008 年惨重的世界金融危机冲击，但却丝毫没有影响美国在新市场方面的计划。奥巴马就任总统后，积极回应 IBM 的“智慧地球”概念，并将其上升为国家战略，这使美国很多陷入困境的企业看到了全新的希望。无论从基础设施、技术水平，还是产业链发展程度看，美国在这次新一轮技术创新浪潮中走在了世界各国的前列，趋于完善的互联网络为其物联网的发展创造了良好的先机。美国 7870 亿美元的《经济复苏和再投资法》，提出从能源、科技、医疗、教育等方面着手，通过政府投资、减税等措施来改善经济、增加就业机会，带动美国长期发展的战略规划。《白宫智慧城市行动倡议》更提出智慧城市的关键策略就是智慧交通，借助海量数据与智能交通系统（ITS），制造智能大众运输系统与发展智能停车系统。美国的迪比克市智慧社区已经落地，涵盖人口 6 万人的迪比克市以连接城市所有资源（水、电、油、气、交通、公共服务等）为目标，将能源、水务以及交通三大系统建设作为优先发展领域。主要利用数据传递装置、分析软件和网络等高新技术让政府和市民即时监测和调整他们用水、用电及交通出行的方式，以打造真正节能、可持续发展的城市。迪比克市的智慧社区服务系统的各项职能主要通过政府的政务类网站、企业及民间组织开办的网站、社区信息查询网站来实现。

（2）日本

日本在 2004 年推出了基于物联网的国家信息化战略，称作 U-Japan。“U”指英文单词“Ubiquitous”，意指普遍存在的，无所不在的。该战略是希望催生新一代信息科技革命，实现无所不在的信息社会。U-Japan 由日本信息通信产业的主管机关总务省提出，即物联网战略。目标是到 2010 年把日本建成一个充满朝气的国家，使所有日本人，包括儿童和残疾人，都能积极地参与日本社会的活动。通过无所不在的物联网，创建一个新的信息社会。日本的《2020 改革计划》就是要结合再生能源、用电需求管理与储能系统等技术，来发展本地的能源管理系统，打造未来智能小区。目前日本智慧社区在法律制度的制定、组织机构的建立和具体工作的实施等方面都已经形成了一套完整的服务体系。日本的智慧社区服务系统主要包括以便利店和生活协同组为主要形式的电子商务信息系统，以宣传和咨询服务为主的电子政务信息系统，以个人消费者为主要对象的物流信息系统，以育婴服务、儿童看护、老人服务和家庭保洁服务为主的家政服务信息系统和以社区电子助医、电子病历为主要功能的医疗卫生信息系统五个系统。信息系统的各项功能由政府开办的政务网站、相关企业及医院等机构的官方网站和自治团体或志愿者创建的服务网站来实现。

（3）新加坡

自2006年开始，新加坡实施智慧国2015计划，欲将新加坡建设成为以信息通信为驱动的国际大都市。在多年的发展过程中，新加坡在利用信息通信技术促进经济增长与社会进步方面都处于世界领先地位。在智慧城市推进方面，新加坡的成绩更是引人注目。作为东南亚的重要航运枢纽，实施智慧国2015计划，新加坡注重利用信息通信技术增强新加坡港口和各物流部门的服务能力，由政府主导，大力支持企业和机构使用RFID及GPS、北斗系统等多种技术增强管理和服务能力。通过一系列项目和计划的实施，新加坡已在智慧城市建设方面走在了世界前列。新加坡的智慧社区作为智慧城市的重要组成部分，其管理以政府主导，充分发挥社团、公民的作用，是典型的政府主导与社区高度自治相结合的模式。智慧社区以全体社区居民为服务对象，提供物业服务、物流服务、商业服务、家庭服务、医疗服务及公益服务等内容。新加坡智慧社区服务系统主要包括电子商务、电子政务、社区医疗及社区文娱四个系统。系统的各项职能主要通过政府的政务类网站及民间组织开办的互助类网站、论坛和社区信息查询网站来实现。

（4）英国

英国的智慧城市及社区建设注重实际应用的推广。2007年英国在格洛斯特建立了“智能屋”试点，将传感器安装在房子周围，传感器传回的信息使中央电脑能够控制各种家庭设备。这套系统能够掌握人的生活习惯，根据生活习惯来调整灯光亮度、空调温度等。如果出门忘记锁门，只要给中央计算机发条指令便能够锁上门窗。2011 年英国研究人员又开发了一种能够监控居住者健康状况的智能屋“InterHome”，对独居老人有很大帮助，目前该智能屋的研究人员已经推出设计模型。该智能屋装有以电脑终端为核心的监测、通信网络，使用红外线和感应式坐垫，可以自动监测老人在屋内的走动。屋中配有医疗设备，可以为老人测心率和血压等，并将测量结果自动传输给相关医生。贝丁顿社区是英国最大的低碳可持续发展社区，其建筑构造是从提高能源利用角度考虑，是表里如一的真正的“绿色节能”建筑。该社区的楼顶风帽是一种自然通风装置，设有进气和出气两套管道，室外冷空气进入和室内热空气排出时会在其中发生热交换，这样可以节约供暖所需的能源。由于采取了建筑隔热、智能供热、

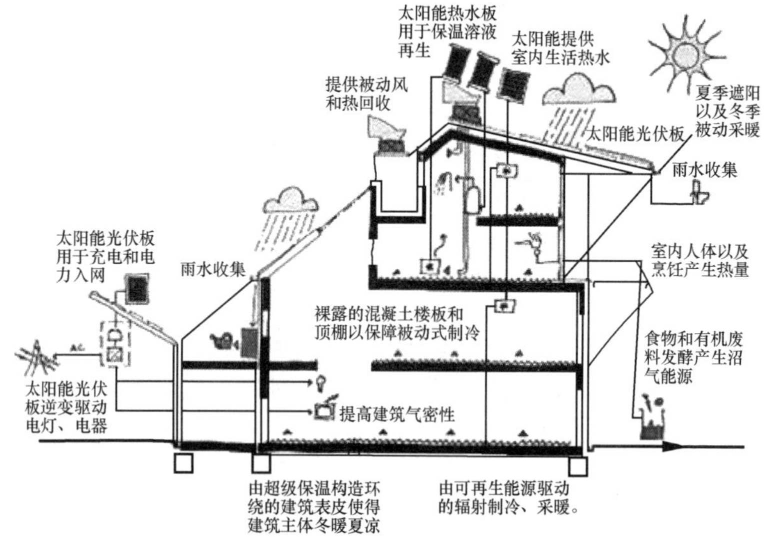

图 2-1　贝丁顿社区技术支撑示意图

天然采光等设计，综合使用太阳能、风能、生物质能等可再生能源，该小区与周围普通住宅区相比可节约81%的供热能耗以及45%的电力消耗。这种可再生能源即可满足居民生活所需的社区，向人们展示了一种在城市环境中实现可持续发展的解决方案以及降低对化石能源依赖的良策。

2.2 国内智慧社区发展现状

2.2.1 智慧社区政策与发展路径

我国政府历来重视保障和改善民生工作，历来重视城镇居民的社区工作，相继出台了多个建设规划等法规文件。

为提高住宅（含住宅小区）建设的现代科技水平、居住生活质量和有效供应，推进住宅产业现代化和住宅更新换代，1999年4月，建设部勘察设计司、建设部住宅产业化办公室联合组织实施全国住宅小区智能化技术示范工程，并颁布《全国住宅小区智能化技术示范工程建设工作大纲》。智能化小区是智慧社区的前身，主要强调三方面内容，包括安全防范子系统、信息管理子系统、信息网络子系统。

建设部制定《全国住宅小区智能化系统示范工程建设要点与技术导则（试行）》，拟自2000年起，用五年左右的时间组织实施全国住宅小区智能化系统示范工程。其总体目标是：通过采用现代信息传输技术、网络技术和信息集成技术，进行精密设计、优化集成、精心建设和工程示范提高住宅高、新技术的含量和居住环境水平，以适应21世纪现代居住生活的需求。经建设部住宅产业化专家委员会、建筑智能化系统工程设计专家委员会专家评审，广州汇景新城、上海怡东花园等7个小区的规划设计方案达到了《全国住宅小区智能化系统示范工程建设要点与技术导则》要求被批准为国家康居示范工程智能化系统示范小区。

为了促进平安城市建设，公安部于2005年提出了3111工程（安防工程），3111工程的推进对于小区安防水平提高起到了显著的促进作用。

国家“十二五”规划纲要期间，社区的信息化建设被重点提及，规划纲要要求“建设集行政管理、社会事务、便民服务于一体的社区信息服务网络”。

2011年12月，国务院办公厅印发了《社区服务体系建设规划（2011～2015年）》，对社区工作信息化进行的具体论述中要求，改善社区信息基础设施，推广适合社区居民需求的信息化手段，提高居民信息技术运用能力；整合社区公共服务信息，发展面向社区居民的一站式服务，发挥社区综合信息平台在基层政府、企业、社区组织和居民之间的沟通交流作用，方便社区居民，增进社区和谐；通过信息化改善社区管理，维护社区安全。

2012年11月，住建部办公厅发布《关于开展国家智慧城市试点工作的通知》，指出智慧社区是智慧城市的典型应用。

2013年3月，中国智慧社区产业联盟成立大会在北京举行。为了加快智慧社区的落地工作、推动相关产业的发展，浙江达峰科技有限公司、吉林省公主岭弘扬房地产开发公司、浙江双雄门业有限公司、广州数字家庭产业技术研究院、东北大学系统工程研究所等15个单位联合发起成立了中国智慧社区产业联盟。

2013年5月，住建部公布第二批智慧城市试点，并明确将智慧社区作为重点考核内容，至今已有将近300个试点城市开展智慧社区建设探索。

2013年11月，民政部、国家发改委、工信部、公安部、财政部出台《关于推进社区公共服务综合信息平台建设的指导意见》，强调各地要加强社区公共服务信息化建设，积极构建“智慧社区”。

2014 年 1 月，国家发展改革委等 12 个部位联合印发《关于加快实施信息惠民工程有关工作的通知》，重点解决社会保障、健康医疗、优质教育、养老服务、就业服务、食品药品安全、公共安全、社区服务、家庭服务等九大领域突出问题。

2014 年 3 月，全国智能建筑及居住区数字化标准化技术委员会（简称“全国智标委”）在京举办 2014 年工作会议暨智慧社区建设指标体系研讨会。与会专家、学者、企业代表等围绕着全国智标委正在开展的“智慧社区建设评价指标体系”研究，展开了深入研讨。

2014 年 5 月住建部办公厅为指导各地开展智慧社区建设，对外公布《智慧社区建设指南（试行）》。主要内容包括智慧社区的指导思想和发展目标、评价指标体系、总体架构与支撑平台、基础设施与建筑环境、社区治理与公共服务、小区管理服务、便民服务、主题社区、建设运营模式、保障体系建设等。

2014 年 10 月，民政部，发改委等六部联合发布《关于开展养老服务和社区服务信息惠民工程试点工作通知》，明确指出完善智慧社区建设标准，并推进智慧社区试点建设工作。

2015 年 2 月 15 日，习近平总书记寄语“社区管理工作是一门学问，要积极探索创新，通过多种形式延伸管理链条，提供服务水平”。

2015 年 6 月 2 日，由民政部牵头的全国社区建设部际联席会议第一次全体会议在北京召开。2015 年 10 月 28 日，住建部科技部联合开展智慧园区，社区，综合体星级评选工作。2015 年 12 月 21 日，中央城市工作会议指出推进老旧小区改造，打造智慧城市。

2016 年 2 月 2 日，国务院《关于深入推进新型城镇化建设的若干意见》提出推动新型城市建设，建设以居家为基础，社区为依托，机构为补充的多层次养老服务体系。

2016 年 9 月，国务院《关于加快推进“互联网＋政府服务”工作的指导意见》提出由工信部等牵头制定智能家居相关标注的要求。

2016 年 11 月民政部、中央组织部、中央综治办等十余个部门联合印发《城乡社区服务体系建设规划（2016～2020 年）》，明确提出要推进城乡社区综合服务设施建设，力争到 2020 年，实现城市社区综合服务设施全覆盖，农村社区综合服务设施覆盖率达到 50％。到 2020 年基本公共服务、便民利民服务、志愿服务有效衔接的城乡社区服务机制更加成熟；社区综合服务设施为主体、专项服务设施为配套、服务网点为补充的城乡社区服务设施布局更加完善；网络连通、应用融合、信息共享、响应迅速的城乡社区服务信息化发展格局基本形成等发展目标。同时明确加强城乡社区服务机构建设、扩大城乡社区服务有效供给、健全城乡社区服务设施网络、推进城乡社区服务人才队伍建设和信息化建设等多项工作任务，并从加强法规制度建设和标准化建设、健全领导体制和工作机制、加大资金投入、完善扶持政策和强化规划实施等方面提出保障举措。

2016 年 12 月，民政部召开智慧社区假设研讨会，研究智慧社区的总体建设思路，探讨如何将现代信息技术与社区服务管理相结合，共同推进社区治理现代化。

2016 年 12 月，国务院《关于印发“十三五”国家信息化规划的通知》提到“推进智慧社区建设，完善城乡社区公共服务综合信息平台，建设网上社区居委会，发展线上线下结合的社区服务新模式，提高社区治理和服务水平”。从社区治理的角度对智慧社区的建设提出要求。

2017 年 6 月中共中央国务院印发《关于加强和完善城乡社区治理的意见》。意见提出到 2020 年，基本形成基层党组织领导、基层政府主导的多方参与、共同治理的城乡社区治理体系。城乡社区治理体制更加完善，城乡社区治理能力显著提升，城乡社区公共服务、公共管理、公共安全得到有效保障。再过 5 年到 10 年，城乡社区治理体制更加成熟定型，城乡社区治理能力更为精准全面，为夯实党的执政根基、巩固基层政权提供有力支撑，为推进国家治理体系和治理能力现代化奠定坚实基础。

2.2.2　地方建设现状

目前，全国智慧城市试点单位已经达到 484 个，其中，住建部智慧城市试点两批 277 个，科技部智慧城市试点 20 个，工信部信息消费试点 68 个，发改委信息惠民试点 80 个，工信部和发改委宽带中国示范城市 39 个。所有的直辖市和省会城市均有试点，其中 78 个城市被确定为 2 个或 2 个以上领域试点。根据《国家智慧城市 2014 年度专项试点名单》显示，有 19 家单位参与建设的 41 个城市、区、社区被评选为国家智慧社区专项试点。

我国智慧社区当前的建设呈现出需求导向，服务优化，理念创新，政府导向，建设过程深度介入，制度先行，科学规划规范建设的特点。在党中央、国务院的高度重视下，我国各地智慧社区建设步入快车道，2016 年后涌现大批规划科学、发展迅速、特色鲜明的智慧社区。其共性如下：

（1）打造社区公共服务综合信息平台

《国家智慧城市试点暂行管理办法》和《国家智慧城市

（区、镇）试点指标体系（试行）》首批国家智慧城市试点共90个，其中地级市37个，区（县）50个，镇3个。

2012年度国家智慧城市试点城市 **表2.1**

北京市	北京东城区、北京市朝阳区、北京未来科技城、北京市丽泽商务区
天津市	天津津南新区、天津市生态城
河北省	石家庄市、秦皇岛市、廊坊市、邯郸市、迁安市、北戴河新区
山西省	太原市、长治市、朔州市平鲁区
内蒙古自治区	乌海市
辽宁省	沈阳市浑南新区、大连生态科技新城
吉林省	辽源市、磐石市
黑龙江省	肇东市、肇源县、桦南县
上海市	上海市浦东新区
江苏省	无锡市、常州市、镇江市、泰州市、南京河西新城、苏州工业园区、盐城市城南新区、昆山市花桥经济技术开发区、昆山市张浦镇
浙江省	温州市、金华市、诸暨市、杭州市上城区、宁波市镇海区
安徽省	芜湖市、铜陵市、蚌埠市、淮南市
福建省	南平市、平潭市、福州市苍山区
江西省	萍乡市、南昌市红谷滩新区
山东省	东营市、威海市、德州市、新泰市、寿光市、昌邑市、肥城市、济南西区
河南省	郑州市、鹤壁市、漯河市、济源市、新郑市、洛阳新区
湖北省	武汉市、武汉市江岸区
湖南省	株洲市、韶山市、株洲市云龙示范区、浏阳市柏加镇、长沙市梅溪湖国际服务区
广东省	珠海市、广州市番禺区、广州市萝岗区、深圳市坪山新区、佛山市顺德区、佛山市乐从镇
海南省	万宁市
重庆市	重庆市南岸区、重庆市两江新区
四川省	雅安市、成都市温江区、郫县

续表

贵州省	铜仁市、六盘水市、贵阳市乌当区
云南省	昆明市五华区
西藏自治区	拉萨市
陕西省	咸阳市、杨凌示范区
宁夏回族自治区	吴忠市
新疆维吾尔自治区	库尔勒

2013年5月，住房城乡建设部发布《关于开展国家智慧城市2013年度试点申报工作的通知》，103个城市（区、县、镇）为2013年度国家智慧城市试点，包括83个市、区，20个县、镇以及在2012年首批试点基础上扩大范围的9个市、区。

2013年度国家智慧城市试点城市　　表2.2

北京市	北京经济技术开发区
天津市	武清区、河西区
重庆市	永川区、江北区
河北省	唐山市曹妃甸区
山西省	阳泉市、大同市城区、晋城市
内蒙古自治区	呼伦贝尔市、鄂尔多斯市、包头市石拐区
黑龙江省	齐齐哈尔市、牡丹江市、安达市
吉林省	四平市、榆树市、长春高新技术产业开发区
辽宁省	营口市、庄河市、大连市普湾新区、沈阳市沈河区、沈阳市铁西区、沈北新区
山东省	烟台市、曲阜市、济宁市任城区、青岛市崂山区、青岛高新技术产业开发区、青岛中德生态园
江苏省	南通市、丹阳市、苏州吴中太湖新城、宿迁市洋河新城、昆山市、南京市高淳区、南京市麒麟科技创新园（生态科技城）
安徽省	阜阳市、黄山市、淮北市、合肥高新技术产业开发区、宁国港口生态工业园区

续表

浙江省	杭州市拱墅区、杭州市萧山区、宁波市（含海曙区、梅山保税港区、鄞州区咸祥镇）
福建省	莆田市、泉州台商投资区
江西省	新余市、樟树市、共青城市
河南省	许昌市、舞钢市、灵宝市
湖北省	黄冈市、咸宁市、宜昌市、襄阳市、武汉市蔡甸区
湖南省	岳阳市岳阳楼区、洋湖生态新城、滨江商务新城
广东省	肇庆市端州区、东莞市东城区、中山翠亨新区、佛山市南海区
广西壮族自治区	南宁市、柳州市（含鱼峰区）、桂林市、贵港市
云南省	红河哈尼族彝族自治州蒙自市、红河哈尼族彝族自治州弥勒市
贵州省	贵阳市、遵义市（含仁怀市、湄潭县）、毕节市、凯里市
甘肃省	兰州市、金昌市、白银市、陇南市、敦煌市
四川省	绵阳市、遂宁市、崇州市
西藏自治区	林芝地区
陕西省	宝鸡市、渭南市、延安市
宁夏回族自治区	银川市、石嘴山市（含大武口区）
新疆维吾尔自治区	乌鲁木齐市、克拉玛依市、伊宁市

2015 年 4 月住房城乡建设部办公厅和科学技术部办公厅发布《关于公布国家智慧城市 2014 年度试点名单的通知》，确定北京市门头沟区等 84 个城市（区、县、镇）为国家智慧城市 2014 年度新增试点，河北省石家庄市正定县等 13 个城市（区、县）为扩大范围试点。

2015 年度国家智慧城市试点城市　　表 2.3

北京市	门头沟区、大兴区庞各庄镇、新首钢高端产业综合服务区、房山区良乡高教园区、西城区牛街街道
天津市	天津滨海高新技术开发区京津合作示范区、静海县
重庆市	渝中区
河北省	唐山市、石家庄市正定县、廊坊市固安县、邯郸市丛台区

续表

山西省	大同市、忻州市、吕梁市离石区
内蒙古自治区	呼和浩特市
黑龙江省	佳木斯市、尚志市、哈尔滨市香坊区
吉林省	通化市、白山市江源区、临江市、吉林市高新区、长春净月高新技术产业开发区、辽源市东丰县
辽宁省	沈阳市和平区、新民市
山东省	莱芜市、章丘市、诸城市、枣庄市薛城区、日照市莒县、潍坊市临朐县、济宁市嘉祥县、青岛西海岸新区（黄岛区）、莱西市、威海市乳山市
江苏省	徐州市（含新沂市）、东台市、常熟市、淮安市洪泽县、泰州市泰州经济技术开发区
安徽省	宿州市、亳州市、六安市金寨县、滁州市（含定远县）、阜阳市太和县
浙江省	温岭市、富阳市常安镇、宁波大榭开发区、温州市苍南县
福建省	长乐市、泉州市（含德化县、安溪县蓬莱镇）、漳州招商局经济技术开发区
江西省	鹰潭市、吉安市、抚州市南丰县、南昌市东湖区、南昌市高新区
河南省	开封市、南阳市
湖北省	荆州市（含洪湖市）、仙桃市、武汉市江夏区、黄冈市麻城市、襄阳市老河口市
湖南省	永州市祁阳县、湘潭经济开发区、常德市（含津市市、澧县、汉寿县）、沅江市、郴州市安仁县、郴州市宜章县
广东省	河源市江东新区
广西壮族自治区	钦州市、玉林市、柳州市鹿寨县
云南省	大理石、文山市、玉溪市
贵州省	安顺市西秀区
甘肃省	张掖市、天水市
四川省	阿坝藏族羌族自治州汶川县、宜宾市兴文县、广安市、泸州市、乐山市（含峨眉山市）、绵阳市江油市

续表

新疆生产建设兵团	石河子市、五家渠市
青海省	格尔木市、海南州贵德县、海南州共和县
陕西省	汉中市
宁夏回族自治区	中卫市
新疆维吾尔自治区	昌吉市、阿勒泰地区富蕴县

社区公共服务综合信息平台建设是智慧社区建设的首要任务，是实现社区智慧化治理与服务的基础载体。在统一的智慧城市平台上将其智慧化作用渗透到社区居民生活的各个领域，使得智慧社区建设成为智慧城市的基础单元，成为不可或缺的一环。

（2）推动社区养老医疗体系改革创新

全面推进社区医养结合模式，是智慧社区建设的重要内容。

（3）推广社区智能服务全面介入

（4）鼓励社区分级诊疗持续发展

北京市发布的《智慧社区指导标准（2013 年试行）》，为首批参加试点的智慧社区设定了 31 条须实现的约束性指标。2011 年西城区广内街道开始试点，建设内容主要包括突出智能化，提升街道公共服务的信息化水平，包括建设智能停车引导系统、数字家园行及电网、通信、网络三网合一；突出精细化，提升街道公共服务的规范化水平，包括开发综治管理系统、“十千惠民”系统及推出和谐指数评价系统；突出人文化，提升街道公共服务的人性化水平，建设“虚拟养老”服务平台、“槐柏商圈”社区电子商务系统及开发惠民兴商“一卡通”系统。其一期内容包括智慧中心、智慧政务、智慧商务、智慧民生四大部分 14 个子系统。智慧中心记录了街道所有的人、地、物、事、组织，这些数据精确到了每个社区的每个单位、每个楼门甚至每个井盖。朝阳区团结湖街道是我国第一个实施“智慧网络”管理模式的街道，并在智慧社区设施、智慧社区服务和智慧社区管理方面加大信息化手段的应用力度，如在线服务终端“掌上团结湖”正式上线，切实让居民感受信息化的社区生活方式。绿城·北京诚园项目位于北京市朝阳区科学园南里西街3号，距离北京市标建筑鸟巢、水立方仅咫尺之遥。项目于2011年12月31日首次交付，总共5幢高层，总户数297户（其中包含9个底商），车位数451个。总建筑面积104573平方米，计费面积64043.75平方米，住宅物业管理先进，性价比高，真正让居民感受到了现代生活的温馨。北京市印发实施了全国第一个社会治理“五年规划”《北京市“十三五”时期社会治理规划》。2016年，新建了106个“一刻钟社区服务圈”，累计达到1342个，社区覆盖率达到84%。2017年，北京全市还将加快推进“一刻钟社区服务圈”体系建设，再建100个“一刻钟社区服务圈”，创建首批200个“社区之家”试点，新建362个智慧社区，并推进630个智慧社区升星。

2011年6月，上海投资3000万元建设的首个“智慧社区”——浦东金桥碧云一期改造已完成，实现了智能家庭终端、金桥碧云卡、社区信息门户网站、云计算中心四大基础项目。通过智能家庭信息终端（碧云大管家）实现公共服务信息查询、优惠信息显示、服务预订等功能。通过金桥碧云炫卡绑定商家或社区服务机构的各类信息、直接进行相关费用缴纳、预定、享受个性化服务。社区信息门户网站是居民查看社区内各类信息的互联网窗口，主要功能与“碧云大管家”相对应。同时，基于网站的互动及宣传功能，可将服务辐射至所有人群。云计算中心是整个项目的大脑，因为所有子项目的数据都将通过云计算中心进行交换、处理、存储以及查询。另外实现了智能交通（一期）运用红绿灯违章率监控管理系统、智能环保（一期）通过对现有垃圾桶的改造，当垃圾桶内的货物到达一定的程度的时候（例如90%），自动将相关信息传送到相关管理部门。智能停车场通过对停车场管理专利技术的应用，实现对社区内停车场的查找、停车位信息的查询、精确停车位的指导等功能。上海市智慧社区建设在2012年底即覆盖包括闵行、长宁、浦东等多个区域，打造了20个智慧社区试点小区，已拥有几十种便民应用。如宝山区开通了“市民百事通”平台，友谊街道首批试点单位，建设内容包括完善基础设施；推进便民服务项目；推进社区管理网络化、协同化、智能化；建立网上协同办公机制。长宁区智慧社区综合服务平台也正式上线运行。2013年10月，黄浦区中南小区启动上海首个老年智慧活力社区试点，目的是实践积极老龄化，借助“科技助老”来消除数字鸿沟，打通数字交往、人际互动的新路径。2012年试点，陆家嘴街道“智慧社区”建设重点突出社区管理、公共服务、智慧商圈、人文精神四大板块，主要涵盖社区综合管理、社区生活质量水平、社区经济和商业活力、社区内个体发展水平四方面内容，具体建设内容为“一库、一卡、两平台、多系统”。

杭州市以“数字杭州”为引领，全面部署“智慧城市建设”，城市智慧化已经成为继工业化、电子化、信息化之后即将出现的新一轮科技革命和产业革命的前奏。杭州蘭园和翡翠城的建设就是一个很好的例证。杭州蘭园位于杭州城市核心地段，占地面积约5万平方米，总建筑面积约22万平方米；杭州翡翠城紧邻西溪国家湿地公园，占地约1400亩，总建筑面积约150万平方米。社区内均建设有社区商业中心、运动中心、幼儿园、超市、酒店、医疗服务中心等，是集生活、休闲、商业、娱乐、运动、教育等功能于一体的现代社区。园区APP安装人数已超过1.1万人次，安装率已超100%，智慧社区为居民的生活带来了极大的方便。

广州市在 2012 年天河、越秀、海珠、番禺为第一批智慧社区试点单位。其中天河区将汇景新城等 6 社区试点智慧社区。黄村街康城社区将智慧服务工程纳入了幸福社区建设“一三五”模式中统一规划部署，依托广州市“一卡一页”系统（社保卡、市民网页）整合的信息资源与服务，通过网上服务、社区服务站以及街道服务中心的服务窗口、社区内放置的公众服务自助终端等，努力构建涵盖政务服务、公用事业及公益服务、便民商业服务、社区综合管理、社区自治等内容的智慧社区服务平台。此外，使用社区“二维码”开展管理和服务、24 小时自助图书馆、自助式“健康驿站”等个性化服务也受到了社区居民的欢迎。天河区林和街华新智慧社区的建设是把社区所涉及的综合管理和公共服务事项进行分类和梳理，分别纳入综合管理和公共服务两个子平台，其中综合管理子平台以网格为管理单位，建立以实有人口，实有法人单位为重点的管理对象信息库，并将综合治理、辖区管理、四位一体、地理信息、视频监控等功能集成到平台，实现资源整合、定位分析、科学决策、精细化管理；公共服务子平台是以统筹各类服务资源为切入点，把政务服务、便民服务、社区互助、健康服务等多项便民服务内容整合到平台上，以满足社区居民、企事业单位、社会组织的需求。社区依托智慧社区综合管理服务平台，一方面创新管理手段，促进社区工作的规范化、精细化、科学化，同时创新服务模式，为辖区居民和单位、社会组织提供人文化、多元化、社会化的公共服务。广州电信与光大花园在广州市海珠区推出“信息家园”社区。在这个社区中，居民可以通过宽带网络和固定电话实现远程遥控开关家电、视频监控家居安全、自主控制电视节目等住宅智能化管理。此外，居民还可以通过 114 查号台和“信息家园网站”了解居家信息、订购所需商品。目前约有 3 万家广州企业加入了“信息家园”电子服务网络。

深圳市一直都是全国智慧社区建设的领跑城市，共有 42 个社区成为智慧社区试点，成立专门团队落实试点建设要求，引导广大业主积极参与；通过“智慧社区”建设提升小区物业管理服务水平，提高业主生活质量；积极探索社区管理的新模式，促进物业管理创新发展、转型升级。并将免费向每个深圳家庭发放智能终端——“家 e 通”软件系统的平板电脑。

其他如南京、常州、宁波、昆明、沈阳等城市也纷纷开始智慧社区试点工作，并取得一定成效，如社区管理更加科学化、信息化和现代化，服务方式多样化、服务环境日益改善，服务人员的素质也相对提高。

从我国政府对社区工作信息化的政策引导，可以看出，政府对智慧社区工作十分重视，一直着眼于利用信息化手段提高社区管理和服务工作水平。智慧社区建设工作是对社区的硬件（包括市政基础设施、信息化平台等）和社区工作（管理和服务）的全面改造和升级，目的在于服务政府工作和居民生活。

2.2.3 存在的问题

我国智慧社区是在智慧城市的构建基础上进一步具体化提出的，而智慧城市构建的提出时间非常短，所以作为智慧城市组成的基本单元，智慧社区的构建领域零散，应用水平不高，没有形成面的整体推动态势。通过近年来各地智慧社区试点建设的情况来看，智慧社区的建设主要是依托信息化手段和物联网技术，构建涵盖社会管理、社会服务、社区建设、社会组织、社会领域、党建等于一体的智能化综合管理服务平台，以该平台为载体，实行和体现社区的智慧化社会管理和公共服务。但从目前建设实践情况分析来看，在试点单位取得一定突破和进展后，各地智慧社区的信息孤岛与重复建设现象依然严重，没有达到可推广和可复制的标准化模式。主要存在以下几方面的问题：

（1）物联网技术在社区应用还较少，智慧应用处于初级阶段

我国对智慧社区建设尚处于探索阶段，国家及各省市缺乏统一的顶层设计和规范，各个省市乃至同一省市的各个社区，都提出了各自的智慧社区建设方案，而承建商在智慧社区信息化建设上应用领域分化严重，大量结合了物联网技术的社区应用还处于方案或试运行阶段，物联网应用需求的发掘还不充分，在其他应用终端上，从行业到企业，各自都有自己的标准，相互间的兼容性差，具有普遍适用性的信息共享和业务协同机制没有建立，导致智慧社区建设零散不统一，智慧社区的发展还处于初级阶段。

（2）智慧社区应用主要集中在大城市主要社区

智慧社区如同智慧城市建设一样如火如荼，但由于智慧社区本身代表了一种较现代的生活方式，受建设成本和消费水平影响较大。因此，智慧社区的发展还很不平衡。北京、上海、广州、深圳等各直辖市、沿海城市和各省级中心城市发展较快，智慧社区还主要集中在这些大城市的主要社区。

（3）智慧社区产品与技术方案尚不成熟

社区智能化产品“智能化”程度还不够高。目前的部分安防产品（传感器等终端）由于设计缺陷，影响用户体验，导致智慧社区，尤其是智慧家居推广困难。因此一方面要提高产品的智能程度，锁定监控区域，同时还要能够根据环境的需要灵活设置安防系统。

技术方案选择时存在考虑不全面的情况。有的方案在增加新的设备或选取技术方案时，往往忽略附加通信费用的增加，导致实施时遇到困难。

(4) 智慧社区建设标准与规划缺乏

虽然建设部住宅产业化办公室早在1999年12月就出台了《全国住宅小区智能化系统示范工程建设要点与技术导则》，2000年也相应颁布了《智能建筑设计标准》GB 50314-2000，但信息化技术发展十分迅速，两项文件都没有详细规定每个系统的设计及施工规范，实施过程中往往只能参照各相关系统的有关标准执行，有的甚至是凭感觉，因而导致工程设计、施工安装、设备选型的随意性较大。例如，住宅内探测器及磁控开关的安装位置及数量，住宅不同部位应选择何种技术类型的产品等。令人欣慰的是部分地区制定的地方标准（例如天津颁布的地方标准《住宅小区安全防范系统》DB 12/125—2001）弥补了这个技术空白，但地方标准无法指导智慧社区的异地复制和扩展。另外，智慧社区所涉及的各类社会管理事项、服务规范和业务流程没有统一的归纳、梳理，进行总体的规范化和标准化，导致各类智慧社区的服务管理和服务规范缺少规范性和统一性。

我国对于信息化项目管理还没有形成统一的国家标准，各地区都是按照本地信息化协会制定的信息化系统工程管理方式进行管理的，往往会造成系统建成后缺乏相应的验收、测试标准。各厂家的相同产品的兼容性、互换性、开放性差，造成住户家中设备种类很多，管理和维护也非常困难，给未来系统的集成与数据共享带来很大困难。

(5) 缺乏适应智慧化社区管理与服务的人才

智慧社区应用了丰富的现代信息技术，其管理与服务模式与传统社区有很大不同。因此社区管理与服务机构特别是社区服务中心（服务站）与物业管理中心需要配备高素质的技术管理及业务办理人才。通过高素质的人才保障智慧社区软硬件资源最大限度地发挥作用，避免不必要的损失。

2.2.4 发展趋势

随着物联网、云计算及移动互联网等新一代信息技术在社区的应用不断发展，社区将变得更加智慧。目前，智慧社区正处于发展阶段，未来发展潜力巨大，智慧化应用将渗透到居民生活的各个方面。

（1）应用方面

① 智慧应用渗透到居民生活的各个方面

社区的主要构成对象就是住宅与家庭，因此社区信息化应用始终主要围绕着居民日常生活展开，在智慧社区，智慧应用将渗透到居民生活的各个方面。智慧家居将智慧应用延伸到家庭内部，各种电子信息设备、通信设备、娱乐设备、家用电器、自动化设备、照明设备、保安（监控）装置及水电气热表（或概称的“三表三防”设备）等连成网络，通过多功能智能控制器、互联网和物联网络可以实现远程控制，各种设备可以与传感器结合，根据环境变化自动变换状态。居民出行也因智慧停车场的出现变得更加快捷，智慧停车场系统统一管理社区辖区内的车辆停放，保持社区辖区内的道路、过道、电梯及扶梯等平面及垂直交通的畅通。居民生活环境也可得到智慧管理，在社区内部安装的环境监测设备，不仅可实施显示社区环境状况，便于业主在社区内安排活动时间，同时可向市环保部门环境监测系统提供数据。可以和市交管信息互通，对一些违章、被盗车辆进行及时处理。通过智能垃圾回收系统，清洁人员定时定点或接到智能垃圾箱报警后及时收集和清运垃圾，保持社区及周围环境的干净、整洁。电子商务、远程医疗与救助服务、一站式政务服务等智慧化服务将不断丰富与完善，使社区居民生活方式更加智慧、更加便捷。

② 对特殊人群的生活保障服务有着强烈需求

因为身体及年龄原因，行动不方便的人群，特别是空巢老人，在当前工作、生活节奏紧张，家人没时间照顾的情况下，非常需要先进技术手段帮他们解决日常生活中遇到的实际问题。在条件允许的情况下，家人也希望能随时随地了解到他们的生活特别是健康和安全状况，使他们的生活更方便，希望在他们出现健康与安全问题的时候，能及时获得专业医疗或其他服务机构的服务。因此特殊人群非常需要各种简单、自动化的信息化产品，特别像养老服务与信息终端、一站式服务、医疗与紧急求助、遥控、监控等传感类产品，实实在在带给他们很大的方便。

（2）技术方面

① 网络泛在化

随着物联网技术和我国新一代互联网技术的发展，未来社区内网络将无处不在，并将有更高的带宽，必将加强社区的网络功能的发展。通过完备的社区局域网络和物联网络可以实现社区机电设备和家庭住宅的自动化、智能化，可以实现网络数字化远程智能化监控。

② 系统集成化

社区内信息孤岛将通过平台建设走向集成，这是智慧社区建设的目标和要求。智慧社区将大大提高社区系统的集成程度，信息和资源得到更充分的共享，提高了系统的服务能力。

③ 设备智能化

通过各种信息化特别是自动化技术、物联网技术、云计算技术的应用，不但使居民的信息得到集中的数字化管理，基础设施与家用电器自身的各种基础及状态信息将可通过互联网获取，并可通过互联网对这些设备进行控制，设备间也可通过一定的规则协同工作。通过对各种人、物、事的信息的综合处理，更多的智能化、主动化和个性化服务将出现在社区居民身边。

④ 设计生态化

近几年随着新兴的环保生态学、生物工程学、生物电子学、仿生学、生物气候学、新材料学等新技术的飞速发展，生态化理念与技术正在深入渗透到建筑智能化领域中，以实现人类居住环境的舒适和可持续发展目标。

（3）产业方面

智慧社区的快速发展将形成“互联网＋物业”新业态。“互联网＋物业”成为发挥资本、互联网、物业管理各自优势，整合线上线下资源的产业融合新业态。互联网特别是移动互联网的出现，促成了“网上支付消费”和“社区 O2O 消费”两个巨大的服务消费市场。物业服务企业处在社会和社区的节点上，贴近社区的资源和用户，与社区集成组织、周边商业圈关联度高，在最后一公里乃至最后一百米内，成为社区资源的隐形掌握者。

近年来，国家大力推行多层次资本市场建设，尤其是新三板扩容、地方股权交易中心的建设，促进物业管理行业形成了快速发展的新格局，一批优质的物业企业先后进入资本市场。物业服务企业通过融资在行业内开展收购、兼并、重组，有力助推了企业规模的扩张和资源整合。投资型企业和物业服务企业的业务融合，实现了企业业务种类和赢利点的增加。

2.3 智慧社区产业生态的发展现状

2.3.1 智慧社区典型应用

近年来，充分融合了物联网技术与传统信息技术的智慧社区解决方案逐渐出现，并在一些发达地区实施。智慧社区典型应用包括智慧家居、智慧物业、智慧政务、智慧公共服务。

智慧家居是融合家庭控制网络和多媒体信息网络于一体的家庭信息化网络平台。家庭控制网络通过有线或无线的方式接入因特网（Internet）、公众电话网、广电网、社区局域网等网络，通过家庭网关实现电子信息设备、通信设备、娱乐设备、家用电器、自动化设备、照明设备、保安（监控）装置及水电气热表（或概称的三表三防设备）的控制与设备间协同。

智慧物业利用小区视频监控网络、各种传感器网络及小区宽带网络构成物联网系统，实现智慧的保安消防、垃圾回收清运、停车场管理、日常设备检修与维护、环境监测、电梯管理等智慧服务。

智慧公共服务利用信息共享与集成技术，实现社区医疗服务、“一站式”缴费服务、电子商务服务、养老服务。特别是通过智能感知、识别技术使得居家养老和社区养老实现智能化，打破老人独自居家活动的状态，老人的各种诉求被感知：身体健康状况被社区医院和医护人员感知；居家安全和出行安全被社区服务人员和家属感知。

智慧政务对部门、科室、社区业务进行科学分类、梳理、规范，创新服务管理模式，提高服务管理的规范化、精细化水平。实现社区一站式服务、社区经费管理、综治维稳、社会救助等社会管理与公共服务职能。

2.3.2 智慧家居高速发展

根据赛迪顾问的研究，中国智慧家居市场规模增长率近年来高达30%，从趋势看呈现持续高增长态势。作为新兴的物联网应用之一，智慧家居以其前瞻性、跨越性和对生活品质的巨大提升吸引了产业的参与。在物联网、云计算、三网融合的发展环境下，智慧家居控制系统充分利用电脑、网络、电信三方面的综合布线技术，通过家庭管理平台将与家居生活有关的各种子系统有机结合。可以预见，智慧家居会从高端用户群慢慢地渗透，未来三到五年内，智慧家居会有良好的前景。作为智慧家居的载体，智慧社区市场更是一个新的蓝海。

2.3.3 商品住宅可预期

城镇化是当前中国社会经济发展的热点，未来若干年，中国的城镇化进程将持续高速发展。城镇化趋势最直接的影响将是商品住宅的规模建设。

国家统计局2017年1月公布2016年多项宏观经济数据。数据显示，近年来我国城镇化水平稳步提高，城镇化率从1990年的22%上升至2016年的57.35%，上海交通大学城市科学研究院课题组通过中国城镇化率分析预测系统预计2020年我国城镇化率将达到63.4%；2013年至2016年底每年住宅房屋竣工面积约为28亿平方米。从以上数据可以看到，商品住宅、新增小区/楼盘的规模及其可预期性，将是智慧社区的最大目标市场，为智慧社区的规模发展奠定了基础。

2.3.4 宽带用户规模增长

自2011年以来，国内三大电信运营电信、移动、联通相继开启了以FTTH为主导模式的大规模接入网建设。2012年"宽带中国"战略提上议程，宽带普及提速工程全面启动。2013年工信部与相关部委共同推动出台了《关于印发"宽带中国"战略及实施方案的通知》，首次将宽带网络作为新时期我国经济社会发展的战略性公共基础设施。同时，由住建部、工信部等联合发布两项国家标准，对光纤入户的实施情况作出了强制性规定（2013年4月1日起，所有新建住宅均需实现光纤接入)，FTTH（光纤直接到家庭）迎来了又一轮建设高潮。

在“宽带中国”、“三网融合”、“互联网+”等政策的推动下，FTTH 市场迅速增长，预测未来几年，FTTH 的市场规模将持续保持较快速的上升趋势。而以 FTTH 为代表的宽带接入的规模建设，为以网络连接、信息服务为基础的智慧社区的普及提供了有力的保障。

2.3.5 新环境，新模式

互联网、移动互联网的高速发展为传统经济和传统产业带来新的活力，商业形态和商业模式都随之发生了巨大变化。互联网思维不仅改变了世界，也改变了人们的生活。在新的环境下，当前社区周边商业的发展出现了新趋势：社区商业发展偏向于多功能综合体；连锁式经营将成为社区商业的主导方式；单一功能的零售业态将逐渐淡出；社区商业朝着电子商务方向发展。

对于以上变化，从智慧社区的发展历程来看，人们关注的内容已经从设备、系统相关的数字化、智能化，演变为对生活舒适性、便捷性等服务的需求。根据市场调研，社区服务的提供方式逐渐向新的模式发展：线上综合服务平台，聚合周边商圈，提高生活便捷性；线下实体运营，打造复合型社区服务；用信息技术打通线上线下，以人为本，实现服务一体化。

2.3.6 产业链逐步完善

在新的市场环境下，智慧社区已经从单纯的设备制造商、系统集成商主导，变为各方参与、互利共赢的局面，产业链上下游涉及房产开发商、物业/社区运营业务提供商、设备提供商、系统集成商、电信运营商等多个角色。

3 智慧社区技术体系概述

3.1 总体架构

按照《智慧社区建设指南》中定义：智慧社区是通过综合运用现代科学技术，整合区域人、地、物、情、事、组织和房屋等信息，统筹公共管理、公共服务和商业服务等资源，以智慧社区综合信息服务平台为支撑，依托适度领先的基础设施建设，提升社区治理和小区管理现代化，促进公共服务和便民利民服务智能化的一种社区管理和服务的创新模式，也是实现新型城镇化发展目标和社区服务体系建设目标的重要举措之一。

智慧社区总体框架如图 3-1 所示。

技术体系描述了技术以及技术与技术之间的关系，是为了实现服务体系中的各种服务。只有数据的服务才能满足智慧社区建设的要求。技术体系就是将智慧社区中存在的各种信息转化为数据最终实现服务的基本支撑。因此，在总架构中，我们将技术体系按照功能划分为四个层次：感知层、网络层、数据层、平台层。

3.2 感知层

感知层是通过信息采集识别、无线定位系统、RFID、条码识别等各类传感设备，对社区中的人、车、物、道路、地下管网、环境、资源、能源供给和消耗、地理信息等要素进行智

交互层
移动终端
电脑终端
桌面
大屏
(运营管理中心)
全面的展示和决策
应用层
社会治理
电子政务
社会保障
网络化管理
……
物业管理
绿化
公共设施
环卫
管网
房屋
……
公共服务
教育
医疗
住房保障
……
便民服务
生活
家政
金融
……
智慧家居
医疗
安防
养老
生活
经济(主题)
农业
旅游
教育
医疗
灵活的服务调用
平台层
综合信息服务平台
基础信息平台
数据交换服务
空间信息服务
运维管理服务
目录管理服务
移动应用服务
接口服务
门户
运行管理系统
决策支持
后台支持
风险管控
效能监察
运营支撑
……
高度共享的数据服务
数据层
数据聚合
数据萃取
数据加工
数据管理
数据共享
基础数据库
人口数据库
法人数据库
空间信息数据库
建构筑物数据库
专题数据库
农业产业数据库
旅游专业数据库
环境数据库
视频数据库
……
云计算
存储设备
数据标准
备份/容灾
高速的数据传输
网络层
通信网络
互联网络
广电网络
…………
丰富的数据来源
感知层
视频传感网
无线传感网
综合传感网
…………
运营维护体系
安全保障体系
技术体系

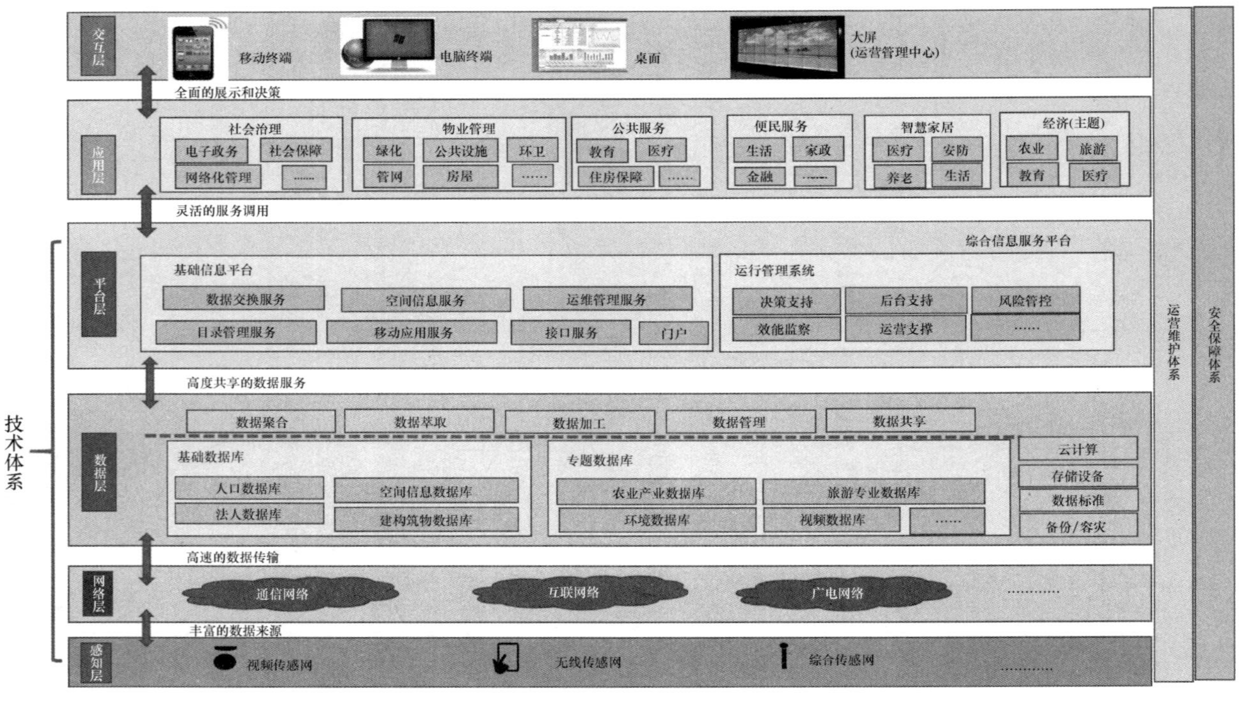

图3-1 智慧社区架构图

能地感知和自动获取并转化为数据。感知层获得的数据主要是空间位置信息、环境状态信息、社区设施信息、建筑设备信息以及个人健康信息等原始数据，这些数据可大致分为空间位置数据和状态数据。

获取空间位置信息数据主要依靠空间定位技术。目前成熟的空间定位技术有卫星定位技术、基站定位技术、Wi-Fi 定位技术、WSN 定位技术、RFID 定位技术等。

获取状态数据主要利用各种感知设备、智能终端等对社区环境、建筑设备及社区设施的状态、社区及建筑内的安全状况、社区居民的个人信息等进行感知。环境状态感知主要是获取社区以及建筑物内空气的物理特性以及污染等数据，主要需要检测的对象包括温度、湿度、风速、甲醛、CO_2、CO、SO_2、NO_2、PM2.5、PM10 等。建筑设备和社区设施状态的感知，主要利用楼宇自动化系统（BAS）对社区内给排水系统、变配电系统、配气系统、照明系统、电梯系统、地下管网系统、停车库系统等建筑设备和社区设施状况进行感知。社区及建筑内的安全状况的感知主要包括防止非法入侵的周界防越、视频监控，电子巡更，煤气、天然气泄漏感知，火灾探测等。社区居民的个人信息主要可以分成两大部分：身份特征信息和健康信息。身份特征信息主要包括语音、指纹、虹膜、脸部以及掌纹信息等，这些身份特征是每个社区居民独一无二的，可以保障进出社区人员的合法性；健康信息有血压、血糖、脉搏、体温等，健康数据可帮助社区居民及时知晓自身的身体状况，并可对其饮食、运动、娱乐、就医等提供指导。

3.3 网络层

网络层的主要功能是实现各感知器件、终端设备、系统的互联互通，并为社区居民提供数据、视频、语音的接入。各种定位技术和感知技术获取了智慧社区中最原始的数据信息，将依靠网络层以有线或无线的方式进行传输，同时网络层还承担着为社区住户提供数据、视频、语音接入，为数字化的服务提供网络支持的功能。智慧社区网络层主要由接入网、传输网、网络集成和网络安全构成。

接入网包括光纤接入、无线接入、以太网接入、卫星接入等各种接入方式，实现底层传感网络、RFID 网络“最后一公里”的接入。

传输网由公网和专网组成，典型的传输网络包括电信网（固网、移动通信网）、广电网、互联网、电力通信网、专用网（数字集群）。

网络集成主要实现网络、设备、系统的开放性和互操作性。目前常见的协议有 BACnet 协议和 TCP/IP 协议。BACnet 协议用来实现楼宇自动化系统中设备与设备、设备与系统、系统与系统之间的互联和信息兼容。TCP/IP 协议用来实现基于以太网的网络通信集成，连接到以太网的所有设备可通过 TCP/IP 协议来实现相互通信。

网络安全是数据传输的重要基石。目前网络安全主要通过 Web 安全、防火墙和入侵检测实现。

对 Web 站点信息的保护是社区网络安全的重要内容之一。Web 安全主要通过对服务器、浏览器以及两者之间的网络通信三方面进行保护。对服务器和浏览器之间数据传输的安全性解决方法一般采用具有过滤功能的 IPsec 协议和 SSL 方式。防火墙是设置在社区内部网络与 Internet 之间的，防止外部网络对内部网络发生入侵行为的安全技术。防火墙的类型主要有数据包过滤防火墙、应用级网关、代理服务器防火墙和混合型防火墙，不同类型的防火墙工作重点不同。入侵检测是一种以主动的方式收集网络数据，分析网络行为的安全防护技术。常见的入侵检测方式可分为对异常数据和行为的检测以及基于特定规则的检测。

3.4 数据层

数据层的主要功能是负责对采集的数据进行科学整理、存储和分析，使得这些数据可以更好地被平台层利用。数据层按照功能可以分为数据规范化（数据定义）、数据集成、数据融合、数据交换、数据安全。

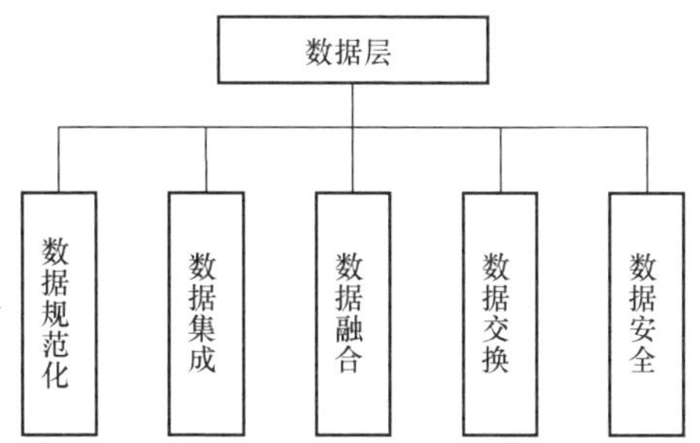

数据规范化是指在存储收集数据时，采取规范化的手段进行统一编码，也就是对数据进行统一定义。通过数据规范化，可以节省数据的存储空间同时提高处理速度。

数据集成主要包括联邦数据集成、中间件集成、数据库集成。联邦数据库系统是一种可以联合多个成员数据库的集成系统。多个成员数据库之间可以保持自治性，并独立地进行不同程度的共享数据库中的数据。中间件集成是可实现层次与层次之间、系统与系统之间的交互。使用 XML 构建全局数据模式，是最常被使用的中间件集成方式。数据库集成是使用 Extract、Transform、Load 工具，定期从数据源中装载数据副本到数据库中，使数据库中有可供用户使用的数据，而实现数据集成。

数据融合技术是指在一定的原则下，对采集的数据进行分析，并去除冗余信息而使得原始数据在规定的原则下，保有最大的信息量。目前进行数据融合的方法很多，主要可以分为基于估计的方法、基于统计的方法、基于信息论的方法和基于人工智能的方法四种类别。

数据交换通常通过计算机语言实现。目前较为常见的是XML和JSON。

智慧社区的各种数据往往涉及城市建设管理和社区住户的隐私，数据的安全性很重要。目前常见的主要手段有数据加密、硬盘加密、备灾。灾备主要分为本地灾备和异地灾备，本地灾备可使用磁盘阵列和双机容错技术，异地灾备可使用冷备、暖备、热备、双活、手工恢复、站点选择服务、基于应用复制、基于数据库LOG复制、基于磁盘复制、同/异步复制等技术。

3.5 平台层

平台层的主要功能是负责对整理好的数据信息进行展示，并为利用这些数据提供服务的应用提供良好的支撑平台，同时保障各应用之间无隔阂的信息交互。平台层技术主要包括云计算技术、地理信息系统GIS、智能建筑管理系统IBMS、数据挖掘、目录服务、应用集成。

云计算是一种依据需求来请求资源的计算模式，请求的资源包括运算设备、存储设备、软件。

地理信息系统（GIS）利用感知层获取的地理位置信息实现存储、查询、分析和显示地理数据的计算机系统，为应用服务提供基础。

智能建筑管理系统（IBMS），通过接口界面标准化、规范化，完成各子系统的信息交换和通讯协议转换，实现所有子系统的信息集成管理、全局事件的管理、流程自动化管理。最终实现集中监视控制与综合管理的功能。IBMS 主要包含 BAS 楼宇自动控制系统、FAS 火灾报警系统、SMS 综合保安管理系统、PAS 广播系统、CPS 停车管理系统、OAS 办公自动化系统等，可全面掌握建筑内的设备的实时状态、报警和故障；实现建筑内的各类不同系统之间的信息共享和协同工作；可提供如能耗分析、设备维护等在内的增值服务。

数据挖掘是平台层最核心的数据处理技术。感知层会获取大量的数据信息，平台层需要运用包括统计、机器学习、人工神经网络在内的多种算法，挖掘出这些数据潜在的信息，并转化成数据，由应用系统加以利用。

目录服务是指依照一定的目录树结构将各种资源信息进行分层，并存储在数据库中，为分层的资源信息提供逻辑视图，方便访问者随时使用各种资源。

应用集成就是建立一个统一的综合应用，是将截然不同的、基于不同平台、不同方案的应用系统有机地集成到一个无缝的、并列的、易于访问的单一系统中。集成技术目前主要涉及的技术有 JBI、SCA、SDO、Web Service、BPEL、Portal、ServiceMix 服务总线、IBM WebSphere ESB 服务总线等。

3.6 核心技术一般性要求

3.6.1 操作系统

（1）支持网络负载平衡、服务器群集和活动目录服务。高效的同步和复制以及分支机构域控制器中的凭据缓存，使活动目录在广域网（WAN）连接上运行得更快更稳定。

（2）提供最新的 Web 服务器角色和 Internet 信息服务，并在服务器核心提供了对 Web 程序更强大的支持。

（3）支持客户端和服务器虚拟化，以及使用远程桌面服务的演示虚拟化。

（4）能够管理任意大小的工作负载，具有动态的可伸缩性以及全面的可用性和可靠性。

（5）支持虚拟磁盘方式的虚机启动和部署。

（6）具备实时迁移功能，能够在两台运行着虚拟化服务的计算机上移动一台虚拟机，而不中断其他任何服务。

（7）支持不需要 VPN 链接的直接访问模式。

（8）支持分支缓存供分支机构员工本地获取数据。

（9）支持 LDAP 目录管理和认证服务和权限管理服务。

（10）支持远程桌面服务和虚拟桌面。

（11）支持脚本命令行方式管理和基于脚本的自动化管理。

（12）操作系统应集成统一的程序语言运行时，可以通过 XML Web 服务快速和可靠地构建、承载、部署和使用安全和连接的解决方案。

（13）采用 XML Web 服务方式提供基于行业标准构建的可重用组件，可以从其他应用程序调用功能，与应用程序的开发方式、运行应用程序的操作系统或平台或用于访问应用程序的设备无关。

（14）每套操作系统服务器端许可部署多个虚拟服务器。

3.6.2 数据库

（1）支持 ANSI/ISO SQL-89、ANSI/ISO SQL-92 标准。

（2）支持中文汉字内码，符合双字节编码。

(3) 数据库产品应具有良好的图形化用户界面（GUI），方便对数据库进行管理。

(4) 数据库应具有良好的自我管理、自我配置与自我调优能力。

(5) 支持网络传输加密。

(6) 支持 EAL4 安全标准、多级安全控制。

(7) 与操作系统集成性好，包括集成认证、集成的安全性等支持。

(8) 同一管理控制台完成所有管理工作，工具易于理解、使用。

(9) 同一产品中具有完整的管理、调优、调度与开发工具。

(10) 在数据库产品中提供数据转换 ETL 工具。

(11) 在数据库产品中提供 OLAP 多维存储库与数据挖掘工具。

(12) 在数据库产品中提供报表设计、展现工具。

(13) 在数据库产品中提供丰富的管理工具包括消息通知、代理服务、高级安全功能。

(14) 数据库系统应具有良好的伸缩性。

(15) 支持列级排序规则。

(16) 具有支持并行操作所需的技术，如并行装载、并行查询、并行创建索引等。

(17) 支持网络上同构或异构数据库之间的数据的有效传输和冗余性复制，具有多种复制功能模块。

(18) 支持联机分析处理（OLAP）；支持联机事物处理（OLTP）；支持决策支持的建立，要求能够实现数据的快速装载、高效的并发处理和交互式查询。

(19) 同一产品中支持 ROLAP、MOLAP 以及 HOLAP。

（20）提供 Web 服务接口模块。

（21）支持联机存储和备份功能（如磁带方式、光盘方式）。

（22）支持 ODBC 3.0、X/Open XA、CLI、JDBC 等标准。

（23）支持分布式事务及两阶段提交功能。

（24）支持动态将锁粒度调整到合适的级别，支持动态行级锁定。

（25）产品应用、布署、定制速度快，能够支持应用快速上线。

（26）实现和高级语言互联的能力。

（27）开发工具易使用、开发效率高、维护方便。

（28）无须另外付费的、良好的产品补丁管理与错误修正计划与支持。

（29）突破性、In-memory 性能。

数据库具有独特的 In-memory 设计，为包括 OLTP、数据仓库和分析在内的每个数据库工作负载提供了最佳性能。In-memory 事务处理功能和数据仓库增强功能为我们的现有数据仓库和分析技术提供了补充。利用高达 30 倍的事务处理性能提升（使用现有的硬件）和超过 100 倍的数据仓库性能提升，扩展业务并实现业务转型。

（30）经检验的可预测性能 。

数据库引领 TPC-E、TPC-H 和实际应用程序性能的基准。经过 SAP 认证，可运行一些要求最严苛的工作负载。使用资源调控器中的 IO 调控，更好地预测虚拟化数据库实例的性能。

（31）高可用性和灾难恢复。

Always On 是一个用于实现高可用性的统一解决方案，利用它可获得关键任务正常运行时间、加快故障转移、提高易管理性，以及更合理地利用硬件资源。使用新的“添加副本”向导更轻松地设置 Always On。

（32）安全性和合规性。

利用透明数据加密、可靠的审核、可扩展的密钥管理和加密备份，帮助保护关键任务工作负载的数据。甚至可以轻松地管理数据访问权限以支持划分不同用户的职责。

（33）可扩展的数据仓库。

通过使用横向扩展大规模并行处理（MPP）体系结构（使用并行仓库一体机 ，APS）将企业级关系型数据仓库的数据扩展到千万亿字节级别，并且能够与 Hadoop 等非关系型数据源集成。支持从小型数据市场到最大的企业数据仓库，使查询速度比旧数据平台上的查询速度快 100 倍以上，并使用新的增强型数据压缩功能来减少存储。

（34）数据质量和集成服务。

集成服务包括为提取、处理和加载（ETL）任务提供广泛支持，以及能够采用单独数据库实例的形式运行和管理。通过数据质量服务，利用组织知识和第三方数据提供商来清理数据，从而提高数据质量。

（35）可靠的开发工具。

数据库服务将集成到统一的开发工具中，可进行下载以便在本地和云中构建新一代 Web、企业和商业智能以及移动应用程序。客户可以在各种平台（包括 .NET、C/C++、Java、Linux 和 PHP）上使用行业标准 API（ADO. NET、ODBC、JDBC、PDO 和 ADO）。

3.6.3 数据整合交换

（1）以产品化的思路实现：即实现应考虑大多数用户的需求，功能设计要比较齐全。

（2）产品基于平台化、组件化的思想设计：所有功能应该在一个框架下实现，各种功能应尽可能共享相同的逻辑实现。

（3）可配置：具体实现应抽象成动作和对象，对象及其属性是可定义的。

（4）可管理：功能的实现是可调度的。

（5）可监控：可实时查看各种功能实现的过程信息和最终结果。

（6）可扩展：通过配置支持更多业务部门与交换系统的数据共享。

（7）交换平台技术规范与要求：

a. 及时交换：一旦有数据发送请求，应及时发送到指定目的地。

b. 接口简单：支撑交换平台的消息传输中间件系统要具有简单的接口，业务系统能够以较方便的使用接口接入到交换平台，便于系统的实施、维护和扩充。

c. 安全可靠的传输：保证接收者能正确收到数据，保证数据不被窃取和篡改。

d. 高可靠性和高性能：系统具有高性能和高可靠性，能够满足大规模数据传输要求。

e. 支持可定义的数据标准和数据交换标准：交换平台支持各部委局办制定的数据标准和数据交换标准，同时能够适应数据标准和数据交换标准的修订。

f. 支持 Web 服务技术：能方便地集成或实现 Web 服务技术。

g. 支持新的“参与方”加入到交换平台。新的“参与方”的加入，对交换平台的结构不需要调整，原来接入到交换平台的系统能够正常运行。

3.6.4 数据分析

为用户提供最佳的创建与发布工具，使其获得深刻的业务洞察力。他们可以从任何位置导入数据，同时能够以丰富的可视化效果传送信息。

（1）直观的制作和发布

使用最有效的工具进行工作，实现卓越的可管理、自助式商业智能。

（2）从任何位置导入数据

可从任何位置解析您的数据，并将报表集成用于分析数据。

（3）集成报表数据进行分析

使用业务报表，将数据馈送（data feeds）作为分析的数据源。基于报表的数据馈送为用户提供了一种简易的方法访问复杂的企业系统数据。

（4）丰富的可视化效果

充分利用可复用组件和丰富的可视化功能，提供富有价值、效果显著的报表解决方案。

（5）使用“即拿即用”报表

重用共享组件库中发布的常用报表元素。同步更新这些组件，从而简捷地创建最新报表。

（6）无缝安全的协作

使用户间的合作简单安全，提高整个团队的工作效率。

（7）最大化商业洞察力

用户之间可通过合作创建即席分析报表，把应用程序作为数据源进行复用，将报表发布作为数据馈送（data feeds），并且利用权限和工作流协调用户共享个人解决方案。

（8）根据最新数据进行决策

在 web 中的工作簿设置了数据刷新机制，确保数据即使在 Internet 上也自动保持最新状态。

（9）监测数据刷新活动

利用操作仪表板监控共享应用程序，确保他们始终可用并保持最新状态。

（10）直接驱动管理，保证数据质量

在一个中央管理门户中执行业务规则和管理支持域，从而创建、编辑，和更新主数据（包括成员和层次结构）。

（11）确保数据质量、完整性和安全性

解决方案平台依靠成熟的技术，消除了因脏数据引起的经济损失。

（12）授予用户近乎自由的数据访问

使用报表开发工具和数据馈送封装那些用于企业即席分析的关键数据源。

（13）统一异构数据源以便于分析

将一系列不同的数据源加以集成进行分析，从而加快分析任务，提高一致性。

3.6.5 基础平台服务

（1）建立统一的集中身份库——统一身份数据中心，实现统一用户身份管理：实现用户信息的集中管理，用户信息规范命名、统一存储，用户 ID 全局唯一，并提供标准接口，实现不同应用系统的用户身份的同步，支持海量的基于 LDAP 目录服务器的用户数据存储和管理功能；在数字化校园信息系统集中身份库的基础上，实现用户信息的自动同步处理等功能。

（2）建立统一的认证中心，实现统一身份认证系统：用户认证采用集中统一方式，支持用户名/密码、数字证书等认证方式，支持B/S和C/S等多种应用。提供基于单点登录（简称SSO）的解决方案：支持多个应用系统（包括B/S和C/S）间的单点登录，数字化校园中所有的应用系统通过SSO单点登录系统来实现统一的身份认证。

（3）统一门户和Web服务：门户服务为整个的信息化网络应用提供统一的信息展现技术及统一的应用集成方法。基于门户服务可以轻松搭建所需的门户网站和入口，同时为所有应用程序提供Web中间件服务。

（4）消息服务是针对各部门和企业量身定做的统一沟通交流平台，实现信息资源的集成共享、零距离沟通交流，从而促使智慧社区高度的智能化、透明化、自动化。

（5）工作流引擎通过集中化的流程管理界面，图形化的流程模板定义和流程状态监控，为用户提供了一个灵活易用的工作流管理解决方案。

（6）搜索服务提供强大的搜索功能，具有深度平台的灵活性和范围，以及增强的内容处理功能。它支持元数据检索和全文检索，满足冗余、性能和容量的多方面要求。

（7）数据管理提供了高可用性的数据集成平台，对多种数据类型提供了良好的支持，为后续的数据分析和利用提供了支持。

（8）文件服务提供了非结构化数据包括视频、照片、文件等数据的存储和检索的能力。

（9）媒体服务实现统一媒体管理和视频点播服务，采用流媒体的方式把整个智慧社区平台中所有应用系统的所有有关媒体服务进行统一的管理。

（10）应用集成服务提供了应用整合与集成的能力。在呈现方式上将统一通过信息门户对外发布；在开发设计上，要采用模块式开发，插件式管理，方便升级、改造、卸载；在信息规范上，将按照互操作规范进行数据共享和交换。

（11）监控服务提供对平台与应用运行状况监控与管理的能力，包括软硬件配置、应用运行状态与数据、故障与告警、日志和审计等。

3.6.6 门户展现

所有的信息发布、内容管理和应用集成都通过统一门户入口进行。包括：

- 用户体验

（1）支持多语言用户界面（MUI），实时切换。

（2）在线编辑并发布 Web 内容，所见即所得。

（3）提供离线办公体验，离线文档和离线业务应用。

（4）对多个数据格式和不同设备的支持。

（5）支持不同设备包括 PC、手机和 PDA 的接入。

（6）个性化门户支持，以实现个人工作台。

- 应用集成

（1）支持单点登录 SSO，可以轻松实现与异构系统的集成。

（2）强大的与第三方系统集成能力，无须代码开发或者少量代码。

（3）提供了完善的开发接口和 Web Services，可以快速开发和定制客户的应用。

（4）基于 SOA 的技术框架。

（5）支持扩展自定义管理模块和脚本命令管理。

（6）支持广泛的标准，如：XML、XHTML、XSL、DTHML、CSS、AJAX、XAML、WSRP、REST、JSON、WCAG 2.0、WebDav、OpenSearch、LINQ 等。

（6）对 Web2.0 等技术规范的支持：如 AJAX、RSS、

ATOM 等。

3.6.7 统一用户

（1）提供身份识别管理自助服务、跨多样化平台的自动化身份识别生命周期和角色管理，并提供丰富的策略架构来增强企业安全政策和详细的审计功能。

（2）提供交付强大的自助服务功能，支持用户通过熟悉的邮件消息和协作客户端与门户用户界面（UIs）管理身份识别属性、组成员资格和凭证。

（3）基于业务规则和策略，跨平台的自动化身份识别与生命周期管理，显著降低手动身份识别和凭证管理涉及的成本和风险。提供基于角色的访问控制，并让管理员持续审查整个组织的访问权限。

（4）以目录服务的架构为基础构建而成，可针对用户对应用程序、设备，以及信息的访问进行基于策略的控制。

（5）异构平台身份同步和一致性

（6）包含第三方 CA 的异构平台证书管理

（7）可管理多种凭证类型

（8）集成身份、凭据和资源的创建

（9）自动化、无须开发的用户创建和删除

（10）自助服务配置文件管理。

3.6.8 统一开发工具

（1）分布式系统设计：企业中多系统并存是目前的现状，因此设计基于服务的应用是目前系统建设的要求，而通过消息进行互操作是面向服务的体系结构的核心，提供了可规划的面向服务的设计工具，可以清晰定义系统间的基于消息的互操作。

（2）为部署而设计：统一开发工具提供的设计器，可以描述分布式系统的宿主环境，取得应用和运行环境的配置，定义规则和策略，在部署和应用设计完成时对这些要求进行校验，生成部署脚本的部署报告。

（3）保持设计和代码同步：借助开发工具和源码管理器，可以保持架构师与开发人员的沟通，同时使设计文档与迅速变化的代码同步。

（4）提供了一些为设计和部署分布的、面向服务的应用系统的设计器。这些设计工具使架构师和开发人员以一种新的模式设计一个分布式系统。

（5）更清晰的代码结构：代码结构可以图形化表示，通过图形，代码结构清晰明了。

（6）编写更有质量的代码：可以快速生成代码单元测试用例，通过单元测试确保代码的质量。

（7）理想的数据库应用开发生命周期工具：

提供了数据库应用建模、开发、测试、部署、版本控制的全面支持。

（8）更高的数据库开发效率：

a. 提供数据库的架构变更的版本控制功能；

b. 支持数据库对象的重构机制；

c. 与源码管理器无缝集成，提高团队的协同开发能力。

（9）确保数据库应用代码的质量：

提供了针对数据库代码的集成单元测试功能，确保代码的品质。

（10）团队服务器是实现团队有效协作的基础，通过企业级的源代码管理和集成的工作项跟踪以及报表服务，使得用户可以轻松地管理和跟踪项目的进展和状态。而集成的软件开发流程和方法论也能够帮客户实现更高效的和可预测的软件开发。包括：

a. 功能全面的产品：支持大规模开发团队的源代码管理和资产管理；

b. 集成的工作项跟踪和报表服务：能够实时跟踪和查看项目的状态；

c. 集成的流程方法论：确保实现更高效的和可预测的软件开发；

d. 项目管理：基于项目经理熟悉的工具，降低学习成本；

e. 确保有效的团队沟通：所有项目成员都可方便地了解项目的进展情况，另外，还提供了团队门户用于项目信息的发布和交流；

f. 高度的集成性：不仅实现角色版本的集成，还实现版本历史和变更历史。

3.6.9 系统管理与监控

- 身份验证

云平台可以支持统一的身份验证，可以为物理、虚拟、应用等平台组件提供一致的身份验证支持，为用户、权限、策略提供完整的目录服务，并可以实现单点登录。

- 监控

（1）提供基于应用服务的综合监控能力。即从监控应用程序是否正常对外提供服务的角度，对组成应用系统环境的物理服务器、虚拟机环境、应用程序自身状态进行统一监控的能力，能够准确判断出现问题的准确位置，同时可以提供分布式应用监控视图。

（2）能以丰富的虚拟化监控指标以便对虚拟化进行细致的监控。如物理服务器硬件参数、虚拟机内存、CPU、硬盘、网卡 IO 等指标。

（3）提供基于应用服务视角对包括物理服务器、虚拟服务器以及存储、网络等设备和操作系统等相关信息提供拓扑关系视图，通过图标或树形分支图等形式可视化直观展现能力。并可以自定义分布式应用程序中各个模块的关系。

（4）能够定制化监控指标和预警阀值。

（5）云平台能够提供多种预警手段。如邮件、短信、语音等。

（6）拥有自动执行处理脚本的能力，并拥有灵活的扩展能力。

（7）支持统一的监控分析报告生成，以及定制化能力。

（8）云平台原生支持根据应用的压力变化，自动启动、停止。

（9）原生支持对虚拟化环境中运行的各类业务系统进行集中监控。

（10）能够通过多种途径（包括安装代理、读取系统日志、文本文件）收集各类监控对象的数据，包括服务器、存储设备、网络设备等。

- 配置和安装

（1）提供虚拟化环境全自动化安装能力。如从服务器裸设备开始、分区、系统安装、环境配置等。

（2）能够使用同一管理工具，对虚拟化环境、虚拟机内环境、应用系统进行安装、配置。

（3）能够使用同一管理工具，准确收集物理服务器、虚拟机环境、应用系统的准确配置信息，从而对整个虚拟化环境进行精确把控。

（4）支持对物理机和虚拟机进行配制管理，包括对主流的Windows、Linux操作系统，提供补丁升级、软件分发等能力，从而提高对云平台的统一配置管理能力。

（5）支持为云平台提供遵从性管理，确保物理机和虚拟机符合云平台的配制和安全标准，同时可以通过基于策略的网络访问准入手段，为云平台提供网络访问安全保障。

● 备份

（1）支持虚拟机的本地还原能力（即将备份的虚拟机还原到同一台物理服务器上）。

（2）支持虚拟机的备份异地还原能力（即将备份的虚拟机还原到与备份源不同的物理服务器器上）。

（3）支持定制自动备份计划的能力。

（4）支持高效的硬盘级备份能力。

（5）支持备份数据的远程复制能力，并可设定自动复制计划。

（6）支持虚拟机中的文件级别恢复，并不需要恢复全部虚拟机数据。

（7）提供虚拟机快照能力。

（8）提供虚拟机快照的越级恢复能力（即随意挑选不同时间的快照进行正确恢复）。

（9）云平台原生支持为虚拟机在另外一台物理服务器（不论其所处位置、需要网络连接）建立一个异步复制的副本，作为原有虚拟机的灾备副本，副本的复制可以通过差异的方式进行以优化网络流量，同时进行灾备的 RTO（恢复时间目标）可以不超过 5 分钟。

● 可扩展能力

（1）可支持主流的 x86 服务器，支持主流的 SAN 或者 NAS 存储，支持主流的网络通信技术。

（2）对虚机运维管理提供扩展开发的能力，即提供良好的扩展框架、开发 API，对虚拟化的各个组件进行扩展编程开发的能力，同时提供完整的开发工具保证云平台的扩展能力。

（3）对虚拟化产品所声明支持的操作系统，由于虚拟化技术而产生的问题，虚拟化产品的厂商负责提供技术支持。

4 智慧社区标准化工作概述

4.1 国际标准建设情况

当前，国际标准化组织都开展了智慧城市国际标准化工作，我国通过担任多个国际标准化组织的召集人等领导职务，提交关键贡献物，积极推动智慧城市国际标准化工作，引领智慧城市研究方向。智慧社区作为智慧城市重要组成部分，也在国际标准中扮演了重要的角色。

（1）国际标准化组织（ISO)。2012 年 2 月 23 日，ISO TMB 经过投票正式批准同意成立 ISO/TC 268 Sustainable development in communities（城市可持续发展技术委员会）和 ISO/TC 268/SC 1 Smart urban infrastructure metrics（智慧城市基础设施计量分技术委员会)。

ISO/TC 268 现设有 1 个分技术委员会，2 个特别工作组，4 个工作组。负责城市和社区的可持续发展领域的标准化工作，包括基本要求、指南、支持技术和工具等，用以帮助不同类型城市和社区实现可持续发展。

ISO/TC 268/SC 1 现设有 2 个特别工作组，4 个工作组。负责智慧城市基础设施的标准化工作，为城市基础设施智能化提供全球统一的标准。ISO/TC268 秘书处设在法国，比利时为主席国。包括法国（AFNOR)、比利时（CEN)、中国(SAC)、德国（DIN）等，现有成员国 51 个，P 成员 28 个，O 成员 23 个，

ISO/TC 268/SC 1 秘书处设在日本。日本为主席国，中国

为副主席国，中国城市科学研究会为国内对口单位，中国城市科学研究会智慧城市联合实验室负责人为该委员会副主席。现有包括加拿大（SCC）、中国（SAC）、法国（AFNOR）、德国（DIN）、印度（BIS）、日本（JISC）、等 33 个成员国，其中 P 成员 21 个，O 成员 12 个。

现有 8 项标准将作为 ISO 智慧城市试点工作的测试标准，分别为：SC1/WG1 工作组承担的《ISO 37151：智慧城市基础设施——绩效评价的原则和要求》和《ISO 37153：智慧城市基础设施性能和集成成熟度模型》；SC1/WG2 工作组承担的《ISO 37152：智慧城市基础设施开发与运营通用框架》和《ISO 37155：智慧城市基础设施整合与运营框架》；SC1/WG3 承担的《ISO 37154：智慧城市基础设施一交通最佳实践指南》，《ISO 37157：智慧城市基础设施紧凑型城市的智能交通》和《ISO 37158：智慧城市基础设施电池驱动公交系统》；以及 SC1/WG4 承担的《ISO 37156：智慧城市基础设施数据交换与共享指南》。

（2）国际电工委员会（IEC）。IEC 智慧城市系统委员会（IEC/SyC Smart Cities，Electrotechnical aspects of Smart Cities）于 2016 年 2 月正式成立，其前身为 IEC SEG1 智慧城市系统评估组。IEC/SyC 主要负责在电子电工领域开展智慧城市相关国际标准研究，以促进城市系统的集成性、互操作性和有效性。山东省标准化研究院为 IEC/SyC 国内技术对口单位。IEC SyC Smart Cities 下设三个工作组，分别为 WG1 Terminology（智慧城市术语）、WG2 Market Relationship（市场应用及用例）、WG3 Reference Architecture（智慧城市电子电工视角参考框架）。中国城市科学研究会万碧玉博士为 WG2 市场关系工作组的召集人。

（3）信息技术国际标准组织（ISO/IEC JTC 1）。ISO/IEC

JTC 1（国际标准化组织/国际电工委员会第一联合技术委员会）是国际上专门负责信息技术的国际标准化组织，由 ISO 和 IEC 联合成立。2013 年 5 月，工业和信息化部电子工业技术标准化研究院代表我国向 ISO/IEC JTC 1 规划特别工作组提交了《中国关于 JTC 1 内智慧城市潜在标准工作的建议》提案，提出了 JTC 1 成立智慧城市研究组的建议。2013 年 11 月，JTC 1 正式成立了 SG 1（智慧城市研究组），旨在分析智慧城市信息技术领域相关的标准化需求，提出具体的工作领域和工作方式，并明确如何将现有的信息技术标准用于全球智慧城市建设。SG 1 的召集人和秘书均由中国专家担任，成员来自美国、德国、英国、加拿大、日本、韩国、法国等 16 个国家。

目前，我国在推动 SG 1 完成第一年研究报告的基础上，更进一步提出《智慧城市 ICT 评价指标》《智慧城市 ICT 视角参考模型》《智慧城市领域知识模型》（与英国联合）等 3 项新工作项目提案（NWIP），从而建议 JTC1 成立工作组开展智慧城市国际标准化工作。后续，我国将积极争取新工作组的召集人和秘书的职位。

（4）国际电信联盟（ITU-T）。国际电信联盟电信标准化部门（ITU-T）电信标准化顾问组（TSAG）在 2015 年 6 月 2 至 5 日在日内瓦国际电信联盟总部举行的会议上决定成新的研究组 ITU-T SG20，命名为“物联网（IoT）及其应用（包括智慧城市和社区）（IoT and its applications including smart cities and communities（SC&C））”，负责研究物联网（IoT）及其应用，并首先聚焦于智慧城市和社区。ITU-T SG20 下设两个工作组，WG1：物联网（Internet of Thing）（IoT），WG2：智慧城市与社区（Smart cities and Communities）（SC&C）。这个工作在 2015 年 10 月第一次 SG20 全体会议上得到了确认。相关文件详细阐述了ITU-T SG20工作项包括：

1）物联网（IoT）在ITU-T中协调一致开发的框架和路线图，包括人机（M2M）通信、泛在传感网和智慧可持续城市与社区，以及与ITU-D和ITU-R各研究组、其他地区和国际标准化开发组织（SDO）及行业论坛的密切合作。

2）IoT及其应用（包括智慧城市与社区（SC&C））的需求和能力。

3）IoT定义及其术语。

4）在智慧可持续城市/体系结构框架中可用的IoT基础设施/服务，以及SC&C的IoT需求。

5）在智慧可持续城市与社区中使用IoT的有效服务分析和基础设施，以评估IoT的使用对城市智慧化的影响。

6）需标准化的指南、方法和最佳实践，以帮助城市（包括农村地区和村庄）交付使用了IoT的服务（本着最初应对城市挑战的观点）。

7）IoT端到端体系结构。

8）能使各种垂直领域（包括智慧城市、电子农业等）进行数据互操作的数据集。

9）IoT系统和应用（包括SC&C）的高层协议和中间件。

10）在不同垂直领域中的IoT应用之间实现互操作性的中间件。

11）IoT及其应用（包括SC&C）的服务质量（QoS）和端到端性能。

12）IoT系统、服务和应用的安全。

13）现有和计划IoT标准的数据库维护。

为了确保SG20的成果可见和责任明确，将所有与IoT相关的标准建议书（Recommendations）统一编号在ITU-T Y.4000下。

根据 SG20 工作组工作范围的确定，很明确地表明智慧城市是 IoT 的应用，并且把智慧城市放在和 IoT 同样的高度进行研究。

4.2 国内标准建设情况

智慧社区的参与者众多，涉及产业的方方面面，中国城市科学研究会为此开展了标准化的研究工作，旨在为智慧社区管理者、系统集成单位、房产商、物业管理公司和科研院所提供建设和运营上的参考。2014 年 5 月住房和城乡建设部发布了《智慧社区建设指南（试行）》，推出了包含 6 个一级指标，23 个二级指标，87 个三级指标的《智慧社区评价指标体系》，每一个三级指标都有相对应的认证内容。

《智慧社区建设指南（试行）》的主要内容包括智慧社区的指导思想和发展目标、评价指标体系、总体架构与支撑平台、基础设施与建筑环境、社区治理与公共服务、小区管理服务、便民服务、主题社区、建设运营模式、保障体系建设等内容。其中，《智慧社区评价指标体系》结合我国社区发展现状，将三级指标归纳为 26 个控制项、43 个一般项和 18 个优选项，控制项是智慧社区建设必须完成的指标，一般项则是在此基础上扩展的指标，优选项是智慧社区探索性和创新性的指标。

在《智慧社区建设指南（试行）》发布前，涉及智慧社区领域的标准发展迅速，但十分凌乱，不成体系。北京市、广州市、深圳市、常州市等经济发达地区已率先开展了智慧社区建设，在社区治理、便民服务等领域取得了显著的成效。其中，北京市社会办、市经济信息化委、市民政局按照《智慧北京行动纲要》的统一部署和贯彻落实《关于在全市推进智慧社区建设的实施意见》（京社办发〔2012〕6 号）的有关要求，在总结全市智慧社区试点建设工作的基础上，共同研究制定了《北京市智慧社区建设指导标准》，包含了5个一级指标，16个二级指标，46个三级指标。其中，一级指标共包括3个基本标准，1个保障标准和1个评估标准；三级指标包括约束性指标31个，预期性指标13个。该标准反映了智慧社区的基本情况，包括智慧社区基础设施、智慧社区服务、智慧社区管理3个基本方面内容。

《智慧社区建设指南（试行）》和《北京市智慧社区建设指导标准》都在基础设施和社区管理与服务方面给出了具体的评价标准。

在基础设施方面智慧社区的建设离不开绿色建设和建筑节能，因此还需要参考住房和城乡建设部2017年3月发布的《建筑节能与绿色建筑发展“十三五”规划》和《绿色建筑评价标准》。地方标准在具体实施方面给出了可贵的参考。例如，长沙市住房和城乡建设委员会发布的《长沙市建筑能耗监测系统数据接入指南（试行）》。

在管理与服务标准方面，主要包括公共服务和物业服务，其中公共服务方面可以借鉴《北京市智慧社区建设指导标准》，而在物业服务方面则以地方标准和企业标准为主。例如，湖北省政府《加快推进智慧湖北建设行动方案（2015—2017）》中提出了“标准入手，联合推进；综合示范，跨界融合；技术创新，业务支撑；产业升级，规模发展”的整体发展思路。为了适应湖北省这一发展需要，湖北省政府拟制了《智慧社区智慧家庭业务接入管理通用规范》和《智慧社区智慧家庭设施设备通用规范》等系列地方标准，共同构成支撑湖北省智慧社区智慧家庭建设的基础性标准，也为中国的智慧社区建设标准提供了很好的参照。绿城服务集团在自己的智慧社区建设中，结合自己的经验出台了智慧社区的“平台运营”“智能硬件标准”“客户服务”等相关规范以及智慧社区建设的具体标准，如绿城驿站平台部署标准、智能设备监测平台部署标准、智能电梯监测平台部署标准、蓝牙智能门禁平台部署标准、园区 WiFi 平台部署标准、智能人脸识别平台部署标准、鹰眼监控平台部署标准、工程建设标准等，详细的规定了线管设备的安装场所、安装位置、设备选型以及智慧社区的建设和运营的具体模式和方法。

4.3 智慧社区标准化工作存在的问题

智慧社区产品与技术方案尚不成熟，在产品开发和应用实施过程中，还面临着技术方案及标准不一致等问题，各类技术方案主要针对应用展开，各类方案之间缺乏统一的规划、兼容和接口，处于离散状态。

智慧社区标准的制定是智慧社区发挥自身价值和优势的基础支撑。由于社区涉及智能楼宇、智能家居、路网监控、智能医院、食品药品管理、家庭护理、个人健康与数字生活等诸多领域，那么智慧社区标准既要涵盖不同应用场景的共性特征以支持各类应用和服务，又要满足自身可扩展、系统和技术等内部差异性，制定标准难度很大。因此，虽然相关机构开展了社区服务标准化工作，但尚未形成一套较为完备的智慧社区标准规范。

因此，在这样复杂的情况下，智慧社区的标准化发展应当：

（1）把传统社区、智能化、信息化、标准化融入智慧社区标准化工作。智慧社区本质特征就是全面感知、互联互通、智能处理、以人为本，其基础就是传统社区必须与新兴信息化技术紧密结合，传统社区结合智能化和信息化全面服务于社区民众就能构成智慧社区。因此，智慧社区标准化工作不是单一传统社区标准化，而是传统社区、智能化和信息化标准化的融合。

（2）构建标准体系，并提出智慧社区标准制修订导向目录。智慧社区的发展需要一个统一、规范的标准体系，这是确保其健康发展的一个重要条件。目前，智慧社区标准体系尚未形成，应对照标准的需求，研究体系中标准分布、性质、分级、预留扩展空间等，建立完善智慧社区的标准体系。同时，在标准体系的基础上，提出智慧社区标准制修订导向目录，制定智慧社区标准体系优先级列表，为主管部门制定相关政策提供参考。

（3）重点从需求出发制定智慧社区急需标准。结合不同社区智慧化建设情况，综合应用现有国家、行业标准，以智慧社区标准体系总体框架为依托，按照完备性、指导性、科学性、系统性、开放性、层次性等要求，分析当前智慧社区建设面临的资源共享、信息交换、流程再造、服务协同、信息安全等存在的主要问题，重点研究新标准需求，制定一批智慧社区急需的标准。

5　智慧社区标准体系研究

5.1　指导思想

标准制定工作的创新机制，应以服务于企业和社区为目标，以企业为主体，推进国际标准工作和国际城市的合作，使标准具有指导性和适用性，以标准推进产业发展。

智慧社区标准体系建设的指导思想为：根据十九大提出的美丽中国建设目标，面向我国社区信息化建设和信息服务产业发展，本着“统筹规划、面向应用、突出重点、开放协作”的方针，依托现有信息化和标准工作的基础，坚持自主制定与采用国际标准相结合、基础技术标准制定与行业应用标准制定相结合、标准制定与示范应用相结合，适时推出与我国智慧社区应用和产业发展相适应的标准体系，并积极参与和推动国际智慧社区标准的制定工作，强化智慧社区标准的实施与服务力度，为我国智慧社区建设和城市发展提供强有力的支持和保障。

5.2　原则

（1）注重普适，融会贯通

继承现有社区信息化建设的基础设施和技术标准，融合不同地区不同类型社区要求。

（2）实用性强，便于操作

充分调研需求，紧密联系国家标准化管理委员会、住房和城乡建设部等部委和各地方标准化工作组织，紧密联系全国各地智慧社区建设，以便于使标准体系中的技术标准可实施可操作。

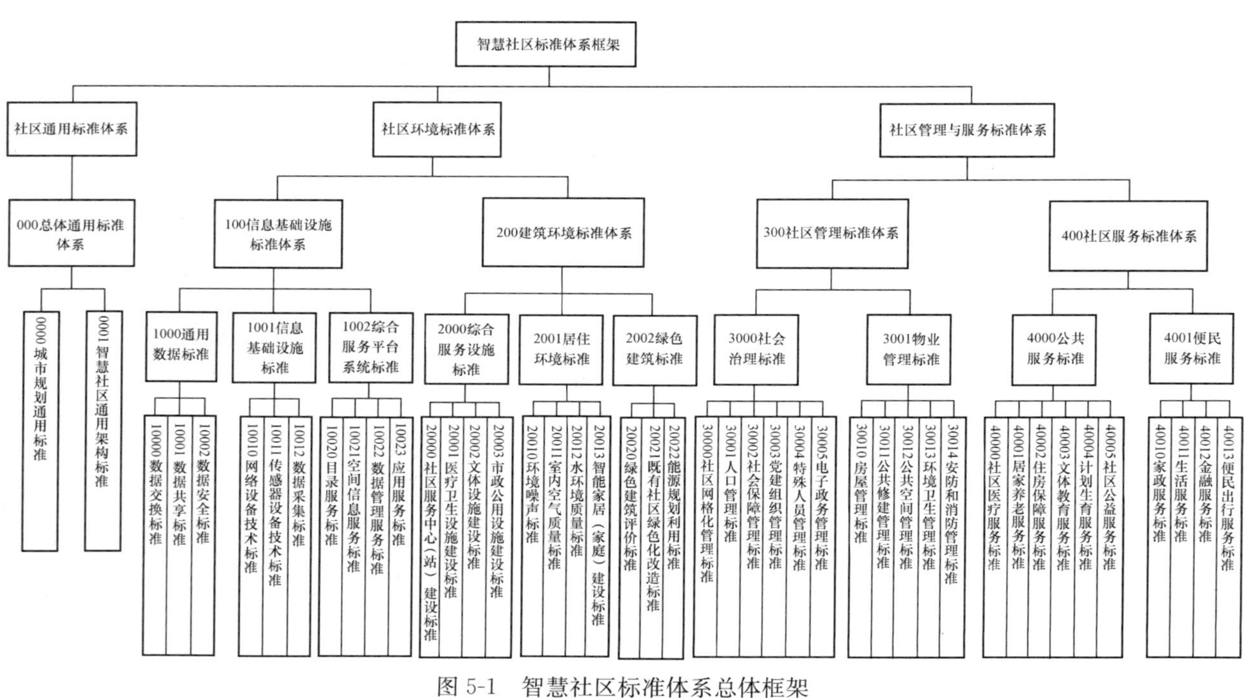

图 5-1 智慧社区标准体系总体框架

5.3 总框架

根据智慧社区的技术体系，把社区所涉及的基本环境、综合管理和服务事项进行分类和梳理，实现智慧社区总体框架的标准化和规范化。通过构建智慧社区标准体系总体框架，解决各个智慧社区建设后快速复制和规模化推进的问题。

智慧社区标准体系总体框架以树形结构表示（如图 5-1 所示），按照智慧社区中“硬”环境“软”管理与服务的功能特征将智慧社区标准分为“社区通用标准体系、社区环境标准体系、社区管理与服务标准体系”三大类，“总体通用标准体系、信息基础设施标准体系、建筑环境标准体系、社区管理标准体系和社区服务标准体系”5 个子体系。

5.3.1 总体通用标准体系

总体通用标准体系包括城市规划通用标准和智慧社区通用架构标准 2 个门类。主要是智慧社区规划设计所需要的通用标准。

现有标准明细如下：

序号	标准号	标准名称
1	GB/T 50280—98	城市规划基本术语标准
2	JGJ/T 30—2003	房地产业基本术语标准
3	CJJ/T 91—2002	园林基本术语标准
4	GB/T 29262—2012	信息技术面向服务的体系结构（SOA）术语
5	GB/T 29263—2012	信息技术面向服务的体系结构（SOA）应用的总体技术要求
6	GB/T 12905—2000	条码术语
7	DB44/T 555—2008	中等城市信息化指标体系

续表

序号	标准号	标准名称
8	20075454—T—469	基于 J2EE 的应用服务器技术规范
9	20090339—T—469	SOA 标准化指南
10	20091376—T—469	SOA 服务质量评定规范
11	20100394—T—469	SOA 技术产品互操作　第 1 部分：总体框架
12	20100395—T—469	SOA 技术实现规范　第 1 部分：服务描述
13	20100396—T—469	SOA 技术实现规范　第 2 部分：服务注册及发现
14	20111638—T—469	SOA 服务分析与设计规范
15	20111639—T—469	SOA 工程生存周期规范
16	20111640—T—469	SOA 工程项目成熟度评价方法
17	20111641—T—469	SOA 技术产品互操作　第 2 部分：技术要求
18	20111642—T—469	SOA 技术产品互操作　第 3 部分：功能要求
19	20111643—T—469	SOA 技术产品互操作　第 4 部分：接口规范
20	20111644—T—469	SOA 技术实现规范　第 3 部分：服务管理
21	20111645—T—469	SOA 技术实现规范　第 4 部分：服务展现及交互
22	20111646—T—469	SOA 技术实现规范　第 5 部分：服务集成开发
23	20111647—T—469	SOA 交付保障规范
24	20111648—T—469	SOA 治理与管理规范

5.3.2　信息基础设施标准体系

信息基础设施标准体系包括通用数据标准、信息基础设施标准、综合服务平台系统标准 3 个门类。主要是智慧社区技术体系数据层、感知层、网络层、平台层的标准，是智慧社区信息化建设运营的基础。

（1）通用数据标准

主要体现可用于智慧社区内信息资源的交换共享以及社区与城市的信息资源的交换与共享。下设数据交换、数据共享、数据安全等 3 个标准类别。

序号	标准号	标准名称
1	DB42/T 546—2009	城市规划信息系统空间数据标准
2	GB/T 25069—2010	信息安全技术 术语
3	GB/T 7408—2005	数据元和交换格式信息交换日期和时间表示法
4	GB/T 7421—2008	信息技术系统间远程通信和信息交换高级数据链路控制（HDLC）规程
5	GB/T 15127—2008	信息技术系统间远程通信和信息交换双扭线多点互连
6	GB/T 15629.1103—2006	信息技术系统间远程通信和信息交换局域网和城域网特定要求第 11 部分：无线局域网媒体访问控制和物理层规范：附加管理域操作规范
7	GB/T 15629.2—2008	信息技术系统间远程通信和信息交换局域网和城域网特定要求第 2 部分：逻辑链路控制
8	GB/T 16684—1996	信息技术信息交换用数据描述文卷规范
9	GB/T 16976—1997	信息技术系统间远程通信和信息交换使用 X.25 提供 OSI 连接方式网络服务
10	GB/T 17180—1997	信息处理系统系统间远程通信和信息交换与提供无连接方式的网络服务协议联合使用的端系统到中间系统路由选择交换协议
11	GB/T 17535—1998	信息技术系统间远程通信和信息交换在 S 和 T 参考点上定位的 ISDN 基本接入接口用的接口连接器和接触件分配
12	GB/T 17968—2000	信息技术系统间的远程通信和信息交换与 OSI 数据链路层标准相关的管理信息元素
13	GB/T 17973—2000	信息技术系统间远程通信和信息交换在因特网传输控制协议（TCP）之上使用 OSI 应用
14	GB/T 18236.1—2000	信息技术系统间远程通信和信息交换局域网和城域网公共规范第 1 部分：媒体访问控制（MAC）服务定义
15	GB/Z 15629.1—2000	信息技术系统间远程通信和信息交换局域网和城域网特定要求第 1 部分：局域网标准综述

续表

序号	标准号	标准名称
16	GB/Z 16506—2008	信息技术系统间远程通信和信息交换提供和支持OSI网络服务的协议组合
17	GB/Z 17977—2000	信息技术系统间远程通信和信息交换 OSI 路由选择框架
18	GB/Z 25320.3—2010	电力系统管理及其信息交换数据和通信安全第 3 部分：通信网络和系统安全包含 TCP/IP 的协议集
19	YDB 145—2014	智慧城市跨系统信息交互技术要求
20	GB/T 15695—2008	信息技术开放系统互连表示服务定义
21	GB/T 17143.3—1997	信息技术开放系统互连系统管理第 3 部分：表示关系的属性
22	GB/T 17546.1—1998	信息技术开放系统互连无连接表示协议第 1 部分：协议规范
23	GB/T 18138.1—2000	信息技术开放系统互连表示层一致性测试套第 1 部分：表示协议测试套结构和测试目的
24	GB/T 18138.2—2000	信息技术开放系统互连表示层一致性测试套第 2 部分：ASN.1 基本编码测试套结构和测试目的
25	YD/T 1229.3—2010	可移动终端数据同步技术要求第 3 部分：同步表示协议
26	GB/T 3453—1994	数据通信基本型控制规程
27	GB/T 15629.1103—2006	信息技术　系统间远程通信和信息交换　局域网和城域网　特定要求　第 11 部分：无线局域网媒体访问控制和物理层规范：附加管理域操作规范
28	GB/T 15629.15—2010	信息技术　系统间远程通信和信息交换　局域网和城域网　特定要求　第 15 部分：低速无线个域网（WPAN）媒体访问控制和物理层规范
29	GB/T 15629.2—2008	信息技术　系统间远程通信和信息交换　局域网和城域网　特定要求　第 2 部分：逻辑链路控制
30	GB/T 16284.2—1996	信息技术　文本通信 面向信报的文本交换系统　第 2 部分：总体结构

续表

序号	标准号	标准名称
31	GB/T 16284.4—1996	信息技术　文本通信　面向信报的文本交换系统　第 4 部分：抽象服务定义和规程
32	GB/T 16284.5—1996	信息技术　文本通信　面向信报的文本交换系统　第 5 部分：信报存储器：抽象服务定义
33	GB/T 16284.6—1996	信息技术　文本通信　面向信报的文本交换系统　第 6 部分：协议规范
34	GB/T 16284.7—1996	信息技术　文本通信　面向信报的文本交换系统　第 7 部分：人际信报系统
35	GB/T 16648—1996	信息技术　文本通信 标准页面描述语言（SPDL）
36	GB/T 16724.2—1996	信息技术　系统间的远程通信和信息交换 X.25 DTE 一致性测试　第 2 部分：数据链路层一致性测试套
37	GB/T 16724.3—1997	信息技术　系统间的远程通信和信息交换 X.25 DTE 一致性测试　第 3 部分：分组层一致性测试套
38	GB/T 16974—1997	信息技术　数据通信　数据终端设备用 X.25 包层协议
39	GB/T 16976—1997	信息技术　系统间远程通信和信息交换　使用 X.25 提供 OSI 连接方式网络服务
40	GB/T 17174.1—1997	信息处理系统　文本通信　可靠传送　第 1 部分：模型和服务定义
41	GB/T 17174.2—1997	信息处理系统　文本通信　可靠传送　第 2 部分：协议规范
42	GB/T 17180—1997	信息处理系统　系统间远程通信和信息交换与提供无连接方式的网络服务协议联合使用的端系统到中间系统路由选择交换协议
43	GB/T 17535—1998	信息技术　系统间远程通信和信息交换　在 S 和 T 参考点上定位的 ISDN 基本接入接口用的接口连接器和接触件分配
44	GB/T 17968—2000	信息技术　系统间的远程通信和信息交换　与 OSI 数据链路层标准相关的管理信息元素

续表

序号	标准号	标准名称
45	GB/T 17973—2000	信息技术　系统间远程通信和信息交换　在因特网传输控制协议（TCP）之上使用OSI应用
46	GB/Z 15629. 1—2000	信息技术　系统间远程通信和信息交换　局域网和城域网　特定要求　第1部分：局域网标准综述
47	GB/Z 17977—2000	信息技术　系统间远程通信和信息交换　OSI路由选择框架
48	GB/Z 25320. 3—2010	电力系统管理及其信息交换　数据和通信安全　第3部分：通信网络和系统安全　包含TCP/IP的协议集
49	ITU-T X. 57—1988	在64 kbit/s数据流中单个低速数据信道的传输方法
50	SB/T 10772—2012	信息技术 射频识别　支持安全协议的800/900MHz空中接口通信协议
51	GB/T 6107—2000	使用串行二进制数据交换的数据终端设备和数据电路终接设备之间的接口
52	GB/T 15634—2008	行政、商业和运输业电子数据交换段目录
53	GB/T 15635—2008	行政、商业和运输业电子数据交换复合数据元目录
54	GB/T 15947—2011	行政、商业和运输业电子数据交换（EDIFACT）报文设计规则
55	GB/T 16833—2011	行政、商业和运输业电子数据交换（EDIFACT）代码表
56	GB/T 19709—2005	用于行政、商业和运输业电子数据交换基于EDI（FACT）报文实施指南的XML schema（XSD）生成规则
57	GB/T 28167—2011	信息技术　XML元数据交换（XMI）
58	GA 381. 1—2002	公共数据交换格式第1部分：应用层接口格式
59	GA 381. 2—2002	公共数据交换格式第2部分：交换层接口格式
60	SB/T 10378—2004	基于XML的商业流程和数据交换格式
61	SB/T 10378. 1—2004	基于XML的商业流程和数据交换格式第1部分：总则

续表

序号	标准号	标准名称
62	SB/T 10378.2—2004	基于 XML 的商业流程和数据交换格式第 2 部分：企业间商品库存业务流程和数据交换格式
63	SB/T 10378.3—2004	基于 XML 的商业流程和数据交换格式第 3 部分：企业间订单业务流程和数据交换格式
64	SB/T 10378.4—2004	基于 XML 的商业流程和数据交换格式第 4 部分：企业间数据交换接口
65	SJ/Z 9090—1987	数据交换—组织标识的结构
66	YDN 011—1996	中国公用电子数据交换（EDI）业务技术体制
67	GB/T5271.18—2008	信息技术　词汇第 18 部分：分布式数据处理
68	GB/T16264.4—2008	信息技术　开放系统互连　目录　第 4 部分：分布式操作规程
69	GB/T17173.1—1997	信息技术　开放系统互连　分布式事务处理　第 1 部分：OSI　TP　模型
70	GB/T17173.2—1997	信息技术　开放系统互连　分布式事务处理　第 2 部分：OSI　TP　服务
71	GB/T17173.3—1997	信息技术　开放系统互连　分布式事务处理　第 3 部分：协议规范
72	GB/T 18714.1—2002	信息技术开放分布式处理参考模型第 1 部分：概述
73	GB/T 18714.2—2002	信息技术开放分布式处理参考模型第 2 部分：基本概念
74	GB/T 18714.3—2003	信息技术开放分布式处理参考模型第 3 部分：体系结构
75	ISO/IEC 14750—1999	信息技术．开放分布式处理．接口定义语言
76	ISO/IEC 14753—1999	信息技术．开放分布式处理．接口引用和联编
77	ISO/IEC 14771—1999	信息技术．开放分布式处理．命名框架
78	ISO/IEC 15414—2006	信息技术．开放分布式处理．参考模型．企业语言
79	ISO/IEC 19501—2005	信息技术开放分布式处理统一建模语言（UML）版本 1.4.2

续表

序号	标准号	标准名称
80	GB/T 20001.3—2001	标准编码规则　第3部分：信息分类编码
81	GB 7027—86	标准化工作导则　信息分类编码的基本原则和方法
82	DL/T 890.501—2007	能量管理系统应用程序接口（EMS—API）第501部分：公共信息模型的资源描述框架（CIM RDF）模式
83	ISO/IEC 15962—2004	信息技术．项目管理用射频识别（RFID）．数据协议：数据编码规则和逻辑存储功能
84	ISO/IEC 18025—2005	信息处理环境数据编码规范（EDCS）
85	GB/T 25066—2010	信息安全技术 信息安全产品类别与代码
86	GB/T 17964—2008	信息安全技术 分组密码算法的工作模式
87	GB/T 17901.1—1999	信息技术 安全技术 密钥管理 第1部分：框架
88	GB/T 18238.1—2000	信息技术　安全技术　散列函数　第1部分：概述
89	GB/T 18238.2—2002	信息技术　安全技术　散列函数　第2部分：使用n位块密码算法的散列函数
90	GB/T 18238.3—2002	信息技术　安全技术　散列函数　第3部分：专用散列函数
91	GB/T 19713—2005	信息技术　安全技术　公钥基础设施　在线证书状态协议
92	GB/T 19714—2005	信息技术　安全技术　公钥基础设施　证书管理协议
93	GB/T 19771—2005	信息技术　安全技术　公钥基础设施　PKI组件最小互操作规范
94	GB/T 20518—2006	信息安全技术　公钥基础设施　数字证书格式
95	GB/T 20519—2006	信息安全技术　公钥基础设施　特定权限管理中心技术规范
96	GB/T 20520—2006	信息安全技术　公钥基础设施　时间戳规范
97	GB/T 21053—2007	信息安全技术　公钥基础设施　PKI系统安全等级保护技术要求
98	GB/T 21054—2007	信息安全技术　公钥基础设施　PKI系统安全等级保护评估准则

续表

序号	标准号	标准名称
99	GB/T 25055—2010	信息安全技术　公钥基础设施安全支撑平台技术框架
100	GB/T 25056—2010	信息安全技术　证书认证系统密码及其相关安全技术规范
101	GB/T 25057—2010	信息安全技术　公钥基础设施　电子签名卡应用接口基本要求
102	GB/T 25059—2010	信息安全技术　公钥基础设施　简易在线证书状态协议
103	GB/T 25060—2010	信息安全技术　公钥基础设施　X.509 数字证书应用接口规范
104	GB/T 25061—2010	信息安全技术　公钥基础设施　XML 数字签名语法与处理规范
105	ISO/IEC 11770—2 CORR 1—2009	信息技术　安全技术　密钥管理 第 2 部分：采用对称技术的机制 技术勘误表 1
106	ISO/IEC 11770—2—2008	信息技术　安全技术　密钥管理 第 2 部分：用对称技术的机制
107	ISO/IEC 11770—3 CORR 1—2009	信息技术　安全技术　密钥管理 第 3 部分：采用非对称技术的机制　技术勘误表 1
108	ISO/IEC 11770—3—2008	信息技术　安全技术　密钥管理 第 3 部分：用非对称技术的机制
109	ISO/IEC 11770—4 CORR 1—2009	信息技术　安全技术　密钥管理 第 4 部分：基于弱秘密的机制　技术勘误表 1
110	ISO/IEC 11770—4—2006	信息技术　安全技术　密钥管理 第 4 部分：基于弱秘性的机制
111	GB 15851—1995	信息技术　安全技术　带消息恢复的数字签名方案
112	GB/T 17710—2008	信息技术安全技术校验字符系统
113	GB/T 17902.1—1999	信息技术　安全技术　带附录的数字签名　第 1 部分：概述

续表

序号	标准号	标准名称
114	GB/T 17902.2—2005	信息技术　安全技术　带附录的数字签名　第2部分：以身份为基础的机制
115	GB/T 17902.3—2005	信息技术　安全技术　带附录的数字签名　第3部分：以证书为基础的机制
116	GB/T 17903.1—2008	信息技术　安全技术　抗抵赖　第1部分：概述
117	GB/T 17903.2—2008	信息技术　安全技术　抗抵赖　第2部分：采用对称技术的机制
118	GB/T 17903.3—2008	信息技术　安全技术　抗抵赖　第3部分：采用非对称技术的机制
119	GB/T 19717—2005	基于多用途互联网邮件扩展（MIME）的安全报文交换
120	GB/T 25062—2010	信息安全技术　鉴别与授权　基于角色的访问控制模型与管理规范
121	GB/T 5843.3—2008	信息技术　安全技术　实体鉴别　第3部分：采用数字签名技术的机制
122	GB/T 5843.4—2008	信息技术　安全技术　实体鉴别　第4部分：采用密码校验函数的机制
123	GB/T 15843.1—2008	信息技术　安全技术　实体鉴别　第1部分：概述
124	GB/T 15843.2—2008	信息技术　安全技术　实体鉴别　第2部分：采用对称加密算法的机制
125	GB/T 15843.5—2005	信息技术　安全技术　实体鉴别　第5部分：使用手册传送的机制
126	GB/T15852.1—2008	信息技术　安全技术　消息鉴别码　第1部分：采用分组密码的机制
127	GB/T 19715.1—2005	信息技术 信息技术安全管理指南 第1部分：信息安全概念和模型
128	GB/T 19715.2—2005	信息技术 信息安全管理指南 第2部分：管理和规划信息技术安全

续表

序号	标准号	标准名称
129	GB/T 19716—2005	信息技术 信息安全管理的实用规则
130	GB/T 20269—2006	信息安全技术 信息系统安全管理要求
131	GB/T 20282—2006	信息安全技术 信息系统安全工程管理要求
132	GB/T 22080—2008	信息技术 安全技术 信息安全管理体系 要求
133	GB/T 22081—2008	信息技术 安全技术 信息安全管理实用 细则
134	GB/T 24364—2009	信息安全技术 信息安全风险管理指南
135	GB/T 25067—2010	信息技术 安全技术 信息安全管理体系审核认证机构的要求
136	GB/T 28450—2012	信息安全技术 信息安全管理体系审核指南
137	GB/T 28453—2012	信息安全技术 信息系统安全管理评估要求
138	GB/Z 20985—2007	信息技术 安全技术 信息安全事件管理指南
139	GB/Z 20986—2007	信息安全技术 信息安全事件分类分级指南
140	ISO/IEC 17799—2005	信息技术 安全技术 信息安全管理实施规范
141	GB 17859—1999	计算机信息系统 安全保护等级划分准则
142	GB/T 18336.1—2008	信息技术 安全技术 信息技术安全性评估准则 第1部分：简介与一般模型
143	GB/T 18336.2—2008	信息技术 安全技术 信息技术安全性评估准则 第2部分：安全功能要求
144	GB/T 18336.3—2008	信息技术 安全技术 信息技术安全性评估准则 第3部分：安全保证要求
145	GB/T 20008—2005	信息安全技术 操作系统安全评估准则
146	GB/T 20009—2005	信息安全技术 数据库管理系统安全评估准则
147	GB/T 20010—2005	信息安全技术 包过滤防火墙评估准则
148	GB/T 20011—2005	信息安全技术 路由器安全评估准则
149	GB/T 20270—2006	信息安全技术 网络基础安全技术要求
150	GB/T 20271—2006	信息安全技术 信息系统通用安全技术要求
151	GB/T 20272—2006	信息安全技术 操作系统安全技术要求
152	GB/T 20273—2006	信息安全技术 数据库管理系统安全技术要求

续表

序号	标准号	标准名称
153	GB/T 20274.1—2006	信息安全技术 信息系统安全保障评估框架 第1部分：简介和一般模型
154	GB/T 20274.2—2008	信息安全技术 信息系统安全保障评估框架 第2部分：技术保障
155	GB/T 20274.3—2008	信息安全技术 信息系统安全保障评估框架 第3部分：管理保障
156	GB/T 20274.4—2008	信息安全技术 信息系统安全保障评估框架 第4部分：工程保障
157	GB/T 20275—2006	信息安全技术 入侵检测系统技术要求和测试评价方法
158	GB/T 20276—2006	信息安全技术 智能卡嵌入式软件安全技术要求（EAL4增强级）
159	GB/T 20277—2006	信息安全技术 网络和终端设备隔离部件测试评价方法
160	GB/T 20278—2006	信息安全技术 网络脆弱性扫描产品技术要求
161	GB/T 20279—2006	信息安全技术 网络和终端设备隔离部件安全技术要求
162	GB/T 20280—2006	信息安全技术 网络脆弱性扫描产品测试评价方法
163	GB/T 20281—2006	信息安全技术 防火墙技术要求和测试评价方法
164	GB/T 20945—2007	信息安全技术 信息系统安全审计产品技术要求和测试评价方法
165	GB/T 20979—2007	信息安全技术 虹膜识别系统技术要求
166	GB/T 20983—2007	信息安全技术 网上银行系统信息安全保障评估准则
167	GB/T 20984—2007	信息安全技术 信息安全风险评估规范
168	GB/T 20987—2007	信息安全技术 网上证券交易系统信息安全保障评估准则

续表

序号	标准号	标准名称
169	GB/T 20988—2007	信息安全技术 网上证券交易系统信息安全保障评估准则
170	GB/T 21050—2007	信息安全技术 网络交换机安全技术要求（评估保证级 3）
171	GB/T 21052—2007	信息安全技术　信息系统物理安全技术要求
172	GB/T 22186—2008	信息安全技术　具有中央处理器的集成电路（IC）卡芯片安全技术要求（评估保证级 4 增强级）
173	GB/T 22239—2008	信息安全技术 信息系统安全等级保护基本要求
174	GB/T 25063—2010	信息安全技术　服务器安全测评要求
175	GB/T 28448—2012	信息安全技术　信息系统安全等级保护测评要求
176	GB/T 28449—2012	信息系统安全等级保护测评过程指南
177	GB/T 28452—2012	应用软件系统通用安全技术要求
178	GB/Z 20283—2006	信息安全技术　保护轮廓和安全目标的产生指南
179	GA/T 671—2007	终端计算机系统安全等级技术要求
180	GA/T 681—2007	信息安全技术　网关安全技术要求
181	GA/T 682—2007	信息安全技术　路由器安全技术要求
182	GA/T 683—2007	信息安全技术　防火墙安全技术要求
183	GA/T 684—2007	信息安全技术　交换机安全技术要求
184	GA/T 686—2007	信息安全技术　虚拟专用网完全技术要求
185	GA/T 687—2007	信息安全技术　公钥基础设施安全技术要求
186	GA/T 695—2007	信息安全技术　网络通讯安全审计数据留存功能要求
187	GA/T 699—2007	信息安全技术　计算机网络入侵报警通讯交换技术要求
188	GA/T 910—2010	信息安全技术　内网主机监测产品安全技术要求
189	GA/T 911—2010	信息安全技术　日志分析产品安全技术要求
190	GA/T 912—2010	信息安全技术　主机信息泄露防护产品安全技术要求
191	GA/T 913—2010	信息安全技术　数据库安全审计产品安全技术要求
192	GB/T 22239—2008	信息安全技术　信息系统安全等级保护基本要求
193	GB/T 22240—2008	信息安全技术　信息系统安全等级保护定级指南

续表

序号	标准号	标准名称
194	GB/T 24363—2009	信息安全技术　信息安全应急响应计划规范
195	GB/Z 24294—2009	信息安全技术　基于互联网电子政务信息安全实施指南
196	GB/T 25058—2010	信息安全技术　信息系统安全等级保护实施指南
197	GB/T 25068.3—2010	信息技术　安全技术　IT 网络安全　第 3 部分：使用安全网关的网间通信安全保护
198	GB/T 25068.4—2010	信息技术　安全技术　IT 网络安全　第 4 部分：远程接入的安全保护
199	GB/T 25068.5—2010	信息技术　安全技术　IT 网络安全　第 5 部分：使用虚拟专用网的跨网通信安全保护
200	GB/T 25070—2010	信息安全技术　信息系统等级保护安全设计技术要求
201	GB 17859—1999	计算机信息系统安全保护等级划分准则
202	GB/T 20271—2006	信息安全技术信息系统通用安全技术要求

（2）信息基础设施标准

主要体现可用于智慧社区建设的公用与专用的信息资源。下设 3 个标准类别，包括网络设备技术标准、传感器设备技术标准、数据采集标准。

序号	标准号	标准名称
1	GB/T 26221—2010	基于状态的维护系统体系结构
2	GB/T 9387.2—1995	信息处理系统开放系统互连基本参考模型第 2 部分：安全体系结构
3	GB/T18714.3—2003	信息技术开放分布式处理参考模型第 3 部分：体系结构
4	SJ/T 11316—2005	家庭网络系统体系结构及参考模型
5	YD/T 1948.1—2011	传送网承载以太网（EoT）技术要求第 1 部分：以太网层网络的体系结构

续表

序号	标准号	标准名称
6	YDC 043.1—2006	无线应用协议（WAP）技术要求第 1 部分：体系结构
7	YDC 043.12—2006	无线应用协议（WAP）技术要求第 12 部分：安全体系结构
8	YD/T 2330.1—2011	统一 IMS 网络管理接口技术要求第 1 部分：信息模型
9	YD/T 2330.2—2011	统一 IMS 网络管理接口技术要求第 2 部分：基于 CORBA 技术的信息模型设计
10	GB/T 15629.15—2010	低速无线个域网（WPAN）媒体访问控制和物理层规范
11	GB/T 25068.3—2010	信息技术—安全技术—IT 网络安全．第 3 部分：使用安全网关的网间通信安全保护
12	GB/T 28524—2012	媒体网关控制协议
13	YD/T 1243.3—2002	媒体网关设备技术要求—综合接入媒体网关
14	YD/T 1387.3—2005	媒体网关设备测试方法—综合接入媒体网关
15	YD/T 1519—2006	IP 电话接入设备互通技术要求和测试方法—媒体网关控制协议（MGCP）
16	YD/T 1708—2007	开放业务接入 PARLAY 网关设备技术要求
17	YD/T 1883.1—2009	固定软交换网语音业务计费技术要求和检测方法．第 1 部分：中继网关、信令网关接入方式
18	YD/T 1940—2009	开放业务接入 PARLAY 网关设备测试方法
19	YD/T 2019.1—2009	基于公共电信网的宽带客户网络
20	GB/T 7436—1987	在模拟电话电路上开放电报及低速数据的时分复用设备技术要求
21	GB/T 11443.5—1994	国内卫星通信地球站总技术要求 第五部分：中速数据数字载波通道
22	GB/T 11444.4—1996	国内卫星通信地球站发射、接收和地面通信设备技术要求 第四部分：中速数据传输设备

续表

序号	标准号	标准名称
23	GB/T 11590—2011	公用数据网与 ISDN 网的国际数据传输业务和任选用户设施
24	GB/T 17153—2011	公用网之间以及公用网和提供数据传输业务的其他网之间互通的一般原则
25	GB/T 21564.4—2008	报警传输系统串行数据接口的信息格式和协议 第 4 部分：公用传输
26	GB/T 25759—2010	无损检测 数字化超声检测数据的计算机传输数据段指南
27	DB44/T 525—2008	对等网络分布式存储流媒体传输协议
28	DL/T 364—2010	光纤通道传输保护信息通用技术条件
29	DL/T 5062—1996	微波电路传输继电保护信息设计技术规定
30	DL/T 634.5104—2009	远动设备及系统　第 5—104 部分：传输规约 采用标准传输协议集的 IEC60870—5—101 网络访问
31	GA 330—2001	351 MHz 报警传输技术规范
32	GA/T 379.1—2002	报警传输系统串行数据接口的信息格式和协议　第 1 部分：总则
33	YD/T 1064—2000	接入网技术要求——无话音分离器的低速不对称数字用户线（ADSL. lite）
34	YD/TXXXX—200X	移动用户终端无线局域网技术指标和测试方法
35	GB/T 7665—2005	传感器通用术语
36	20091415—T—469	传感器网络第 2 部分：术语
37	GB/T 7666—1987	传感器命名方法及代号
38	GB/T 14479—1993	传感器图用图形符号
39	GB/T 18459—2001	传感器主要静态性能指标计算方法
40	20091414—T—469	传感器网络第 1 部分：总则
41	20091416—T—469	传感器网络第 3 部分：通信与信息交互
42	20091417—T—469	传感器网络第 4 部分：接口
43	20091418—T—469	传感器网络第 5 部分：安全

续表

序号	标准号	标准名称
44	20091419—T—469	传感器网络第6部分：标识
45		传感器网络网关技术要求
46		传感器网络协同信息处理支撑服务及接口
47		传感器网络节点中间件数据交互规范
48		传感器网络数据描述规范
49	2009—2807T—SJ	机场围界传感器网络防入侵系统技术要求
50	2009—2810—SJ	面向大型建筑节能监控的传感器网络系统技术要求
51	GB/T 20563—2006	动物射频识别　代码结构
52	GB/T 22334—2008	动物射频识别　技术准则
53	GB/T 28925—2012	信息技术　射频识别 2.45GHz 空中接口协议
54	GB/T 28926—2012	信息技术　射频识别 2.45GHz 空中接口符合性测试方法
55	GB/T 29261.3—2012	信息技术　自动识别和数据采集技术　词汇　第3部分：射频识别
56	GB/T 29266—2012	射频识别　13.56MHz 标签基本电特性
57	GB/T 29272—2012	信息技术　射频识别设备性能测试方法　系统性能测试方法
58	AIMC 0002—2006	无源射频标签通用技术规范
59	AIMC 0003—2006	射频识别读写器通用技术规范—频率低于 135KHz
60	AIMC 0004—2006	射频识别读写器通用技术规范—频率为 13.56MHz
61	AIMC 0005—2006	射频识别读写器通用技术规范—频率为 2.45G
62	AIMC 0006—2006	射频识别读写器通用技术规范—频率为 800—960MHz
63	AIMC 0007—2006	射频识别读写器通用技术规范—频率为 433MHz
64	AIMC 0009—2006	自动识别企业分类与评估指标
65	GB/T 12905—2000	条码术语
66	GB 12904—2008	商品条码　零售商品编码与条码表示
67	GB/T 12906—2008	中国标准书号条码

续表

序号	标准号	标准名称
68	GB/T 12907—2008	库德巴条码
69	GB/T 12908—2002	信息技术　自动识别和数据采集技术　条码符号规范　三九条码
70	GB/T 14257—2009	商品条码　条码符号放置指南
71	GB/T 14258—2003	信息技术　自动识别与数据采集技术　条码符号印制质量的检验
72	GB/T 15425—2002	EAN. UCC 系统 128 条码
73	GB/T 16828—2007	商品条码　参与方位置编码与条码表示
74	GB/T 16829—2003	信息技术　自动识别与数据采集技术　条码码制规范　交插二五条码
75	GB/T 16830—2008	商品条码　储运包装商品编码与条码表示
76	GB/T 16986—2009	商品条码　应用标识符
77	GB/T 17172—1997	四一七　条码
78	GB/T 18127—2009	商品条码　物流单元编码与条码表示
79	GB/T 18283—2008	商品条码　店内条码
80	GB/T 18347—2001	128 条码
81	GB/T 18348—2008	商品条码　条码符号印制质量的检验
82	GB/T 18410—2001	车辆识别代号条码标签
83	GB/T 18805—2002	商品条码印刷适性试验
84	GB/T 19946—2005	包装　用于发货、运输和收货标签的一维条码和二维条码
85	GB/T 20232—2006	缩微摄影技术　条码在开窗卡上的使用规则
86	GB/T 21335—2008	RSS 条码
87	GB/T 23704—2009	信息技术　自动识别与数据采集技术　二维条码符号印制质量的检验
88	GB/T 23832—2009	商品条码　服务关系编码与条码表示
89	GB/T 23833—2009	商品条码　资产编码与条码表示

续表

序号	标准号	标准名称
90	GB/T 26227—2010	信息技术　自动识别与数据采集技术　条码原版胶片测试规范
91	GB/T 26228.1—2010	信息技术　自动识别与数据采集技术　条码检测仪一致性规范　第1部分：一维条码
92	GB/T 27766—2011	二维条码　网格矩阵码
93	GB/T 27767—2011	二维条码　紧密矩阵码
94	GB/T 29267—2012	热敏和热转印条码打印机通用规范
95	AIMC 0001—2006	条码阅读设备通用技术规范
96	AIMC 0008—2006	汽车零部件用GS1系统编码与条码标识
97	GB 20815—2006	视频安防监控数字录像设备
98	GB/T 15121.1—1994	信息处理系统　计算机图形　存储和传送图片描述信息的元文卷
99	GB/T 16676—2010	银行安全防范报警监控联网系统技术要求
100	GB/T 25724—2010	安全防范监控数字视音频编解码技术要求
101	GB/T 28181—2011	安全防范视频监控联网系统信息传输、交换、控制技术要求
102	GA/T 367—2001	视频安防监控系统技术要求
103	GA/T 645—2006	视频安防监控系统　变速球形摄像机
104	GA/T 646—2006	视频安防监控系统　矩阵切换设备通用技术要求
105	GA/T 647—2006	视频安防监控系统　前端设备控制协议V1.0
106	GA/T 669.1—2008	城市监控报警联网系统技术标准　第1部分：通用技术要求
107	GA/T 669.2—2008	城市监控报警联网系统　技术标准　第2部分：安全技术要求
108	GA/T 669.3—2008	城市监控报警联网系统　技术标准　第3部分：前端信息采集技术要求
109	GA/T 669.4—2008	城市监控报警联网系统　技术标准　第4部分：视音频编、解码技术要求

续表

序号	标准号	标准名称
110	GA/T 669.6—2008	城市监控报警联网系统　技术标准　第6部分：视音频显示、存储、播放技术要求
111	GA/T 669.7—2008	城市监控报警联网系统　技术标准　第7部分：管理平台技术要求
112	GA/T 669.9—2008	城市监控报警联网系统　技术标准　第9部分：卡口信息识别、比对、监测系统技术要求
113	GA/T 792.1—2008	城市监控报警联网系统　管理标准　第1部分：图像信息采集、接入、使用管理要求
114	GA/T 669.8—2009	城市监控报警联网系统　技术标准　第8部分：传输网络技术要求
115	GA/T 669.10—2009	城市监控报警联网系统　技术标准　第10部分：无线视音频监控系统技术要求
116	DB11/T 384.1—2009	图像信息管理系统技术规范第1部分：总体平台结构
117	DB11/T 384.2—2009	图像信息管理系统技术规范第2部分：视频格式与编码
118	DB11/T 384.3—2009	图像信息管理系统技术规范第3部分：通信控制协议
119	DB11/T 384.4—2009	图像信息管理系统技术规范第4部分：传输网络
120	DB11/T 384.5—2009	图像信息管理系统技术规范第5部分：图像质量要求与评价方法
121	DB11/T 384.6—2009	图像信息管理系统技术规范第6部分：图像存储与回放要求
122	DB11/T 384.7—2009	图像信息管理系统技术规范第7部分：工程要求与验收
123	DB11/T 384.8—2009	图像信息管理系统技术规范第8部分　危险场所的施工与验收

续表

序号	标准号	标准名称
124	DB11/T 384.9—2009	图像信息管理系统技术规范第 9 部分　图像资源及系统设备编码与管理
125	DB11/T 384.10—2009	图像信息管理系统技术规范第 10 部分：图像采集点设置要求
126	DB11/T 384.11—2009	图像信息管理系统技术规范第 11 部分：控制权限分类与管理
127	DB11/T 384.12—2009	图像信息管理系统技术规范第 12 部分：图像采集区域标志的设计与设置
128	DB11/T 384.13—2009	图像信息管理系统技术规范第 13 部分：图像信息存储系统
129	DB11/T 384.14—2009	图像信息管理系统技术规范第 14 部分：手持移动终端联接技术要求
130	DB11/T 384.15—2009	图像信息管理系统技术规范第 15 部分：软件质量评价方法
131	DB11/T 384.16—2009	图像信息管理系统技术规范第 16 部分：视频图像字符叠加要求
132	DB11/T 384.17—2009	图像信息管理系统技术规范第 17 部分：运行维护要求
133	DB11/T 384.18—2009	图像信息管理系统技术规范第 18 部分：系统平台技术要求
134	GB/T 17881—1999	广播电视光缆干线同步数字体系（SDH）传输接口技术规范
135	GB/T 21564.1—2008	报警传输系统串行数据接口的信息格式和协议　第 1 部分：总则
136	GB/T 21564.2—2008	报警传输系统串行数据接口的信息格式和协议　第 2 部分：公用应用
137	GB/T 21564.3—2008	报警传输系统串行数据接口的信息格式和协议　第 3 部分：公用数据

续表

序号	标准号	标准名称
138	GB/T 21564.4—2008	报警传输系统串行数据接口的信息格式和协议　第4部分：公用传输
139	GB/T 21564.5—2008	报警传输系统串行数据接口的信息格式和协议　第5部分：数据接口
140	YD/T 1538—2011	数字移动终端音频性能技术要求及测试方法
141	YD/T 1686—2011	IP电话终端设备语音质量及传输性能技术要求和测试方法
142	YD/T 2238—2011	基于分类的内容筛选业务技术要求
143	YD/T 2307—2011	数字移动通信终端通用功能技术要求和测试方法
144	YD/T 2332—2011	移动网络二维码识读业务技术要求
145	YD/T 2357—2011	空中下载（OTA）业务平台技术要求
146	YD/T 2358—2011	空中下载（OTA）业务总体技术要求
147	YD/T 2359—2011	空中下载（OTA）业务终端技术要求
148	YD/T 2360—2011	移动游戏业务平台技术要求
149	YD/T 2361—2011	移动用户个人信息管理业务终端设备测试方法
150	YD/T 2362—2011	数字移动终端内置信息服务技术要求和测试方法
151	YD/T 2363—2011	移动终端设备能力管理功能技术要求
152	YD/T 2364—2011	移动终端软件组件管理功能技术要求
153	YD/T 2365—2011	手机阅读业务终端技术要求和测试方法
154	GY 5075—2005	城市有线广播电视网络设计规范
155	GY/T 170—2001	有线数字电视广播信道编码与调制规范
156	GY/T 180—2001	HFC网络上行传输物理通道技术规范
157	YD/T 1654—2007	IPTV业务需求
158	YD/T 1655—2007	IPTV机顶盒技术要求

续表

序号	标准号	标准名称
159	YD/T 1695—2007	IPTV对接入网络的技术要求（第一阶段）
160	YD/T 1696.1—2011	机顶盒与IPTV业务平台接口技术要求第1部分：总则
161	YD/T 1696.2—2011	机顶盒与IPTV业务平台接口技术要求第2部分：业务管理系统接口
162	YD/T 1696.3—2011	机顶盒与IPTV业务平台接口技术要求第3部分：业务导航系统接口
163	YD/T 1696.4—2011	机顶盒与IPTV业务平台接口技术要求第4部分：流媒体接口
164	YD/T 1696.5—2011	机顶盒与IPTV业务平台接口技术要求第5部分：终端管理接口
165	YD/T 1696—2007	机顶盒与IPTV业务平台接口技术要求
166	YD/T 1697—2007	IPTV内容运营平台与业务运营平台接口技术要求
167	YD/T 1823—2008	IPTV业务系统总体技术要求
168	YD/T 1824—2008	IPTV终端管理系统体系架构
169	YD/T 1825—2008	IPTV终端机卡分离技术要求
170	YD/T 1920—2009	IPTV承载网络体系架构
171	YD/T 2015—2009	IPTV业务管理系统体系架构
172	YD/T 2016.1—2009	IPTV运维支撑管理接口技术要求第1部分：业务系统
173	YD/T 2016.2—2009	IPTV运维支撑管理接口技术要求第2部分：承载网络
174	YD/T 2016.3—2009	IPTV运维支撑管理接口技术要求第3部分：终端
175	YD/T 2017—2009	IPTV机顶盒测试方法
176	YD/T 2133—2010	IPTV媒体交付系统技术要求场景和需求

续表

序号	标准号	标准名称
177	YD/T 2259.1—2011	机顶盒与IPTV业务平台接口测试方法第1部分：流媒体接口——集中式流媒体服务器方式
178	YD/T 2260—2011	IPTV机顶盒中间件技术要求
179	YD/T 2261—2011	IPTV业务安全体系架构
180	YD/T 2262—2011	IPTV业务导航系统技术要求
181	YD/T 2263—2011	IPTV机顶盒浏览器编程接口技术要求
182	YD/T 2264—2011	IPTV系统的媒体交付系统——基于CDN结构
183	YD/T 2265—2011	IPTV管理体系结构
184	YD/T 2366—2011	IPTV媒体交付系统技术要求——体系架构
185	YD/T 2367—2011	IPTV质量监测系统技术要求
186	YDB 102—2012	通信网支持智能交通系统总体框架
187	YDB 123—2013	泛在物联应用　智能家居系统 技术要求
188	YDB 064—2011	泛在物联应用　汽车信息化 业务需求和总体框架
189	YDB 063—2011	泛在物联应用　绿色社区 总体业务能力要求
190	YDB 065—2011	泛在物联应用　医疗健康监测系统 业务场景及技术要求
191	20100067—T—339	移动通信网面向物流信息服务的M2M平台技术要求
192	20100061—T—339	基于M2M技术的移动通信网物流信息服务总体技术框架
193	20100069—T—339	移动通信网面向物流信息服务的M2M协议
194	2010—2267T—YD	超宽带（UWB）通信设备的电磁兼容性要求和测量方法
195	2010—2268T—YD	电信设备环境试验要求和试验方法第5部分：贮存
196	2010—2269T—YD	电信设备环境试验要求和试验方法第6部分：运输

续表

序号	标准号	标准名称
197	2010—2272T—YD	电信信息服务的安全准则
198	2010—2273T—YD	多段伪线技术要求
199	2010—2274T—YD	多媒体消息服务（MMS）系统安全框架
200	2010—2275T—YD	恶意代码描述格式
201	2010—2276T—YD	分组传送网（PTN）设备测试方法
202	2010—2277T—YD	分组传送网（PTN）设备技术要求
203	2010—2278T—YD	分组传送网（PTN）网络管理技术要求第1部分：基本原则
204	2010—2279T—YD	分组传送网（PTN）网络管理技术要求第2部分：NMS系统功能
205	2010—2280T—YD	分组传送网（PTN）网络管理技术要求第3部分：EMS—NMS接口功能
206	2010—2281T—YD	分组传送网（PTN）网络管理技术要求第4部分：EMS—NMS接口通用信息模型
207	2010—2282T—YD	分组数字微波通信设备和系统技术要求及测试方法
208	2010—2283T—YD	高精度时间同步技术要求
209	YD/T 1462—2011	光传送网（OTN）接口
210	YD/T 908—2011	光缆型号命名方法
211	YD/T 2134.2—2011	互联网服务统计指标第2部分：视频播放业务基本指标
212	2010—2289T—YD	互联网主机网络安全属性描述格式
213	2010—2290T—YD	会话初始协议（SIP）技术要求第7部分：SIP支持呈现和即时消息业务
214	2010—2291T—YD	基于表述性状态转移（REST）的业务能力开放中间件技术要求

续表

序号	标准号	标准名称
215	2010—2292T—YD	基于分组网络的频率同步网技术要求
216	2010—2293T—YD	基于公用电信网的宽带客户网络的远程管理第 4 部分：企业用宽带客户网关管理参数
217	2010—2294T—YD	基于公用电信网的宽带客户网络设备测试方法第 2 部分：企业用宽带客户网关
218	2010—2296T—YD	接入网技术要求　10GB it/s 以太网无源光网络（10G EPON）
219	2010—2297T—YD	接入网技术要求第二代甚高速数字用户线（VDSL2）第 4 部分：远端自串音消除
220	2010—2298T—YD	接入网设备基于以太网接口的反向馈电技术要求
221	2010—2299T—YD	接入网用现场组装的光纤活动连接器
222	2010—2300T—YD	接入网支持 IPv6 总体技术要求
223	2010—2301T—YD	空中下载（OTA）业务平台技术要求
224	2010—2302T—YD	空中下载（OTA）业务终端技术要求
225	2010—2303T—YD	空中下载（OTA）业务总体技术要求
226	2010—2308T—YD	数据通信网络与开放系统互联安全架构端到端通信系统
227	2010—2309T—YD	数据信道加密传真服务技术要求
228	2010—2317T—YD	统一 IMS 查询/服务会话控制设备（I-CSCF/S-CSCF）测试方法（第一阶段）
229	2010—2318T—YD	统一 IMS 代理会话控制设备（P-CSCF）测试方法（第一阶段）
230	2010—2319T—YD	统一 IMS 归属用户服务器（HSS）设备测试方法（第一阶段）
231	2010—2320T—YD	统一 IMS 媒体面安全技术要求
232	2010—2321T—YD	统一威胁管理（UTM）系统技术要求
233	2010—2324T—YD	未来分组网的基本特征与技术需求

续表

序号	标准号	标准名称
234	2010—2327T—YD	演进的移动分组核心网络（EPC）接口测试方法 S3/S4/S5/S8/S10/S11/S16
235	2010—2328T—YD	演进的移动分组核心网络（EPC）接口测试方法 S5/S8/S2a/S101/S103
236	2010—2329T—YD	演进的移动分组核心网络（EPC）接口测试方法 S6a/S6d/S13/S13′/STa/SWd/SWx
237	2010—2330T—YD	演进的移动分组核心网络（EPC）接口技术要求 S3/S4/S5/S8/S10/S11/S16
238	2010—2331T—YD	演进的移动分组核心网络（EPC）接口技术要求 S5/S8/S2a/S101/S103
239	2010—2332T—YD	演进的移动分组核心网络（EPC）接口技术要求 S6a/S6d/S13/S13′/STa/SWd/SWx
240	2010—2333T—YD	演进的移动分组核心网络（EPC）设备测试方法第 1 部分：支持 E—UTRAN 接入
241	2010—2334T—YD	演进的移动分组核心网络（EPC）设备测试方法第 2 部分：支持 CDMA 接入
242	2010—2335T—YD	演进的移动分组核心网络（EPC）设备技术要求第 1 部分：支持 E—UTRAN 接入
243	2010—2336T—YD	演进的移动分组核心网络（EPC）设备技术要求第 2 部分：支持 CDMA 接入
244	2010—2337T—YD	演进的移动分组核心网络（EPC）总体技术要求第 1 部分：支持 E—UTRAN 接入
245	2010—2338T—YD	演进的移动分组核心网络（EPC）总体技术要求第 2 部分：支持 CDMA 接入
246	2010—2339T—YD	移动 M2M 业务总体技术要求
247	2010—2340T—YD	移动 M2M 应用通信协议技术要求
248	2010—2341T—YD	移动加密传真安全协议及其数据处理技术要求
249	2010—2343T—YD	移动网络推送业务技术要求点到多点推送

续表

序号	标准号	标准名称
250	2010—2353T—YD	以太网交换机多机虚拟化系统技术要求
251	2010—2623T—YD	电信网视频监控系统智能分析及传感器叠加应用架构和总体技术要求
252	2010—2624T—YD	电信网和互联网服务生命周期管理技术要求
253	2012—YDB —14	泛在物联应用 智能资产管理业务场景和技术要求
254	2012—YDB —13	泛在物联应用 流程工业测控应用需求
255	2012—YDB —12	泛在物联应用 农产品质量安全追溯的应用场景与需求
256	2012—YDB —11	泛在物联应用 医疗健康监测系统架构和功能要求
257	2010T53	泛在物联应用 无线城市 总体技术要求
258	2010T48	泛在物联应用 教育信息化系统 总体技术要求
259		泛在物联应用 无线城市 承载网技术要求
260	2010T55	泛在物联应用 智能环境预警系统 技术要求
261	2010T49	泛在物联应用 绿色社区 总体技术要求
262	2011T60	用于煤矿安全生产与监控及应急救援的通信系统总体技术要求
263	GB/T 28508—2012	基于公用电信网的宽带客户网络总体技术要求
264	YD/T 876—1996	用户接入网中综合传输电信业务和有线电视业务的技术要求
265	YD/T 879—1996	Q3 接口的告警监测
266	YD/T 880—1996	Q3 接口的性能管理
267	YD/T 912—1997	Q3 和 X 接口的低层协议框架
268	YD/T 947—1998	Q3 和 X 接口的高层协议框架
269	YD/T 981.1—2009	接入网用光纤带光缆第 1 部分：骨架式
270	YD/T 981.2—2009	接入网用光纤带光缆第 2 部分：中心管式
271	YD/T 981.3—2009	接入网用光纤带光缆第 3 部分：松套层绞式
272	YD/T 1007—1999	接入网中传输性能指标的分配
273	YD/T 1015—1999	用于传输设备的 Q 接口适配器技术要求

续表

序号	标准号	标准名称
274	YD/T 1016—1999	接入网用PDH光端机技术条件
275	YD/T 1021—1999	VB5.2接口技术规范
276	YD/T 1034—2000	接入网名词术语
277	YD/T 1054—2000	接入网技术要求——综合数字环路载波（IDLC）
278	YD/T 1055—2005	接入网设备测试方法——不对称数字用户线（ADSL）
279	YD/T 1063—2000	接入网技术要求——混合光纤同轴电缆网（HFC）
280	YD/T 1070—2000	接入网远端设备Z接口技术要求
281	YD/T 1076—2000	接入网技术要求——电缆调制解调器（CM）
282	YD/T 1082—2011	接入网设备过电压过电流防护及基本环境适应性技术要求和试验方法
283	YD/T 1089—2000	接入网技术要求——接入网元管理功能
284	YD/T 1101—2001	用户接入网网络管理接口技术规范—V5管理与通用部分
285	YD/T 1146—2001	接入网网络管理接口规范——通用传输部分
286	YD/T 1147—2001	接入网网络管理接口技术规范——ADSL部分
287	YD/T 1160—2001	接入网技术要求——基于以太网技术的宽带接入网
288	YD/T 1165—2001	V5接口互连互通测试技术要求
289	YD/T 1172—2001	接入网技术要求——接入网远端设备ISDN基本速率接入接口（U接口）技术要求
290	YD/T 1184—2002	接入网电源技术要求
291	YD/T 1185—2002	接入网技术要求——单线对高比特率数字用户线(SHDSL)
292	YD/T 1186—2002	接入网技术要求——26GHz本地多点分配系统(LMDS)
293	YD/T 1187—2006	ADSL/VDSL分离器技术要求及测试方法
294	YD/T 1188—2008	接入网技术要求——不对称数字用户线（ADSL/ADSL2+）用户端设备
295	YD/T 1239—2002	接入网技术要求——甚高速数字用户线（VDSL）

续表

序号	标准号	标准名称
296	YD/T 1240—2002	接入网设备测试方法——基于以太网技术的宽带接入网设备
297	YD/T 1301—2004	接入网测试方法——26GHz 本地多点分配系统（LMDS）
298	YD/T 1314—2004	接入网测试方法——甚高速数字用户线（VDSL）
299	YD/T 1323—2004	接入网技术要求——不对称数字用户线（ADSL）
300	YD/T 1347—2005	接入网技术要求——不对称数字用户线（ADSL）用户端设备远程管理
301	YD/T 1348—2005	接入网技术要求——不对称数字用户线（ADSL）自动测试系统
302	YD/T 1417—2005	接入网设备测试方法——单线对高比特率数字用户线（SHDSL）
303	YD/T 1418—2008	接入网技术要求——综合接入系统
304	YD/T 1419.2—2005	接入网用单纤双向三端口光组件技术条件第 2 部分：用于基于以太网方式的无源光网络（EPON）光网络单元（ONU）的单纤双向三端口光组件
305	YD/T 1419.3—2006	接入网用单纤双向三端口光组件技术条件第 3 部分：用于吉比特无源光网络（GPON）光网络单元（ONU）的单纤双向三端口光组件
306	YD/T 1448—2006	基于公用电信网的宽带客户网络总体技术要求
307	YD/T 1449.1—2010	基于公用电信网的宽带客户网络设备技术要求第 1 部分：家庭用宽带客户网关
308	YD/T 1449.2—2011	基于公用电信网的宽带客户网络设备技术要求第 2 部分：企业用宽带客户网关
309	YD/T 1475—2006	接入网技术要求——基于以太网方式的无源光网络（EPON）
310	YD/T 1526.1—2006	接入网用单纤双向三端口光收发一体模块技术条件第 1 部分：用于宽带无源光网络（BPON）光网络单元（ONU）的单纤双向三端口光收发一体模块

续表

序号	标准号	标准名称
311	YD/T 1526.2—2007	接入网用单纤双向三端口光收发一体模块技术条件 第2部分：用于基于以太网方式的无源光网络（EPON）光网络单元（ONU）的单纤双向三端口光收发一体模块
312	YD/T 1526.3—2009	接入网用单纤双向三端口光收发一体模块技术条件 第3部分：用于吉比特无源光网络（GPON）光网络单元（ONU）的单纤双向三端口光收发一体模块
313	YD/T 1530—2006	接入网技术要求——频谱扩展的第二代不对称数字用户线（ADSL2＋）
314	YD/T 1531—2006	接入网设备测试方法——基于以太网方式的无源光网络（EPON）
315	YD/T 1532—2006	基于软交换的综合接入设备测试方法
316	YD/T 1619—2007	宽带光接入网总貌
317	YD/T 1636—2007	光纤到户（FTTH）体系结构和总体要求
318	YD/T 1664—2007	基于以太网方式的无源光网络（EPON）网络管理接口技术要求
319	YD/T 1665—2007	数字用户线路（DSL）网络管理接口技术要求
320	YD/T 1695—2007	IPTV对接入网络的技术要求（第一阶段）
321	YD/T 1706—2007	接入网技术要求——数字用户线（DSL）系统承载宽带业务
322	YD/T 1742—2008	接入网安全防护要求
323	YD/T 1743—2008	接入网安全防护检测要求
324	YD/T 1770—2008	接入网用室内外光缆
325	YD/T 1772—2008	接入网设备测试方法——综合接入系统
326	YD/T 1807—2008	接入网技术要求——点对点（P2P）光以太网接入系统
327	YD/T 1808—2008	接入网设备测试方法——第二代及频谱扩展的第二代不对称数字用户线（ADSL2/2＋）

续表

序号	标准号	标准名称
328	YD/T 1809—2008	接入网设备测试方法——以太网无源光网络（EPON）系统互通性
329	YD/T 1814.3—2010	基于公用电信网的宽带客户网络的远程管理第3部分：家庭用宽带客户网关管理参数
330	YD/T 1814.4—2011	基于公用电信网的宽带客户网络的远程管理第4部分：企业用宽带客户网关管理参数
331	YD/T 1814—2008	基于公用电信网的宽带客户网络的远程管理第1部分：总体
332	YD/T 1815—2008	基于公用电信网的宽带客户网络的远程管理第2部分：协议
333	YD/T 1905—2009	IPv6网络设备安全技术要求——宽带网络接入服务器
334	YD/T 1910—2009	接入网安全技术要求——综合接入系统
335	YD/T 1919—2009	接入网与IP互通V5.2用户适配层（V5UA）测试方法
336	YD/T 1949.1—2009	接入网技术要求——吉比特的无源光网络（GPON）第1部分：总体要求
337	YD/T 1949.2—2009	接入网技术要求——吉比特的无源光网络（GPON）第2部分：物理媒质相关（PMD）层要求
338	YD/T 1949.3—2010	接入网技术要求——吉比特的无源光网络（GPON）第3部分：传输汇聚（TC）层要求
339	YD/T 1949.4—2011	接入网技术要求——吉比特的无源光网络（GPON）第4部分：ONT管理控制接口（OMCI）要求
340	YD/T 1950—2009	接入网技术要求——局侧ADSL线路收发器单元（ATU—C）带内管理
341	YD/T 1951—2009	接入网技术要求——数字用户线（DSL）单端线路测试系统
342	YD/T 1952—2009	接入网技术要求——数字用户线（DSL）多线对绑定

续表

序号	标准号	标准名称
343	YD/T 1953—2009	接入网技术要求——EPON/GPON 系统承载多业务
344	YD/T 1954—2009	接入网用弯曲损耗不敏感单模光纤特性
345	YD/T 1955—2009	适用于 xDSL 传输的引入电缆
346	YD/T 1964—2009	基于公用电信网的宽带客户网络服务质量（QoS）技术要求
347	YD/T 1965—2009	基于公用电信网的宽带客户网络设备及其辅助设备的电磁兼容性要求和测量方法
348	YD/T 1993.1—2009	接入网技术要求 2GB it/s 以太网无源光网络（2G EPON）第 1 部分：兼容模式
349	YD/T 1993.2—2010	接入网技术要求 2GB it/s 以太网无源光网络（2G EPON）第 2 部分：共存模式
350	YD/T 1994.1—2009	接入网用户端设备远程管理技术要求第 1 部分：总体要求
351	YD/T 1994.2—2009	接入网用户端设备远程管理技术要求第 2 部分：接口协议
352	YD/T 1995—2009	接入网设备测试方法吉比特的无源光网络（GPON）
353	YD/T 1996.1—2009	接入网技术要求第二代甚高速数字用户线（VDSL2）第 1 部分：总体要求
354	YD/T 1996.2—2009	接入网技术要求第二代甚高速数字用户线（VDSL2）第 2 部分：收发器
355	YD/T 1996.4—2011	接入网技术要求第二代甚高速数字用户线（VDSL2）第 4 部分：远端自串音消除
356	YD/T 1997—2009	接入网用蝶形引入光缆
357	YD/T 1998.1—2009	接入网用单纤双向双端口光组件技术条件第 1 部分：用于基于以太网方式的无源光网络（EPON）的光组件
358	YD/T 1998.2—2009	接入网用单纤双向双端口光组件技术条件第 2 部分：用于吉比特无源光网络（GPON）的光组件
359	YD/T 2019.1—2009	基于公用电信网的宽带客户网络设备测试方法第 1 部分：网关

续表

序号	标准号	标准名称
360	YD/T 2019.2—2011	基于公用电信网的宽带客户网络设备测试方法第 2 部分：企业用宽带客户网关
361	YD/T 2027—2009	基于以太网的 IP 接入网 QoS 控制架构
362	YD/T 2046—2009	接入网安全技术要求——xDSL 用户端设备
363	YD/T 2047—2009	接入网设备安全测试方法——xDSL 用户端设备
364	YD/T 2048—2009	接入网安全技术要求——DSL 接入复用器（DSLAM）设备
365	YD/T 2049—2009	接入网设备安全测试方法——DSL 接入复用器（DSLAM）设备
366	YD/T 2050—2009	接入网安全技术要求——无源光网络（PON）设备
367	YD/T 2051—2009	接入网设备安全测试方法——无源光网络（PON）设备
368	YD/T 2095—2010	基于公用电信网的宽带客户网络安全技术要求
369	YD/T 2096—2010	接入网设备安全测试方法——综合接入系统
370	YD/T 2157—2010	接入网技术要求吉比特的无源光网络（GPON）系统互通性
371	YD/T 2158—2010	接入网技术要求多业务接入节点（MSAP）
372	YD/T 2159—2010	接入网用光电混合缆
373	YD/T 2274—2011	接入网技术要求 10GB it/s 以太网无源光网络（10G-EPON）
374	YD/T 2275—2011	接入网技术要求宽带用户接入线路（端口）标识
375	YD/T 2276—2011	接入网技术要求 EPON/GPON 系统承载 TDM 业务
376	YD/T 2277—2011	接入网技术要求无源光网络（PON）光链路监测与诊断
377	YD/T 2278—2011	接入网设备测试方法第二代甚高速数字用户线（VDSL2）
378	YD/T 2279—2011	接入网设备测试方法吉比特的无源光网络（GPON）系统互通性

续表

序号	标准号	标准名称
379	YD/T 2280—2011	接入网设备基于以太网接口的反向馈电技术要求
380	YD/T 2327—2011	ADSL 系统计费技术要求和检测方法
381	YD/T 2372—2011	支持 IPv6 的接入网总体技术要求
382	YD/T 2377—2011	数字用户线（DSL）分离器动态响应技术要求及测试方法
383	YD/T 5139—2005	有线接入网设备安装工程设计规范
384	YD/T 5140—2005	有线接入网设备安装工程验收规范
385	YDN 005—1996	接入网概貌
386	YDN 056—1997	接入网技术要求——高比特率数字用户线（HDSL）（暂行规定）
387	YDN 059—1997	高比特率数字用户线（HDSL）设备测试方法（暂行规定）
388	YDN 061—1997	接入网技术体制（暂行规定）
389	GB 12638—1990	微波和超短波通信设备辐射安全要求
390	GB 15629. 1101—2006	信息技术系统间远程通信和信息交换局域网和城域网特定要求第 11 部分：无线局域网媒体访问控制和物理层规范：5. 8GHz 频段高速物理层扩展规范
391	GB 15629. 1102—2003	信息技术系统间远程通信和信息交换局域网和城域网特定要求第 11 部分：无线局域网媒体访问控制和物理层规范：2. 4GHz 频段较高速物理层扩展规范
392	GB 15629. 1104—2006	信息技术系统间远程通信和信息交换局域网和城域网特定要求第 11 部分：无线局域网媒体访问控制和物理层规范：2. 4GHz 频段更高数据速率扩展规范
393	GB 15629. 11—2003	信息技术系统间远程通信和信息交换局域网和城域网特定要求第 11 部分：无线局域网媒体访问控制和物理层规范
394	GB/T 2789—1981	模拟微波接力通信系统网路接口基本技术要求
395	GB/T 3974—1983	大容量长距离模拟微波通信干线电话传输干扰容限

续表

序号	标准号	标准名称
396	GB/T 6361—1999	微波接力通信系统抛物面天线型谱系列
397	GB/T 7585—1987	模拟微波接力通信系统容量系列及波道配置
398	GB/T 9050—1988	模拟微波接力通信系统 8GHz 微波通信设备总技术条件
399	GB/T 9404—1999	微波接力通信馈线系统技术条件
400	GB/T 12640—1990	数字微波接力通信设备测量方法
401	GB/T 13159—2008	数字微波通信系统进网技术要求
402	GB/T 13503—1992	数字微波接力通信设备通用技术条件
403	GB/T 13621—1999	100～1000MHz 接力通信系统的容量系列波道配置及设备的主要技术要求
404	GB/T 13856—1992	4GHz 微波联络机技术条件
405	GB/T 13857—1992	微波通信系统远程监控设备技术条件
406	GB/T 13858.1—1992	中距离地面模拟无线电接力系统彩色电视调制机和解调机（1 路电视和 4 路伴音）技术条件
407	GB/T 15629.1103—2006	信息技术系统间远程通信和信息交换局域网和城域网特定要求第 11 部分：无线局域网媒体访问控制和物理层规范：附加管理域操作规范
408	GB/T 15841—1995	数字微波通信设备进网技术要求 2～8GHz 数字微波收发信机
409	GB/T 16650—1996	TDM/FDMA 点对多点微波通信系统通用规范
410	YD 343—1990	点对多点微波通信系统进网要求
411	YD/T 508.1—1997	微波接力通信系统抛物面天线技术条件
412	YD/T 508.2—1998	栅格抛物面通信天线技术条件
413	YD/T 559—1992	充气波导部件和装置的密封试验
414	YD/T 638.10—1993	无线、微波及卫星通信设备型号命名方法
415	YD/T 744—2009	准同步数字系列（PDH）数字微波通信设备和系统技术要求和测试方法

续表

序号	标准号	标准名称
416	YD/T 746—1995	点对多点微波通信系统技术要求和测量方法
417	YD/T 757—1995	微波铁塔技术条件
418	YD/T 831—1996	微波接力通信系统椭圆软波导技术条件
419	YD/T 904—1997	SDH 微波通信系统测量方法
420	YD/T 909—1997	4～11GHz STM-1 SDH 微波通信系统总技术要求
421	YD/T 953—1998	4～11GHz 2×STM-1SDH 微波通信系统总技术要求
422	YD/T 1010—1999	STM-0 微波通信系统总技术要求
423	YD/T 2125—2010	无线局域网（WLAN）与 cdma2000 系统互通技术要求紧耦合实现方式
424	YD/T 2126—2010	无线局域网（WLAN）与 cdma2000 系统互通技术要求松耦合实现方式
425	YD/T 2193—2010	移动用户终端无线局域网空间射频辐射功率和接收机性能测量方法
426	YD/T 2394.1—2012	高频谱利用率和高数据吞吐的无线局域网技术要求第 1 部分：超高速无线局域网媒体接入控制层（MAC）和物理层（PHY）
427	YD/T 2394.2—2012	高频谱利用率和高数据吞吐的无线局域网技术要求第 2 部分：增强型超高速无线局域网媒体接入控制层（MAC）和物理层（PHY）
428	YD/T 1596—2011	800MHz/2GHz CDMA 数字蜂窝移动通信网模拟直放站技术要求和测试方法
429	YD/T 1719—2011	2GHz TD-SCDMA 数字蜂窝移动通信网高速下行分组接入（HSDPA）无线接入网络设备技术要求
430	YD/T 1720—2011	2GHz TD-SCDMA 数字蜂窝移动通信网高速下行分组接入（HSDPA）无线接入网络设备测试方法
431	YD/T 1721.2—2011	2GHz TD-SCDMA 数字蜂窝移动通信网高速下行分组接入（HSDPA）Uu 接口物理层技术要求第 2 部分：物理信道和传输信道到物理信道的映射

续表

序号	标准号	标准名称
432	YD/T 1721.4—2011	2GHz TD-SCDMA 数字蜂窝移动通信网高速下行分组接入（HSDPA）Uu 接口物理层技术要求第 4 部分：扩频和调制
433	YD/T 1721.5—2011	2GHz TD-SCDMA 数字蜂窝移动通信网高速下行分组接入（HSDPA）Uu 接口物理层技术要求第 5 部分：物理层过程
434	YD/T 1721.6—2011	2GHz TD-SCDMA 数字蜂窝移动通信网高速下行分组接入（HSDPA）Uu 接口物理层技术要求第 6 部分：物理层测量
435	YD/T 1722.1—2011	2GHz TD-SCDMA 数字蜂窝移动通信网高速下行分组接入（HSDPA）Uu 接口层 2 技术要求第 1 部分：MAC 协议
436	YD/T 1722.2—2011	2GHz TD-SCDMA 数字蜂窝移动通信网高速下行分组接入（HSDPA）Uu 接口层 2 技术要求第 2 部分：RLC 协议
437	YD/T 1723—2011	2GHz TD-SCDMA 数字蜂窝移动通信网高速下行分组接入（HSDPA）Uu 接口 RRC 层技术要求
438	YD/T 1724.4—2011	2GHz TD-SCDMA 数字蜂窝移动通信网高速下行分组接入（HSDPA）Iub 接口技术要求第 4 部分：NBAP 信令
439	YD/T 1724.6—2011	2GHz TD-SCDMA 数字蜂窝移动通信网高速下行分组接入（HSDPA）Iub 接口技术要求第 6 部分：公共传输信道数据流的用户平面协议
440	YD/T 1725—2011	2GHz TD-SCDMA 数字蜂窝移动通信网高速下行分组接入（HSDPA）Iub 接口测试方法
441	YD/T 1762.1—2011	TD-SCDMA/WCDMA 数字蜂窝移动通信网通用集成电路卡（UICC）与终端间 Cu 接口技术要求第 1 部分：物理、电气和逻辑特性

续表

序号	标准号	标准名称
442	YD/T 1762.2—2011	TD-SCDMA/WCDMA 数字蜂窝移动通信网通用集成电路卡（UICC）与终端间 Cu 接口技术要求第 2 部分：终端通用用户识别模块（USIM）应用特性
443	YD/T 1762.3—2011	TD-SCDMA/WCDMA 数字蜂窝移动通信网通用集成电路卡（UICC）与终端间 Cu 接口技术要求第 3 部分：终端通用用户识别模块应用工具箱（USAT）特性
444	YD/T 1763.1—2011	TD-SCDMA/WCDMA 数字蜂窝移动通信网通用集成电路卡（UICC）与终端间 Cu 接口测试方法第 1 部分：物理、电气和逻辑特性
445	YD/T 1763.2—2011	TD-SCDMA/WCDMA 数字蜂窝移动通信网通用集成电路卡（UICC）与终端间 Cu 接口测试方法第 2 部分：终端通用用户识别模块（USIM）应用特性
446	YD/T 1763.3—2011	TD-SCDMA/WCDMA 数字蜂窝移动通信网通用集成电路卡（UICC）与终端间 Cu 接口测试方法第 3 部分：终端通用用户识别模块应用工具箱（USAT）特性
447	YD/T 1763.4—2011	TD-SCDMA/WCDMA 数字蜂窝移动通信网通用集成电路卡（UICC）与终端间 Cu 接口测试方法第 4 部分：支持终端通用用户识别模块（USIM）应用的通用集成电路卡（UICC）
448	YD/T 1773—2011	2GHz TD-SCDMA 数字蜂窝移动通信网高速下行分组接入（HSDPA）终端设备协议一致性测试方法
449	YD/T 1778—2011	TD-SCDMA/GSM（GPRS）双模单待机数字移动通信终端技术要求
450	YD/T 1779—2011	TD-SCDMA/GSM（GPRS）双模单待机数字移动通信终端测试方法
451	YD/T 1780.1—2011	2GHz TD-SCDMA 数字蜂窝移动通信网终端设备协议一致性测试方法（补充件）

续表

序号	标准号	标准名称
452	YD/T 1781.1—2011	2GHz TD-SCDMA 数字蜂窝移动通信网多媒体广播系统总体技术要求（第一阶段）第1部分：系统要求
453	YD/T 1781.2—2011	2GHz TD-SCDMA 数字蜂窝移动通信网多媒体广播系统总体技术要求（第一阶段）第2部分：RRC 协议的 ASN.1
454	YD/T 1781.4—2011	2GHz TD-SCDMA 数字蜂窝移动通信网多媒体广播系统总体技术要求（第一阶段）第4部分：RNSPA 协议的 ASN.1
455	YD/T 1782—2011	2GHz TD-SCDMA 数字蜂窝移动通信网多媒体广播系统无线接入子系统设备技术要求（第一阶段）
456	YD/T 1796—2011	2GHz TD-SCDMA 数字蜂窝移动通信网多媒体广播系统无线接入子系统设备测试方法（第一阶段）
457	YD/T 1842—2011	2GHz TD-SCDMA 数字蜂窝移动通信网高速上行分组接入（HSUPA）终端设备协议一致性测试方法
458	YD/T 2200—2011	2GHz TD-SCDMA/WCDMA 数字蜂窝移动通信网电路域视频监控前端设备技术要求和测试方法
459	YD/T 2201—2011	TD-SCDMA 数字蜂窝移动通信网支持多频段特性的无线接入网络设备测试方法
460	YD/T 2202—2011	800MHz/2GHz cdma2000 数字蜂窝移动通信网高速分组数字（HRPD）（第三阶段）设备技术要求（AN）
461	YD/T 2203—2011	800MHz/2GHz cdma2000 数字蜂窝移动通信网高速分组数据（HRPD）（第三阶段）设备测试方法接入网（AN）
462	YD/T 2204—2011	800MHz/2GHz cdma2000 数字蜂窝移动通信网高速分组数据（HRPD）（第三阶段）设备技术要求接入终端（AT）

续表

序号	标准号	标准名称
463	YD/T 2205—2011	800MHz/2GHz cdma2000 数字蜂窝移动通信网高速分组数据（HRPD）（第三阶段）设备测试方法接入终端（AT）
464	YD/T 2206—2011	800MHz/2GHz cdma2000 数字蜂窝移动通信网高速分组数据（HRPD）（第三阶段）空中接口技术要求
465	YD/T 2207—2011	800MHz/2GHz cdma2000 数字蜂窝移动通信网高速分组数据（HRPD）（第三阶段）空中接口信令一致性测试方法
466	YD/T 2208—2011	800MHz/2GHz cdma2000 数字蜂窝移动通信网广播多播业务（BCMCS）（第二阶段）设备技术要求接入终端（AT）
467	YD/T 2209—2011	800MHz/2GHz cdma2000 数字蜂窝移动通信网广播多播业务（BCMCS）（第二阶段）设备测试方法接入终端（AT）
468	YD/T 2210—2011	800MHz/2GHz cdma2000 数字蜂窝移动通信网广播多播业务（BCMCS）（第二阶段）设备技术要求接入网（AN）
469	YD/T 2211—2011	800MHz/2GHz cdma2000 数字蜂窝移动通信网广播多播业务（BCMCS）（第二阶段）设备测试方法接入网（AN）
470	YD/T 2212—2011	800MHz/2GHz cdma2000 数字蜂窝移动通信网广播多播业务（BCMCS）（第二阶段）A 接口技术要求
471	YD/T 2213—2011	800MHz/2GHz cdma2000 数字蜂窝移动通信网广播多播业务（BCMCS）（第二阶段）A 接口测试方法
472	YD/T 2214—2011	2GHz WCDMA 数字蜂窝移动通信网无线接入子系统设备技术要求（第四阶段）高速分组接入（HSPA）
473	YD/T 2215—2011	2GHz WCDMA 数字蜂窝移动通信网无线接入子系统设备测试方法（第四阶段）高速分组接入（HSPA）

续表

序号	标准号	标准名称
474	YD/T 2216—2011	2GHz WCDMA 数字蜂窝移动通信网 Iub/Iur 接口测试方法（第四阶段）高速分组接入（HSPA）
475	YD/T 2217—2011	2GHz WCDMA 数字蜂窝移动通信网终端设备技术要求（第四阶段）高速分组接入（HSPA）
476	YD/T 2218.1—2011	2GHz WCDMA 数字蜂窝移动通信网终端设备测试方法（第四阶段）第 1 部分：高速分组接入（HSPA）的基本功能、业务和性能测试
477	YD/T 2218.2—2011	2GHz WCDMA 数字蜂窝移动通信网终端设备测试方法（第四阶段）第 2 部分：高速分组接入（HSPA）的网络兼容性测试
478	YD/T 2220—2011	WCDMA/GSM（GPRS）双模数字移动通信终端技术要求和测试方法（第四阶段）
479	YD/T 2221—2011	2GHz WCDMA 数字蜂窝移动通信网家庭基站管理系统设备技术要求
480	YD/T 2222—2011	2GHz WCDMA 数字蜂窝移动通信网家庭基站管理系统设备测试方法
481	YD/T 2223—2011	2GHz WCDMA 数字蜂窝移动通信网家庭基站与家庭基站管理系统之间接口技术要求和测试方法
482	YD/T 2224—2011	900/1800MHz TDMA 数字蜂窝移动通信网模拟直放站设备网管接口技术要求
483	YD/T 2225—2011	900/1800MHz TDMA 数字蜂窝移动通信网模拟直放站设备网管接口测试方法
484	YD/T 2226—2011	2GHz TD-SCDMA 数字蜂窝移动通信网模拟直放站设备网管接口技术要求
485	YD/T 2227—2011	2GHz TD-SCDMA 数字蜂窝移动通信网模拟直放站设备网管接口测试方法
486	YD/T 2228—2011	800MHz/2GHz cdma2000 数字蜂窝移动通信网模拟直放站设备网管接口技术要求

续表

序号	标准号	标准名称
487	YD/T 2229—2011	800MHz/2GHz cdma2000 数字蜂窝移动通信网模拟直放站设备网管接口测试方法
488	YD/T 2230—2011	2GHz WCDMA 数字蜂窝移动通信网模拟直放站设备网管接口测试方法
449	YD/T 2231—2011	2GHz WCDMA 数字蜂窝移动通信网模拟直放站设备网管接口技术要求
490	YD/T 2236—2011	1800MHz SCDMA 宽带直放站技术要求和测试方法
491	YD/T 2237—2011	超宽带（UWB）设备技术要求和测试方法
492	YD/T 2258—2011	移动通信网安全术语集
493	YD/T 2348—2011	CDMA 数字蜂窝移动通信网通用集成电路卡（UICC）与终端间接口测试方法终端 CSIM 应用特性
494	YD/T 2349—2011	2GHz WCDMA 数字蜂窝移动通信网无线接入子系统设备技术要求（第五阶段）增强型高速分组接入（HSPA+）
495	YD/T 2350—2011	2GHz WCDMA 数字蜂窝移动通信网无线接入子系统设备测试方法（第五阶段）增强型高速分组接入（HSPA+）
496	YD/T 2351—2011	2GHz WCDMA 数字蜂窝移动通信网 Iub/Iur 接口技术要求和测试方法（第五阶段）增强型高速分组接入（HSPA+）
497	YD/T 2352—2011	2GHz WCDMA 数字蜂窝移动通信网无线接入子系统设备技术要求（第六阶段）增强型高速分组接入（HSPA+）
498	YD/T 2353—2011	2GHz WCDMA 数字蜂窝移动通信网无线接入子系统设备测试方法（第六阶段）增强型高速分组接入（HSPA+）
499	YD/T 2354—2011	2GHz WCDMA 数字蜂窝移动通信网 Iub/Iur 接口技术要求和测试方法（第六阶段）增强型高速分组接入（HSPA+）

续表

序号	标准号	标准名称
500	YD/T 2355—2011	900/1800MHz TDMA 数字蜂窝移动通信网数字直放站技术要求和测试方法
501	YD/T 2356—2011	移动通信网络 IMS 客户端技术要求
502	YD/T 1828—2008	基于 CDMA 技术的数字集群系统设备技术要求——移动台
503	YD/T 1829—2008	基于 CDMA 技术的数字集群系统设备测试方法——移动台
504	YD/T 1830—2008	基于 CDMA 技术的数字集群系统设备技术要求——基站子系统
505	YD/T 1831—2008	基于 CDMA 技术的数字集群系统设备测试方法——基站子系统
506	YD/T 1832—2008	基于 CDMA 技术的数字集群系统设备技术要求——调度子系统
507	YD/T 1833—2008	基于 CDMA 技术的数字集群系统设备测试方法——调度子系统
508	YD/T 1834—2008	基于 CDMA 技术的数字集群系统接口技术要求——调度子系统接口
509	YD/T 1835—2008	基于 CDMA 技术的数字集群系统接口测试方法——调度子系统接口
510	YD/T 1836—2008	基于 CDMA 技术的数字集群系统接口技术要求——基站子系统与核心网间接口
511	YD/T 1837—2008	基于 CDMA 技术的数字集群系统接口测试方法——基站子系统与核心网间接口
512	YD/T 1838.1—2008	基于 CDMA 技术的数字集群系统接口技术要求——空中接口 第 1 部分：物理层
513	YD/T 1838.2—2008	基于 CDMA 技术的数字集群系统接口技术要求——空中接口 第 2 部分：MAC 层

续表

序号	标准号	标准名称
514	YD/T 1838.3—2008	基于CDMA技术的数字集群系统接口技术要求——空中接口 第3部分：LAC层
515	YD/T 1838.4—2008	基于CDMA技术的数字集群系统接口技术要求——空中接口 第4部分：层3信令
516	YD/T 1839—2008	基于CDMA技术的数字集群系统接口测试方法——空中接口
517	2012—1308T—YD	800MHz/2GHz cdma2000数字蜂窝移动通信网 演进的高速分组数据（eHRPD）设备技术要求 核心网
518	2012—1309T—YD	800MHz/2GHz cdma2000数字蜂窝移动通信网 演进的高速分组数据（eHRPD）设备测试方法 核心网
519	2012—1310T—YD	800MHz/2GHz cdma2000数字蜂窝移动通信网 演进的高速分组数据（eHRPD）空中接口技术要求
520	2012—1311T—YD	800MHz/2GHz cdma2000数字蜂窝移动通信网 演进的高速分组数据（eHRPD）空中接口测试方法 信令一致性
521	2012—1312T—YD	800MHz/2GHz cdma2000数字蜂窝移动通信网 演进的高速分组数据（eHRPD）空中接口测试方法 网络兼容性
522	2012—1313T—YD	800MHz/2GHz cdma2000数字蜂窝移动通信网 演进的高速分组数据（eHRPD）A接口技术要求
523	2012—1314T—YD	800MHz/2GHz cdma2000数字蜂窝移动通信网 演进的高速分组数据（eHRPD）A接口测试方法
524	2012—1315T—YD	800MHz/2GHz cdma2000数字蜂窝移动通信网 演进的高速分组数据（eHRPD）设备技术要求 接入网
525	2012—1316T—YD	800MHz/2GHz cdma2000数字蜂窝移动通信网 演进的高速分组数据（eHRPD）设备测试方法 接入网

续表

序号	标准号	标准名称
526	2012—1317T—YD	800MHz/2GHz cdma2000 数字蜂窝移动通信网 演进的高速分组数据（eHRPD）设备技术要求 接入终端
527	2012—1318T—YD	800MHz/2GHz cdma2000 数字蜂窝移动通信网 演进的高速分组数据（eHRPD）设备测试方法 接入终端
528	2012—1319T—YD	800MHz/2GHz cdma2000/cdma2000 演进的高速分组数据（eHRPD）双模终端技术要求及测试方法
529	2011—1462T—YD	800MHz/2GHz cdma2000 数字蜂窝移动通信网（第二阶段）空中接口技术要求 物理层
530	2011—1463T—YD	800MHz/2GHz cdma2000 数字蜂窝移动通信网（第二阶段）空中接口技术要求 MAC 层
531	2011—1464T—YD	800MHz/2GHz cdma2000 数字蜂窝移动通信网（第二阶段）空中接口技术要求 LAC 层
532	2011—1465T—YD	800MHz/2GHz cdma2000 数字蜂窝移动通信网（第二阶段）空中接口技术要求 层三信令
533	2011—1466T—YD	800MHz/2GHz cdma2000 数字蜂窝移动通信网（第二阶段）设备技术要求 移动台
534	2011—1467T—YD	800MHz/2GHz cdma2000 数字蜂窝移动通信网（第二阶段）设备测试方法 移动台 第 1 部分：基本无线指标、功能和性能
535	2011—1468T—YD	800MHz/2GHz cdma2000 数字蜂窝移动通信网（第二阶段）设备测试方法 移动台 第 2 部分：协议一致性
536	2011—1469T—YD	800MHz/2GHz cdma2000 数字蜂窝移动通信网（第二阶段）设备测试方法 移动台 第 3 部分：网络兼容性
537	2011—1470T—YD	800MHz/2GHz cdma2000 数字蜂窝移动通信网（第二阶段）设备技术要求 基站子系统
538	2011—1471T—YD	800MHz/2GHz cdma2000 数字蜂窝移动通信网（第二阶段）设备测试方法 基站子系统

续表

序号	标准号	标准名称
539	2011—1472T—YD	800MHz/2GHz cdma2000 数字蜂窝移动通信网（第二阶段）A 接口技术要求
540	2011—1473T—YD	800MHz/2GHz cdma2000 数字蜂窝移动通信网（第二阶段）A 接口测试方法
541	2010—3236T—YD	800MHz/2GHz cdma2000 数字蜂窝移动通信网设备测试方法 高速分组数据（HRPD）（第二阶段）接入网（AN）
542	2010—3237T—YD	800MHz/2GHz cdma2000 数字蜂窝移动通信网设备测试方法 高速分组数据（HRPD）（第二阶段）接入终端（AT）
543	2010—3238T—YD	800MHz/2GHz cdma2000 数字蜂窝移动通信网设备测试方法 高速分组数据（HRPD）（第一阶段）接入终端（AT）
544	2010—3242T—YD	800MHz/2GHz cdma2000 数字蜂窝移动通信网设备技术要求 高速分组数据（HRPD）（第二阶段）接入网（AN）
545	2010—3243T—YD	800MHz/2GHz cdma2000 数字蜂窝移动通信网设备技术要求 高速分组数据（HRPD）（第二阶段）接入终端（AT）
546	2010—3244T—YD	800MHz/2GHz cdma2000 数字蜂窝移动通信网设备技术要求 高速分组数据（HRPD）（第一阶段）接入终端（AT）
547	2010—3245T—YD	800MHz/2GHz cdma2000 数字蜂窝移动通信网设备技术要求 基站子系统
548	2010—3239T—YD	800MHz/2GHz cdma2000 数字蜂窝移动通信网设备测试方法 基站子系统
549	2010—3246T—YD	800MHz/2GHz cdma2000 数字蜂窝移动通信网设备技术要求 移动台

续表

序号	标准号	标准名称
550	2010—3240T—YD	800MHz/2GHz cdma2000 数字蜂窝移动通信网设备测试方法 移动台 第 1 部分：基本无线指标、功能和性能
551	2008H137	800MHz/2000MHz cdma2000 数字蜂窝移动通信网设备测试方法 移动台（含机卡一体）第 21 部分：协议一致性 基本信令
552	2008H138	800MHz/2000MHz cdma2000 数字蜂窝移动通信网设备测试方法 移动台（含机卡一体）第 22 部分：协议一致性 短消息信令
553	2008H139	800MHz/2000MHz cdma2000 数字蜂窝移动通信网设备测试方法 移动台（含机卡一体）第 23 部分：协议一致性 数据业务信令
554	2010—3241T—YD	800MHz/2GHz cdma2000 数字蜂窝移动通信网设备测试方法 移动台（含机卡一体）第 3 部分：网络兼容性
555	2012—0370T—YD	LTE 数字蜂窝移动通信网 无线接入网总体技术要求
556	2012—0371T—YD	TD-LTE 数字蜂窝移动通信网 基站设备技术要求（第二阶段）
557	2012—0373T—YD	LTE FDD 数字蜂窝移动通信网 基站设备技术要求（第二阶段）
558	2012—1284T—YD	TD-LTE 数字蜂窝移动通信网 终端设备技术要求（第一阶段）
559	2012—1290T—YD	LTE FDD 数字蜂窝移动通信网 终端设备技术要求（第一阶段）
560	2013—YDB —04	基于 TD-LTE 公众移动通信网的集群业务 总体技术要求
561	2013—YDB —01	基于 TD-LTE 公众移动通信网的集群业务 核心网技术要求

续表

序号	标准号	标准名称
562	2013—YDB —02	基于 TD-LTE 公众移动通信网的集群业务 接入网技术要求
563	TC5WG9—201309	基于 TD-LTE 技术的专网宽带集群系统总体技术要求
564	GB 7393—87	声音和电视信号的电缆分配系统输出口基本尺寸
565	GB 50200—1994	有线电视系统工程技术规范
566	GB/T 6510—1996	电视和声音信号的电缆分配系统
567	GY/T 106—1999	有线电视广播系统技术规范
568	GY/T 121—1995	有线电视系统测量方法
569	GY/T 130—1998	有线电视用光缆入网技术条件
570	GY/T 131—1997	有线电视网中光链路系统技术要求和测量方法
571	GY/T 132—1998	多路微波分配系统技术要求
572	GY/T135—1998	有线电视系统物理发泡聚乙烯绝缘同轴电缆入网技术条件和测量方法
573	GY/T 180—2001	HFC 网络上行传输物理通道技术规范
574	YD/T 876—1996	用户接入网中综合传输电信业务和有线电视业务的技术要求
575	IEEE P1901	电力线宽带草案标准：媒体访问控制与物理层规范
576	HomePlug1.0	HomePlug1.0 技术规范
577	HomePlug1.0-Turbo	增强型 HomePlug1.0 技术规范
578	Home Plug AV	下一代 PLC 宽带家庭网络技术规范
579	HomePluGB PL	PLC 宽带接入技术规范
580	HomePlugHPCC	PLC 控制与指令技术规范
581	GB 19491—2004	国际移动卫星 B 船舶地球站技术要求
582	GB 11299.13—1989	卫星通信地球站无线电设备测量方法第 3 部分：分系统组合测量第 3 节：频分多路复用传输的测量
583	GB/T 11443.1—1989	国内卫星通信地球站总技术要求第 1 部分：通用要求

续表

序号	标准号	标准名称
584	GB/T 11443.4—1989	国内卫星通信地球站总技术要求第四部分：电视/调频载波通道
585	GB/T 11443.5—1994	国内卫星通信地球站总技术要求第五部分：中速数据数字载波通道
586	GB/T 11444.3—1989	国内卫星通信地球站发射、接收和地面通信设备技术要求第三部分：电视/调频设备
587	GB/T 11444.4—1996	国内卫星通信地球站发射、接收和地面通信设备技术要求第四部分中速数据传输设备
588	GB/T 12563—1990	国内卫星通信地球站地面接口要求
589	GB/T 12639—1990	通信卫星有效载荷性能的在轨测试方法
590	GB/T 15296—1994	可搬移式卫星通信地球站设备通用技术条件
591	GB/T 15869—1995	卫星通信船载地球站码分多址通信设备通用技术条件
592	GB/T 16952—1997	卫星通信中央站通用技术条件
593	GB/T 17500—1998	卫星地球站工作在11/12GHz频带下用于数据分配的只接收甚小口径终端（VSAT）技术要求
594	YD/T 613—1993	国内卫星通信TDM/QPSK/FDMA（2Mbit/s）系统进网技术要求
595	YD/T 638.10—1993	无线、微波及卫星通信设备型号命名方法
596	YD/T 753.1—1995	国内卫星通信TDM/TDMA分组数据VSAT系统进网技术要求
597	YD/T 753.2—1995	国内卫星通信32Kbit/s ADPCM SCPC话音VSAT系统进网技术要求
598	YD/T 828.11—1996	数字微波传输系统中所用设备的测量方法第1部分：地面无线接力系统和卫星通信地球站通用的测量第1节：总则
599	YD/T 828.12—1996	数字微波传输系统中所用设备的测量方法第1部分：地面无线接力系统和卫星通信地球站通用的测量第2节：基本特性

续表

序号	标准号	标准名称
600	YD/T 828.13—1996	数字微波传输系统中所用设备的测量方法第 1 部分：地面无线接力系统和卫星通信地球站通用的测量第 3 节：传输特性
601	YD/T 828.14—1996	数字微波传输系统中所用设备的测量方法第 1 部分：地面无线接力系统和卫星通信地球站通用的测量第 4 节：传输性能
602	YD/T 828.310—1996	数字微波传输系统中所用设备的测量方法第 3 部分：卫星通信地球站的测量第 10 节：TDMA 终端设备
603	YD/T 828.311—1997	数字微波传输系统中所用设备的测量方法第 3 部分：卫星通信地球站的测量第 11 节：用于 SCPC-PSK 传输的公务通道设备
604	YD/T 828.31—1996	数字微波传输系统中所用设备的测量方法第 3 部分：卫星通信地球站的测量第 1 节：总则
605	YD/T 828.312—1996	数字微波传输系统中所用设备的测量方法第 3 部分：卫星通信地球站的测量第 12 节：总系统性能
606	YD/T 828.32—1997	数字微波传输系统中所用设备的测量方法第 3 部分：卫星通信地球站的测量第 2 节：天线
607	YD/T 828.34—1996	数字微波传输系统中所用设备的测量方法第 3 部分：卫星通信地球站的测量第 4 节：低噪声放大器
608	YD/T 828.35—1996	数字微波传输系统中所用设备的测量方法第 3 部分：卫星通信地球站的测量第 5 节：上/下变频器
609	YD/T 828.37—1997	数字微波传输系统中所用设备的测量方法第 3 部分：卫星通信地球站的测量第 7 节：接收系统的品质因数
610	YD/T 828.39—1997	数字微波传输系统中所用设备的测量方法第 3 部分：卫星通信地球站的测量第 9 节：SCPC-PSK 终端设备
611	YD/T 829—1996	DCME 进国内卫星数字通信网的技术要求
612	YD/T 911—1997	Ku 频段国内卫星通信系统进网技术要求
613	YD/T 984—1998	卫星通信链路大气和降雨衰减计算方法

续表

序号	标准号	标准名称
614	YD/T 1003—1999	卫星通信 VSAT 地球站电磁干扰的测量方法
615	YD/T 1042—2000	铱卫星移动通信系统技术要求
616	YD/T 1513—2006	农村 VSAT 卫星通信网络/系统技术要求
617	YDN 110—1999	全球星卫星移动通信系统要求
618	HJ/T 352—2007	环境污染源自动监控信息传输、交换技术规范（试行）

（3）综合服务平台系统标准

主要体现用于智慧社区服务管理能力的信息资源整合利用和技术支撑。下设目录服务标准、空间信息服务标准、数据存储与管理服务标准、应用服务标准。

序号	标准号	标准名称
1	2010—2305T—YD	身份管理（IdM）术语
2		云计算术语
3		信息技术云存储术语
4	GB/T 29262—2012	信息技术面向服务的体系结构（SOA）术语
5	GB/T 29263—2012	信息技术面向服务的体系结构（SOA）应用的总体技术要求
6	GB/T 9387.1—1998	信息技术开放系统互连基本参考模型第 1 部分：基本模型
7	GB/T 9387.3—2008	信息技术开放系统互连基本参考模型第 3 部分：命名与编址
8	GB/T 9387.4—1996	信息处理系统开放系统互连基本参考模型第 4 部分：管理框架
9	GB/T 17628—2008	信息技术开放式 edi 参考模型
10	GB/T 17967—2000	信息技术开放系统互连基本参考模型 OSI 服务定义约定
11	GB/T 27918—2011	地理信息基于位置服务参考模型
12	GB /Z 18219—2008	信息技术数据管理参考模型

续表

序号	标准号	标准名称
13	GB/T 17175.1—1997	信息技术开放系统互连管理信息结构第1部分：管理信息模型
14	GB/T 19114.31—2008	工业自动化系统与集成工业制造管理数据第31部分：资源信息模型
15	CH/T 9015—2012	三维地理信息模型数据产品规范
16	CH/T 9016—2012	三维地理信息模型生产规范
17	CH/T 9017—2012	三维地理信息模型数据库规范
18	GB/T 15696—1995	信息处理系统开放系统互连面向连接的表示协议规范
19	ISO/IEC 17203—2011	信息技术 开放虚拟化格式（ovd）规范
20	ISO/IEC 17826—2012	信息技术云数据管理接口 Information technology—— Cloud Data Management Interface（CDMI）
21	GB/T 29191—2012	共性服务信息描述规范
22	GB /Z 28586—2012	地理信息 基于网络的数据分发规范
23	ISO/IEC 29361—2008	信息技术．网络服务互操作性．Web服务互操作性（WS—I）基础概要版本1.1
24	ISO/IEC 29363—2008	信息技术．网络服务互操作性．Web服务互操作性（WS—I）简单SOAP绑定概要版本1.0
25	20030146—T—339	基于XML的Web服务描述语言
26	20030147—T—339	基于XML的Web的简单对象访问协议
27	20080477—T—469	Web服务互操作框架
28	20080478—T—469	Web服务可靠传输消息
29	20081345—T—469	Web服务管理标准
30	20081345—T—469	信息技术 基于Web服务的IT资源管理规范
31	GB/T 28168—2011	信息技术 中间件 消息中间件技术规范
32	20075538—T—469	消息中间件软件产品技术规范
33	20081348—T—469	工作流中间件　第一部分：工作流参考模型

续表

序号	标准号	标准名称
34	20081358—T—469	数据集成中间件标准
35	GB/T 16264.1—2008	信息技术 开放系统互连 目录 第1部分：概念、模型和服务的概述
36	GB/T 16264.2—2008	信息技术 开放系统互连 目录 第2部分：模型
37	GB/T 16264.3—2008	信息技术 开放系统互连 目录 第3部分：抽象服务定义
38	GB/T 16264.4—2008	信息技术 开放系统互连 目录 第4部分：分布式操作规程
39	GB/T 16264.5—2008	信息技术 开放系统互连 目录 第5部分：协议规范
40	GB/T 16264.6—2008	信息技术 开放系统互连 目录 第6部分：选定的属性类型
41	GB/T 16264.7—2008	信息技术 开放系统互连 目录 第7部分：选定的客体类
42	GB/T 16264.8—2005	信息技术 开放系统互连 目录 第8部分：公钥和属性证书框架
43	GB /Z 25598—2010	地理信息 目录服务规范
44	YD/T 2331—2011	电信网和互联网服务目录管理技术要求
45	ISO/IEC 9594—10—2008	信息技术．开放系统互连．目录：用于目录管理机构的系统管理用法
46	ANSI/INCITS/ISO/IEC 9594—10—2008	信息技术．开放系统互连．目录：目录管理用系统管理的使用
47	ANSI ISO/IEC 9594—10—2001	信息技术．开放系统互连．目录：INCITS采用目录管理用系统管理使用
48	GB/T 14805—1993	用于行政、商业和运输业 电子数据交换的应用级语法规则
49	GB/T 16651—1996	消息处理系统 电子数据交换消息处理系统

续表

序号	标准号	标准名称
50	GB/T 28167—2011	信息技术 XML 元数据交换（XMI）
51	GA 381.1—2002	公共数据交换格式　第 1 部分：应用层接口格式
52	GA 381.2—2002	公共数据交换格式　第 2 部分：交换层接口格式
53	GA 520.3—2004	公安被装管理信息体系结构　第 3 部分：数据交换格式
54	SB/T 10378—2004	基于 XML 的商业流程和数据交换格式
55	YD/T 1760.1—2008	数字移动终端外围接口数据交换 第 1 部分：数据格式技术要求
56	YD/T 1760.2—2008	数字移动终端外围接口数据交换 第 2 部分：数据交换文件格式技术要求
57	ISO/IEC 13249—6—2006	信息技术．数据库语言．结构化查询语言（SQL）多媒体和应用数据包．第 6 部分：数据挖掘
58	ISO/IEC TR 14369—1999	信息技术．程序设计语言及其环境和系统软件接口．独立于语言的服务规范（LISS）的编制指南
59	YDB 106—2012	增值电信业务系统安全防护定级和评测实施规范门户综合网站系统
60	YDB 003—2006	移动终端与位置服务（LCS）门户接口技术要求
61	DOD MIL—STD—188—105 CHG NOTICE 2—1999	全数字式战术到战略门户互操作性和性能标准
62	GB/T 18903—2002	信息技术 服务质量：框架
63	GB/T 29101—2012	道路交通信息服务 数据服务质量规范
64	GB/T 25530—2010	地理信息 服务
65	GB/T 17798—2007	地理空间数据交换格式
66	GB/T 22022—2008	地理信息．时间模式
67	GB/T 23706—2009	地理信息．核心空间模式
68	GB/T 23707—2009	地理信息．空间模式
69	GB/T 28590—2012	城市地下空间设施分类与代码

续表

序号	标准号	标准名称
70	CH/T 9003—2009	地理空间框架基本规定
71	CH/Z 9001—2007	数字城市地理空间信息公共平台技术规范
72	CH/Z 9018—2012	地理信息网络分发服务元数据内容规范
73	CH/Z 9019—2012	地理信息元数据服务接口规范
74	CJ/T 384—2011	城市地理空间信息基础设施共享服务技术
75	CJJ 103—2004	城市地理空间框架数据标准
76	CJJ/T 144—2010	城市地理空间信息共享与服务元数据标准
77	GA/T 628—2006	城市警用地理信息空间数据质量
78	SL 420—2007	水利地理空间信息元数据标准
79	ISO 12175—1994	空间数据和信息传输系统 标准格式化数据单元 结构和组成规则
80	ISO 13526—2010	空间数据和信息传输系统．跟踪数据信息
81	ISO 13527—2010	空间数据和信息传输系统．可扩展标记语言（XML）格式数据单元（XFDU）结构和构造规则
82	ISO 13537—2010	空间数据与信息传输系统．空间数据系统的参考结构
83	ISO 13541—2010	空间数据和信息传递系统．姿态数据通信
84	ISO 13764—1996	空间数据和信息传输系统 标准格式化数据单元 控制权限程序
85	ISO 14961—2002	空间数据和信息传输系统．参数值语言规范
86	ISO 15395—1998	空间数据和信息传输系统 标准格式化数据单元 控制权限数据结构
87	ISO 15396—2007	空间数据和信息传输系统．交互支持参考模型．空间链路扩展业务
88	ISO 15893—2010	空间数据和信息传输系统．空间通信协议规范（SCPS）．传输协议（SCPS-TP）
89	ISO/IEC 15899—1998	信息技术．系统间远程通信和信息交换．宽带专用综合业务网．面向宽带连接的承载服务的服务描述

续表

序号	标准号	标准名称
90	ISO 19107—2003	地理信息．空间图解
91	ISO 19111—2—2009	地理信息．坐标的空间参考．第 2 部分：参数值的扩展
92	ISO 19111—2007	地理信息．坐标系的空间参考
93	ISO 19112—2003	地理信息．根据地理标识符的空间定位
94	ISO 19137—2007	地理信息．空间模式的核心轮廓
95	ISO 21459—2006	空间数据和信息传输系统．接近 1 的空间链接协议．编码和同步传输内层
96	ISO 21460—2007	空间数据和信息传输系统．接近 1 的空间链接协议．物理层
97	ISO 26868—2009	空间数据和信息传输系统．图像数据压缩
98	ISO 26872—2010	空间系统．对地同步高度卫星操作处理
99	ITU—R P. 1511—2001	对于地面到空间传播模型的地形学
100	ANSI ISO 19108— 2002	地理信息．被 INCITS 采用的时间计划
101	DB 12/T 411. 1—2009	电子认证应用管理平台接入技术规范第 1 部分：组织机构证书
102	DB 12/T 411. 2—2009	电子认证应用管理平台接入技术规范第 2 部分：信息应用系统接入
103	DB 12/T 411. 3—2009	电子认证应用管理平台接入技术规范第 3 部分：电子认证服务机构接入
104	DB 37/T 1368—2009	信息技术外包服务运维服务规范
105	YD/T 1926. 1—2009	IT 运维服务管理技术要求第 1 部分：体系架构
106	YD/T 1926. 2—2009	IT 运维服务管理技术要求第 2 部分：管理服务定义
107	YD/T 1926. 3—2010	IT 运维服务管理技术要求第 3 部分：服务管理流程
108	YD/T 1926. 4—2010	IT 运维服务管理技术要求第 4 部分：服务管理支撑系统
109	YD/T 1926. 5—2010	IT 运维服务管理技术要求第 5 部分：配置管理数据库

续表

序号	标准号	标准名称
110	YD/T 2016.1—2009	IPTV运维支撑管理接口技术要求第1部分：业务系统
111	YD/T 2016.2—2009	IPTV运维支撑管理接口技术要求第2部分：承载网络
112	YD/T 2016.3—2009	IPTV运维支撑管理接口技术要求第3部分：终端
113	GB/T 17798—2007	地理空间数据交换格式
114	GB/T 18578—2008	城市地理信息系统设计规范
115	GB/T 21740—2008	基础地理信息城市数据库建设规范
116	GB/T 28590—2012	城市地下空间设施分类与代码
117	CH/T 1014—2006	基础地理信息数据档案管理与保护规范
118	CH/Z 9001—2007	数字城市地理空间信息公共平台技术规范
119	CH/Z 9002—2007	数字城市地理空间信息公共平台地名/地址分类、描述及编码规则
120	CJ/T 384—2011	城市地理空间信息基础设施共享服务技术
121	CJJ 100—2004	城市基础地理信息系统技术规范
122	CJJ 103—2004	城市地理空间框架数据标准（附条文说明）
123	CJJ/T 144—2010	城市地理空间信息共享与服务元数据标准
124	GA/T 628—2006	城市警用地理信息空间数据质量
125	DB 31/T 401.1—2008	城市建设空间信息基础数据规范　第1部分：分类与代码
126	DB 31/T 401.2—2008	城市建设空间信息基础数据规范　第2部分：元数据
127	DB 11/T 241.1—2004	市民基础信息数据交换规范　第1部分：信息结构
128	DB 11/T 241.2—2004	市民基础信息数据交换规范　第2部分：交换协议
129	DB 37/T 1444—2009	人口基础信息数据元目录　第1部分：公安数据元
130	DB 37/T 1445—2009	人口基础信息数据元目录　第2部分：民政数据元
131	DB 37/T 1446—2009	人口基础信息数据元目录　第3部分：计生数据元

续表

序号	标准号	标准名称
132	DB 37/T 1447—2009	人口基础信息数据元目录　第4部分：社保数据元
133	ISO/TR 7250—2—2010	技术设计用基本人体测量　第2部分：个体ISO人口中人体测量的统计摘要
134	DB 11/T 448—2007	法人基础信息数据元目录规范
135	DB 11/T 449.1—2007	法人基础信息数据交换规范　第1部分：信息结构
136	DB 11/T 449.2—2007	法人基础信息数据交换规范　第2部分：交换协议
137	DB 35/T 917—2009	法人基础数据库数据源
138	GB/T 12402—2000	经济类型分类与代码（放入数据编码）
139	GB/T 24450—2009	社会经济目标分类与代码
140	GB/T 3533.1—2009	标准化经济效果评价．第1部分：原则和计算方法
141	GB/T 3533.3—1984	评价和计算标准化经济效果 数据资料的收集和处理方法

5.3.3　建筑环境标准体系

建筑环境标准体系包括综合服务设施标准、居住环境标准、智能绿色建筑标准3个门类，主要是智慧社区内居民的居住和生活环境。

（1）综合服务设施标准

主要体现用于智慧社区服务管理能力的设施性基础配套。下设4个标准类别，包括社区服务中心（站）建设标准、医疗卫生设施建设标准、文体设施建设标准、市政公用设施建设标准。

序号	标准号	标准名称
1	GB 50337—2003	城市环境卫生设施规划规范
2	GB 50413—2007	城市抗震防灾规划标准
3	GB 50437—2007	城镇老年人设施规划规范

续表

序号	标准号	标准名称
4	GB 50442—2008	城市公共设施规划规范
5	CJJ 27—2005	城市环境卫生设施设置标准
6	GB 50343—2004	建筑物电子信息系统防雷技术规范
7	GB/T 28590—2012	城市地下空间设施分类与代码
8	CJJ 61—2003	城市地下管线探测技术规程（附条文说明）
9	DGJ 08—1985—2000	地下管线测绘规范
10	YB/T 9027—1994	地下管线电磁法探测规程
11	DB 11/ 852.1—2012	地下有限空间作业安全技术规范第1部分：通则
12	DB 11/ 852.2—2013	地下有限空间作业安全技术规范第2部分：气体检测与通风
13	DB 11/T 316—2005	北京市地下管线探测技术规程
14	DB 11/T 594.1—2008	地下管线非开挖铺设工程施工及验收技术规程第1部分：水平定向钻施工
15	DB 11/T 894.1—2012	地下管线信息分类、交换、共享技术规范第1部分：数据分类与定义
16	DB 36/T 519—2007	城市地下管线普查技术规程
17	GB 19079.1—2003	体育场所开放条件与技术要求第1部分：游泳场所
18	GB 22185—2008	体育场馆公共安全通用要求
19	GB 9664—1996	文化娱乐场所卫生标准
20	GB 9668—1996	体育馆卫生标准
21	GB/T 18266.1—2000	体育场所等级的划分第1部分：保龄球馆星级的划分及评定
22	GB/T 18266.2—2002	体育场所等级的划分第2部分：健身房星级的划分及评定
23	GB/T 28227.1—2011	文化服务质量管理体系实施指南第1部分：总则
24	GB/T 28227.2—2011	文化服务质量管理体系实施指南第2部分：室内博物馆

续表

序号	标准号	标准名称
25	DB 11/T 763—2010	文化创意产业分类
26	GB 50642—2011	无障碍设施施工验收及维护规范
27	GB 50686—2011	传染病医院建筑施工及验收规范
28	GB 50462—2008	电子信息系统机房施工及验收规范（附条文说明）
29	GB 50174—2008	电子信息系统机房设计规范（附条文说明）
30	GB/T 19668.3—2007	信息化工程监理规范第 3 部分：电子设备机房系统工程监理规范
31	YD/T 2199—2010	通信机房防火封堵安全技术要求
32	YD/T 2198—2010	租房改建通信机房安全技术要求
33	YD/T 2057—2009	通信机房安全管理总体要求
34	YD/T 754—1995	通信机房静电防护通则
35	YDB 071.5—2012	通信电源及机房环境节能技术指南第 5 部分：气流组织
36	YDB 071.2—2012	通信电源和机房环境节能技术指南第 2 部分：应用条件
37	YDB 022—2008	电信中心机房设备的火焰传播危险技术要求及试验方法
38	YD/Z 0042—2001	邮政综合计算机网信息中心机房场地要求

（2）居住环境标准

主要体现智慧社区内居民居住的生活基础环境。下设 4 个标准类别，包括环境噪声标准、室内空气质量标准、水环境质量标准、智能家居（家庭）建设标准。

序号	标准号	标准名称
1	GB/T 21534—2008	工业用水节水术语
2	GB 50155—92	采暖通风与空气调节术语标准
3	GB/T 12936—2007	太阳能热利用术语
4	GB/T 50083—97	建筑结构设计术语和符号标准

续表

序号	标准号	标准名称
5	CJ/T 3085—1999	城镇燃气术语
6	CJJ/T 65—2004	市容环境卫生术语标准
7	CJJ/T 55—2011	供热术语标准
8	JGJ/T 119—2008	建筑照明术语标准
9	GB 5749—2006	生活饮用水卫生标准
10	GB 17051—1997	二次供水设施卫生规范
11	GB 50013—2006	室外给水设计规范
12	GB 50331—2002	城市居民生活用水量标准
13	GB 50015—2003	建筑给水排水设计规范
14	GB/T 19837—2005	城市给排水紫外线消毒设备
15	GB 50014—2006	室外排水设计规范
16	GB/T 50594—2010	水功能区划分标准
17	GB/T 50509—2009	灌区规划规范
18	GB 50282—98	城市给水工程规划规范
19	GB 50318—2000	城市排水工程规划规范（附条文说明）
20	GB 3838—2002	地表水环境质量标准
21	GB 50788—2012	城镇给水排水技术规范
22	GB 50288—99	灌溉与排水工程设计规范
23	CECS 222：2007	小区集中生活热水供应设计规程
24	CJ/T 244—2007	游泳池水质标准
25	CJ/T 94—2005	饮用净水水质标准
26	CJ 25.1—89	生活杂用水水质标准
27	CJ/T 3070—1999	城市用水分类标准
28	CJ 3020—1993	生活饮用水水源水质标准
29	CJ/T 206—2005	城市供水水质标准
30	GB 3095—2012	环境空气质量标准
31	GB 3096—2008	声环境质量标准

续表

序号	标准号	标准名称
32	GB 18054—2000	居住区大气中苯并（a）芘卫生标准
33	GB 18056—2000	居住区大气中甲硫醇卫生标准
34	GB 18057—2000	居住区大气中正乙烷卫生标准
35	GB 18058—2000	居住区大气中一甲基肼卫生标准
36	GB 18059—2000	居住区大气中偏二甲基肼卫生标准
37	GB 18060—2000	居住区大气中肼卫生标准
38	GB 18066—2000	居住区大气中臭氧卫生标准
39	GB 18067—2000	居住区大气中酚卫生标准
40	GB / T 7620—2011	植物有害生物根除指南
41	GB/T 13271—2001	锅炉大气污染物排放标准
42	GB/T 15772—2008	水土保持综合治理规划通则
43	GB/T 16146—1995	住房内氡浓度控制标准
44	GB/T 17098—1997	居住区大气中酚类化合物卫生检验标准方法 4—氨基安替比林分光光度法
45	GB/T 27614—2011	生物防治物和其他有益生物的输入和释放准则
46	GB/T 27615—2011	有害生物报告指南
47	GB/T 27616—2011	有害生物风险分析框架
48	GB/T 27617—2011	有害生物风险管理综合措施
49	GB/T 27618—2011	植物有害生物调查监测指南
50	GB/T 27619—2011	植物有害生物发生状况确定指南
51	HJ—0T 351—2007	环境标志产品技术要求生态住宅（住区）
52	DL/T 588—1996	水质污染指数测定方法
53	HJ 168—2010	环境监测分析方法标准制修订技术导则
54	HJ 2000—2010	大气污染治理工程技术导则
55	HJ 2015—2012	水污染治理工程技术导则
56	HJ 2016—2012	环境工程名词术语
57	HJ 460—2009	环境信息网络建设规范

续表

序号	标准号	标准名称
58	HJ 461—2009	环境信息网络管理维护规范
59	HJ 492—2009	空气质量词汇
60	HJ 496—2009	环境工程技术分类与命名
61	HJ 511—2009	环境信息化标准指南
62	HJ 520—2009	废水类别代码（试行）
63	HJ 521—2009	废水排放规律代码（试行）
64	HJ 523—2009	废水排放去向代码
65	HJ 524—2009	大气污染物名称代码
66	HJ 525—2009	水污染物名称代码
67	HJ 526—2010	环境工程技术规范制订技术导则
68	HJ 596.1—2010	水质词汇第一部分
69	HJ 596.2—2010	水质词汇第二部分
70	HJ 596.3—2010	水质词汇第三部分
71	HJ 596.4—2010	水质词汇第四部分
72	HJ 596.5—2010	水质词汇第五部分
73	HJ 596.6—2010	水质词汇第六部分
74	HJ 596.7—2010	水质词汇第七部分
75	HJ 608—2011	污染源编码规则（试行）
76	HJ 618—2011	环境空气 PM10 和 PM2.5 的测定重量法
77	HJ 630—2011	环境监测质量管理技术导则
78	HJ 633—2012	环境空气质量指数（AQI）技术规定（试行）
79	HJ/T 14—1996	环境空气质量功能区划分原则与技术方法
80	HJ/T 193—2005	环境空气质量自动检测技术规范
81	HJ/T 194—2005	环境空气质量手工检测技术规范
82	HJ/T 2.3—93	环境影响评价技术导则地面水环境
83	HJ/T 416—2007	环境信息术语
84	HJ/T 417—2007	环境信息分类与代码

续表

序号	标准号	标准名称
85	GB 50118—2010	民用建筑隔声设计规范
86	GB/T 29265.202—2012	信息技术 信息设备资源共享协同服务 第 202 部分：通用控制基础协议
87	GB/T 29265.203—2012	信息技术 信息设备资源共享协同服务 第 203 部分：基于 IPV6 的通信协议
88	GB/T 29265.303—2012	信息技术 信息设备资源共享协同服务 第 303 部分：通用控制设备描述
89	GB/T 29265.305—2012	信息技术 信息设备资源共享协同服务 第 305 部分：电力线通信接口
90	GB/T 29265.306—2012	信息技术 信息设备资源共享协同服务 第 306 部分：服务质量
91	GB/T 29265.405—2012	信息技术 信息设备资源共享协同服务 第 405 部分：媒体中心设备
92	GB/T 29265.406—2012	信息技术 信息设备资源共享协同服务 第 406 部分：网络媒体终端及应用
93	20079555—T—469	家庭网络第 1 部分：系统体系结构及参考模型
94	20079556—T—469	家庭网络第 2 部分：控制节点服务规范
95	20079552—T—469	家庭网络第 3 部分：内部网关规范
96	20079423—T—469	家庭网络第 4 部分：终端设备规范音视频及多媒体设备
97	20079553—T—469	家庭网络第 5 部分：终端设备规范家用及类似用途电器
98	20079558—T—469	家庭网络第 6 部分：多媒体与数据网络通信协议
99	20079551—T—469	家庭网络第 7 部分：控制网络通信协议
100	20079554—T—469	家庭网络第 8 部分：设备描述文件规范 XML 格式
101	20079101—T—469	家庭网络第 9 部分：设备描述文件规范二进制格式

续表

序号	标准号	标准名称
102	20079557—T—469	家庭网络第 10 部分：多媒体与数据网络通信协议
103	20079550—T—469	家庭网络 第 11 部分：控制网络接口一致性测试规范
104	03X602	智能家居控制系统设计施工图集
105	DB 44/T 522—2008	数字家居网关与信息服务平台通信协议
106	DB 44/T 523—2008	基于 RF 的数字家居通信协议
107	DB 44/T 726—2010	数字家庭智能家居终端设备自动识别规范

（3）绿色建筑标准

主要体现智慧社区居民用于居住的房屋建筑与公共环境。下设 3 个标准类别，包括绿色建筑评价标准、既有社区绿色化改造标准和能源规划利用标准。

序号	标准号	标准名称
1		智能建筑：术语及文本图形标识
2	GB/T 21084—2007	绿色饭店
3	GB/T 50378—2006	绿色建筑评价标准
4	GB/T 50640—2010	建筑工程绿色施工评价标准
5	JGJ/T 229—2010	民用建筑绿色设计规范
6	DB 11/ 513—2008	绿色施工管理规程
7	DB 11/ 938—2012	绿色建筑设计标准
8	DB 11/T 825—2011	绿色建筑评价标准
9	DB 33/T 1026—2006	绿色建筑标准
10	GB/T 18919—2002	城市污水再生利用分类
11	GB/T 18920—2002	城市污水再生利用城市杂用水水质
12	GB/T 18921—2002	城市污水再生利用景观环境用水水质
13	GB/T 19772—2005	城市污水再生利用地下水回灌水质
14	GB/T 19923—2005	城市污水再生利用工业用水水质

续表

序号	标准号	标准名称
15	GB 50555—2010	民用建筑节水设计标准
16	CCEC/T 21—2004	水资源管理系统节水产品认证技术要求
17	CECS 320—2012	模块化同层排水节水系统应用技术规程
18	SL 207—1998	节水灌溉技术规范 SL 207—98
19	DB 11/T 349—2006	草坪节水灌溉技术规定
20	DB 11/T 558—2008	节水灌溉工程施工质量验收规范
21	DB 11/T 721—2010	节水灌溉技术导则
22	DB 11/T 722—2010	节水灌溉工程自动控制系统设计规范
23	DB 11/T 863—2012	节水耐旱型树种选择技术规程
24	DB 12/T 274—2006	节水型居民生活小区标准
25	GB 50293—1999	城市电力规划规范
26	GB 50613—2010	城市配电网规划设计规范
27	GB 50052—2009	供配电系统设计规范
28	GB/T 12723—2008	单位产品能源消耗限额编制通则
29	GB/T 14909—2005	能量系统 分析技术导则
30	GB 50260—96	电力设施抗震设计规范
31	GB/T 15148—2008	电力负荷管理系统技术规范
32	GB 50189—2005	公共建筑节能设计标准
33	GB 50411—2007	建筑节能工程施工质量验收规范
34	JG/T358—2012	建筑能耗数据分类及表示办法
35	JGJ 134—2010	夏热冬冷地区居住建筑节能设计标准
36	JGJ 176—2009	公共建筑节能改造技术规范
37	JGJ 26—2010	严寒和寒冷地区居住建筑节能设计标准
38	JGJ 75—2012	夏热冬暖地区居住建筑节能设计标准
39	JGJ/T 129—2012	既有居住建筑节能改造技术规程
40	JGJ/T 132—2009	居住建筑节能检测标准
41	JGJ/T 177—2009	公共建筑节能检测标准

续表

序号	标准号	标准名称
42	建标 157—2011	公共机构办公用房节能改造建设标准
43	DB 11/ 381—2006	既有居住建筑节能改造技术规程
44	DB 11/ 510—2007	公共建筑节能施工质量验收规程
45	DB 11/ 687—2009	公共建筑节能设计标准
46	DB 11/ 891—2012	居住建筑节能设计标准
47	DB 11/T 461—2010	民用建筑太阳能热水系统应用技术规程
48	DB 11/T 555—2008	民用建筑节能现场检验标准
49	DB 11/T 881—2012	建筑太阳能光伏系统设计规范
50	DB 13 (J) 52—2005	民用建筑节能工程质量验收规程
51	DB 13 (J) 63—2007	居住建筑节能设计标准
52	DB 13 (J) 81—2009	公共建筑节能设计标准
53	DB 13 (J) /T 106—2010	居住建筑节能检测技术标准
54	DB 13 (J) /T 74—2008	既有居住建筑节能改造技术标准
55	DB 33/ 1015—2003	居住建筑节能设计标准
56	DB 33/1036—2007	公共建筑节能设计标准
57	DB 33/T 1032—2006	饭店建筑节能管理标准
58	DB 33/T 1081—2011	既有居住建筑节能改造技术规程
59	DB 37/T 847—2007	既有公共建筑节能改造技术规程
60	DB 37/T 848—2007	既有居住建筑节能改造技术规程
61	DG/TJ 08—2010—2006	既有建筑节能改造技术规程
62	DG/TJ 08—2038—2008	建筑围护结构节能现场检测技术规程
63	DG/TJ 08—2040—2008	公共建筑节能工程智能化技术规程
64	DG/TJ 08—206—2002	住宅建筑围护结构节能应用技术规程
65	DG/TJ 08—801—2004 (2010)	住宅建筑节能检测评估标准
66	DGJ 08—107—2012	公共建筑节能设计标准
67	DGJ 08—113—2009	建筑节能工程施工质量验收规程

续表

序号	标准号	标准名称
68	DGJ 08—205—2011	居住建筑节能设计标准
69	DB 11/T 881—2012	建筑太阳能光伏系统设计规范
70	DB 37/T 819—2007	用能单位能源审计规范
71	DB 37/T 949—2007	参考能源系统技术导则
72	QX/T 89—2008	太阳能资源评估方法
73	DB 11/T 461—2010	民用建筑太阳能热水系统应用技术规程
74	GB/T 15316—2009	节能监测技术通则
75	GB/T 15320—2001	节能产品评价导则
76	GB/T 15910—2009	热力输送系统节能监测
77	GB/T 28750—2012	节能量监测和验证技术通则
78	GB/T 29148—2012	温室节能技术通则
79	QJ 1566—1988	节能管理检查评分细则
80	SB/T 10427—2007	大型商场、超市空调制冷的节能要求
81	TSG G0002—2010	锅炉节能技术监督管理规程
82	DB 12/T 158.14—2003	城市生活用水定额供热系统
83	DB 31/T 567—2011	商业办公楼宇用水定额及其计算方法
84	DB 32/T 1645.1—2010	公共机构节能管理规范第1部分：基础规范
85	DB 32/T 1645.2—2010	公共机构节能管理规范第2部分：能耗分项计量系统
86	DB 32/T 1645.3—2010	公共机构节能管理规范第3部分：能源统计
87	DB 32/T 1645.4—2010	公共机构节能管理规范第4部分：能效公示
88	DB 32/T 1645.5—2010	公共机构节能管理规范第5部分：能源审计
89	DB 37/ 778—2007	供热综合能耗限额
90	GB/T 26831.1—2011	社区能源计量抄收系统规范第1部分：数据交换
91	GB/T 26831.2—2012	社区能源计量抄收系统规范第2部分：物理层与链路层
92	GB/T 26831.3—2012	社区能源计量抄收系统规范第3部分：专用应用层

5.3.4 社区管理标准体系

社区管理标准体系包括社会治理标准和物业管理标准 2 个门类，主要体现智慧社区的管理规范。

（1）社会治理标准

主要体现智慧社区综合治理功能的管理规范。下设 6 个标准类别，包括社区网格化管理标准、人口管理标准、社会保障管理标准、党建组织管理标准、特殊人员管理标准、电子政务管理标准。其中，人口管理包含常住人口和流动人口管理；特殊人员包括志愿者、退休人员、残疾人等；电子政务包含行政审批、综合执法、警务等。

序号	标准号	标准名称
1	CJ/T 348—2010	数字社区管理与服务分类与代码
2	CJ/T 349—2010	数字社区管理与服务网格划分与编码规则
3	GA 56.1—1993	暂住人口基本信息管理标准暂住证编号
4	GB/T 25647—2010	电子政务术语
5	GB/T 16973.1—1997	信息技术文本与办公系统文件归档和检索(DFR) 第 1 部分：抽象服务定义和规程
6	GB/T 16973.2—1997	信息技术文本与办公系统文件归档和检索(DFR) 第 2 部分：协议规范
7	GB/T 19488.1—2004	电子政务数据元第 1 部分：设计和管理规范
8	GB/T 19488.2—2008	电子政务数据元第 2 部分：公共数据元目录
9	GB /Z 19669—2005	XML 在电子政务中的应用指南
10	GB /Z 24294—2009	信息安全技术基于互联网电子政务信息安全实施指南
11	DB 11/T 171—2002	党政机关信息系统安全测评规范
12	DB 11/T 221—2008	政府网站建设与管理规范
13	DB 11/T 254.1—2004	政务数字证书规范第 1 部分：格式
14	DB 11/T 254.2—2004	政务数字证书规范第 2 部分：应用接口

续表

序号	标准号	标准名称
15	DB 11/T 337—2006	政务信息资源目录体系
16	DB 11/T 762—2010	电子政务业务描述规范
17	DB 11/T 765.1—2010	档案数字化规范第1部分：总则
18	DB 11/T 765.2—2010	档案数字化规范第2部分：纸质档案数字化加工
19	DB 11/T 765.3—2010	档案数字化规范第3部分：微缩胶片档案数字化加工
20	DB 11/T 765.4—2010	档案数字化规范第4部分：照片档案数字化加工
21	DB 11/T 765.5—2012	档案数字化规范第5部分：录音档案数字化加工
22	DB 11/T 765.6—2012	档案数字化规范第6部分：录像档案数字化加工
23	DB 11/T 714.1—2010	电子政务运维服务支撑系统规范第1部分：基本要求
24	DB 11/T 714.2—2010	电子政务运维服务支撑系统规范第2部分：符合性测试
25	DB 11/Z 360—2006	政务信息图层建设技术规范
26	DB 11/Z 362—2006	城市管理综合行政执法装备技术规范
27	DB 11/Z 610—2008	电子政务总体技术框架
28	DB 11/T 145—2002	政务公开网站通用安全技术要求
29	DB 11/T 543—2008	财政业务基础数据规范
30	DB 11/Z 544—2008	财政业务流程指导规范
31	DB 11/T 553.1—2008	政务信息资源共享交换平台技术规范第1部分：总体框架
32	DB 11/T 553.2—2008	政务信息资源共享交换平台技术规范第2部分：政务信息资源目录管理
33	DB 11/T 553.3—2008	政务信息资源共享交换平台技术规范第3部分：政务信息资源交换管理

续表

序号	标准号	标准名称
34	DB 11/T 553.5—2008	政务信息资源共享交换平台技术规范第5部分：接口规范
35	DB 11/Z 359—2006	面向公共服务的政务信息分类规范
36	DB 11/T 368—2006	网上审批信息交换技术规范
37	DB 11/T 369—2006	网上审批业务编码规则
38	DB 11/Z 370—2006	网上审批业务流程描述规范
39	DB 31/T 376.1—2007	电子政务协同办公数据规范第1部分：数据元目录
40	DB 31/T 376.2—2007	电子政务协同办公数据规范第2部分：业务文件格式
41	DB 33/T 474—2004	电子政务门户网站建设规范
42	DB 35/T 918—2009	电子政务信息数据交换
43	DB 43/T 415—2008	政府政务服务中心管理和服务规范
44	DB 43/T 416—2008	政府政务服务中心服务质量监督与考核评定
45	GB/T 19486—2004	电子政务主题词表编制规则
46	GB/T 19487—2004	电子政务业务流程设计方法通用规范
47	GB/T 21061—2007	国家电子政务网络技术和运行管理规范
48	GB/T 21062.1—2007	政务信息资源交换体系第1部分：总体框架
49	GB/T 21062.2—2007	政务信息资源交换体系．第2部分：技术要求
50	GB/T 21062.3—2007	政务信息资源交换体系第3部分：数据接口规范
51	GB/T 21062.4—2007	政务信息资源交换体系第4部分：技术管理要求
52	GB/T 21063.1—2007	政务信息资源目录体系第1部分：总体框架
53	GB/T 21063.2—2007	政务信息资源目录体系第2部分：技术要求
54	GB/T 21063.3—2007	政务信息资源目录体系第3部分：核心元数据
55	GB/T 21063.4—2007	政务信息资源目录体系第4部分：政务信息资源分类

续表

序号	标准号	标准名称
56	GB/T 21063.5—2007	政务信息资源目录体系第5部分：政务信息资源标识符编码方案
57	GB/T 21063.6—2007	政务信息资源目录体系第6部分：技术管理要求
58	GB/T 21064—2007	电子政务系统总体设计要求
59	GB/T 25647—2010	电子政务术语
60	DB 43/T 559—2010	湖南省电子政务外网平台应用规范
61	DB 43/T 575—2010	湖南省电子政务外网平台技术规范
62	GB 6441—1986	企业职工伤亡事故分类
63	GB/T 14946.1—2009	全国干部、人事管理信息系统指标体系与数据结构．第1部分：指标体系分类与代码
64	GB/T 14946.2—2009	全国干部、人事管理信息系统指标体系与数据结构．第2部分：数据结构
65	GB/T 15499—1995	事故伤害损失工作日标准
66	GB/T 16180—2006	劳动能力鉴定职工工伤与职业病致残等级
67	GB/T 16502—1996	劳动合同制用人形式分类与代码
68	GB/T 2261.4—2003	个人基本信息分类与代码第4部分：从业状况（个人身份）代码
69	GB/T 23720.1—2009	起重机司机培训第1部分：总则
70	GB/T 23720.3—2010	起重机司机培训第3部分：塔式起重机
71	GB/T 23721—2009	起重机吊装工和指挥人员的培训
72	GB/T 25621—2010	土方机械　操作和维修　技工培训
73	GB/T 25623—2010	土方机械　司机培训方法指南
74	GB/T 25850—2010	起重机　指派人员的培训
75	GB/T 27549—2011	移动式升降工作平台操作人员培训
76	GB/T 6721—1986	企业职工伤亡事故经济损失统计标准
77	AQ 1058—2008	煤矿瓦斯检查工安全技术培训大纲及考核标准
78	AQ 1059—2008	煤矿安全检查工安全技术培训大纲及考核标准

续表

序号	标准号	标准名称
79	AQ 1060—2008	煤矿井下爆破工安全技术培训大纲及考核标准
80	AQ 1061—2008	采煤机司机安全技术培训大纲及考核标准
81	AQ 1062—2008	煤矿井下电钳工安全技术培训大纲及考核标准
82	AQ 1063—2008	煤矿主提升机操作工安全技术培训大纲及考核标准
83	AQ 1069—2008	煤矿主要负责人安全生产培训大纲及考核标准
84	AQ 1070—2008	煤矿安全生产管理人员安全生产培训大纲及考核标准
85	AQ 1091—2011	煤矿瓦斯抽采工安全技术培训大纲及考核要求
86	AQ 1092—2011	煤矿防突工安全技术培训大纲及考核要求
87	AQ 1094—2011	煤矿通风安全监测工安全技术培训大纲及考核要求
88	AQ 2008—2006	金属非金属矿山主要负责人安全生产培训大纲
89	AQ 2010—2006	金属非金属矿山安全生产管理人员安全生产培训大纲
90	AQ/T 3029—2010	危险化学品生产单位主要负责人安全生产培训大纲及考核标准
91	AQ/T 3030—2010	危险化学品生产单位安全生产管理人员安全生产培训大纲及考核标准
92	AQ/T 3031—2010	危险化学品经营单位主要负责人安全生产培训大纲及考核标准
93	AQ/T 3032—2010	危险化学品经营单位安全生产管理人员安全生产培训大纲及考核标准
94	GB Z/T 149—2002	医学放射工作人员的卫生防护培训规范
95	HAF J 0011—1991	质保人员的培训、资格考核和发证
96	JG/T 33—1999	土方机械驾驶员培训方法指南
97	JT/T 698—2007	机动车维修技术人员从业资格培训技术要求
98	LD/T 107—2008	劳动能力鉴定职工工伤与职业病致残等级代码

续表

序号	标准号	标准名称
99	LD/T 123—2006	职业技能培训多媒体课程开发
100	NB/T 20015—2010	核电厂操纵人员培训及考试用模拟机
101	NB/T 20137—2012	核电厂工作人员辐射防护培训规定
102	NY/T 1772—2009	拖拉机驾驶培训机构通用要求
103	SJ/T 10466.21—1995	人员培训和资格评定指南
104	SY/T 6608—2004	海上石油作业人员安全救生培训要求
105	SZ/T 1.4—2001	生产力促进中心服务业务规范第 4 部分：培训
106	TB/T 2633—1995	铁路职工伤亡事故代码
107	GB/T 27768—2011	社会保险服务总则
108	GB/T 27769—2011	社会保障服务中心设施设备要求
109	LD/T 30.1—2009	人力资源和社会保障电子认证体系第 1 部分：框架规范
110	LD/T 30.2—2009	人力资源和社会保障电子认证体系第 2 部分：电子认证系统技术规范
111	LD/T 30.3—2009	人力资源和社会保障电子认证体系第 3 部分：证书及证书撤消列表格式规范
112	LD/T 30.4—2009	人力资源和社会保障电子认证体系第 4 部分：证书应用管理规范
113	LD/T 30.5—2009	人力资源和社会保障电子认证体系第 5 部分：证书载体规范
114	DB 11/T 124—2007	社会保障信息系统指标体系代码与数据结构
115	DB 31/T 256.2—2010	社会保障卡第 2 部分：应用规范
116	DB 44 119.1—2001	广东省社会保障卡第 1 部分：个人卡（报批稿）
117	DB 50/T 149—2004	重庆市社会保障（个人）卡数据规范
118	GA 214.1—2004	常住人口管理信息规范　第 1 部分：基本数据项
119	GA 214.2—2004	常住人口管理信息规范　第 2 部分：户籍管理信息数据项

续表

序号	标准号	标准名称
120	GA 214.3—2004	常住人口管理信息规范　第 3 部分：居民身份证管理信息数据项
121	GA 214.4—2004	常住人口管理信息规范　第 4 部分：居民身份证受理号
122	GA 214.5—2004	常住人口管理信息规范　第 5 部分：居民身份证申领原因代码
123	GA 214.6—2004	常住人口管理信息规范　第 6 部分：居民身份证制证类型代码
124	GA 214.7—2004	常住人口管理信息规范　第 7 部分：居民身份证领证方式代码
125	GA 214.8—2004	常住人口管理信息规范　第 8 部分：居民身份证有效期限
126	GA 214.9—2004	常住人口管理信息规范　第 9 部分：居民身份证审核结果代码
127	GA 214.10—2004	常住人口管理信息规范　第 10 部分：居民身份证制证信息错误类别代码
128	GA 214.11—2004	常住人口管理信息规范　第 11 部分：常住人口信息交换数据包编号
129	GA 214.12—2004	常住人口管理信息规范　第 12 部分：宗教信仰代码
130	GA 214.13—2004	常住人口管理信息规范　第 13 部分：变更更正类别代码
131	GA 214.14—2004	常住人口管理信息规范　第 14 部分：居民身份证制作信息数据交换格式
132	GA 214.15—2005	常住人口管理信息规范　第 15 部分：常住人口管理信息数据交换格式
133	GA 214.16—2005	常住人口管理信息规范　第 16 部分：常住人口迁移区域范围代码

续表

序号	标准号	标准名称
134	GA 214.17—2005	常住人口管理信息规范　第17部分：常住人口管理业务类型代码
135	GA 214.18—2005	常住人口管理信息规范　第18部分：常住人口注销标识代码
136	GA 214.19—2005	常住人口管理信息规范　第19部分：常住人口管理信息交换数据异常类型代码
137	GA 214.20—2005	常住人口管理信息规范　第20部分：常住人口管理信息交换数据包异常类型代码
138	GA 324.1—2001	人口信息管理代码　第1部分：户口类别代码
139	GA 324.2—2001	人口信息管理代码　第2部分：户口迁移变动分类代码
140	GA 324.4—2001	人口信息管理代码　第4部分：缴销居民身份证情况代码
141	GA 324.5—2001	人口信息管理代码　第5部分：兵役状况代码
142	GA 324.6—2001	人口信息管理代码　第6部分：血型代码
143	GA 324.7—2001	人口信息管理代码　第7部分：常住人口信息级别代码
144	GA/T 465.2—2004	治安管理信息系统基本业务功能规范．第2部分：暂住人口管理基本业务功能
145	WS 363.3—2011	卫生信息数据元目录　第3部分：人口学及社会经济学特征
146	WS 364.3—2011	卫生信息数据元值域代码　第3部分：人口学及社会经济学特征
147	DB 11/T 241.1—2004	市民基础信息数据交换规范　第1部分：信息结构
148	DB 11/T 241.2—2004	市民基础信息数据交换规范　第2部分：交换协议

续表

序号	标准号	标准名称
149	DB 37/T 1444—2009	人口基础信息数据元目录　第 1 部分：公安数据元
150	DB 37/T 1445—2009	人口基础信息数据元目录　第 2 部分：民政数据元
151	DB 37/T 1446—2009	人口基础信息数据元目录　第 3 部分：计生数据元
152	DB 37/T 1447—2009	人口基础信息数据元目录　第 4 部分：社保数据元

（2）物业管理标准

主要体现智慧社区物业管理规范。下设 5 个标准类别，包括房屋管理标准、公共修建管理标准、公共空间管理标准、环境卫生管理标准、安防和消防管理标准。其中，房屋管理主要包括房屋产权、租赁、商铺租售等管理；公共空间管理主要包括业主会所、停车场、公共广场等空间管理和收益管理。

序号	标准号	标准名称
1	20121965—T—333	数字化城市管理信息系统　第 1 部分：单元网格
2	20121965—T—333	数字化城市管理信息系统　第 2 部分：管理部件和事件
3	20121965—T—333	数字化城市管理信息系统　第 4 部分：绩效评价
4	20121966—T—333	数字化城市管理信息系统　第 3 部分：地理编码
5	GB/T 12905—2000	条码术语
6	DB 42/T 437—2007	城市网格化管理与服务信息系统管理部件、事件和专业部门分类与编码
7	GA 793.1—2008	城市监控报警联网系统　合格评定　第 1 部分：系统功能性能检验规范
8	GA 793.2—2008	城市监控报警联网系统　合格评定　第 2 部分：管理平台软件测试规范

续表

序号	标准号	标准名称
9	GA 793.3—2008	城市监控报警联网系统　合格评定　第3部分：系统验收规范
10	GA/T 669.7—2008	城市监控报警联网系统　技术标准　第7部分：管理平台技术要求
11	GA/T 669.9—2008	城市监控报警联网系统　技术标准　第9部分：卡口信息识别、比对、监测系统技术要求
12	GB/T 19882.31—2007	自动抄表系统　第3-1部分：应用层数据交换协议对象标识系统
13	GB/T 19882.32—2007	自动抄表系统　第3-2部分：应用层数据交换协议接口类
14	GB/T 19882.33—2007	自动抄表系统　第3-3部分：应用层数据交换协议 COSEM 应用层
15	GB/T 19897.1—2005	自动抄表系统低层通信协议　第1部分：直接本地数据交换
16	GB/T 19897.3—2005	自动抄表系统低层通信协议　第3部分：面向连接的异步数据交换的物理层服务进程
17	CJ/T 298—2008	城镇供水营业收费管理信息系统
18	CJ/T 3019—1993	城镇供水水量计量仪表的配备和管理通则
19	CJ/T 316—2009	城镇供水服务
20	CJJ 159—2011	城镇供水管网漏水探测技术规程
21	CJJ 58—2009	城镇供水厂运行、维护及安全技术规程
22	CJJ 92—2002	城市供水管网漏损控制及评定标准（附条文说明）
23	GA/T 974.57—2011	消防信息代码第57部分：消防供水设施种类分类与代码
24	GJJ 10—1986	供水管井设计、施工及验收规范
25	CECS 57—1994	居住小区给水排水设计规范
26	CECS 108：2000	公共浴室给水排水设计规程

续表

序号	标准号	标准名称
27	CECS 128：2001	生物接触氧化法设计规程
28	CJJ 120—2008	城镇排水系统电气与自动化工程技术规程
29	CJJ 181—2012	城镇排水管道检测与评估技术规程
30	CJJ 6—2009	城镇排水管道维护安全技术规程
31	CJJ 68—2007	城镇排水管渠与泵站维护技术规程（附条文说明）
32	CJ/T 252—2011	城镇排水水质水量在线监测系统技术要求
33	GJJ 10—1986	供水管井设计、施工及验收规范
34	DB 31/ 329.4—2005	重点单位重要部位安全技术防范系统要求　第 4 部分：公共供水
35	DB 33/ 768.5—2009	安全技术防范系统建设技术规范　第 5 部分：公共供水场所
36	DB 37/T 633—2006	二次供水设施技术规范
37	DB 37/T 940—2007	城市公共供水服务规范
38	DB 62/T 25—3015—2004	住宅供水计量出户设计和安装技术规程
39	DB 37/T 944—2007	城市排水设施养护维修服务规范
40	CJ 3082—1999	污水排入城市下水道水质标准
41	GB 50394—2007	入侵报警系统工程设计规范
42	GB 50395—2007	视频安防监控系统工程设计规范
43	GB 50396—2007	出入口控制系统工程设计规范
44	GB 50440—2007	城市消防远程监控系统技术规范
45	CJJ/T 115—2007	房地产市场信息系统技术规范
46	CJJ/T 187—2012	建设电子档案元数据标准
47	GA/T 465.3—2004	治安管理信息系统基本业务功能规范第 3 部分：租赁房屋管理基本业务功能
48	GB/T 50291—1999	房地产估价规范
49	JGJ 278—2012	房地产登记技术规程
50	JGJ/T 246—2012	房屋代码编码标准

续表

序号	标准号	标准名称
51	JGJ/T 252—2011	房地产市场基础信息数据标准
52	DB 11/T 712—2010	园林绿化工程资料管理规程
53	DB 11/T 795.1—2011	园林绿化网格化管理第 1 部分：系统建设规范
54	DB 11/T 795.2—2011	园林绿化网格化管理第 2 部分：网格划分与编码规则
55	DB 11/T 795.3—2012	园林绿化网格化管理第 3 部分：对象、事件、业务分类与编码
56	DB J 08—75—1998（2010）	垂直绿化技术规程
57	DG/TJ 08—18—2011	园林绿化植物栽植技术规程（附条文说明）
58	DG/TJ 08—19—2011	园林绿化养护技术规程（附条文说明）
59	DG/TJ 08—2043—2008	绿化林业信息获取及分类编码标准（附条文说明）
60	DG/TJ 08—701—2008	园林绿化工程施工质量验收规范（附条文说明）
61	DG/TJ 08—702—2005	园林绿化养护技术等级标准
62	GB/T 19095—2008	生活垃圾分类标志
63	GB/T 25175—2010	大件垃圾收集和利用技术要求
64	GB/T 25180—2010	生活垃圾综合处理与资源利用技术要求
65	CJ/T 106—1999	城市生活垃圾产量计算及预测方法
66	CJ/T 17—1999	城市环境卫生专用设备垃圾转运
67	CJ/T 18—1999	城市环境卫生专用设备垃圾卫生填埋
68	CJ/T 19—1999	城市环境卫生专用设备垃圾堆肥
69	CJ/T 3033—1996	城市垃圾产生源分类及垃圾排放
70	CJ/T 3037—1995	生活垃圾填埋场环境监测技术标准
71	CJ/T 3039—1995	城市生活垃圾采样和物理分析方法
72	CJ/T 3059—1996	城市生活垃圾堆肥处理厂技术评价指标
73	CJ/T 313—2009	生活垃圾采样和分析方法
74	CJ/T 368—2011	生活垃圾产生源分类及其排放
75	CJ/T 16—86	城市容貌标准
76	CJJ 109—2006	生活垃圾转运站运行维护技术规程

续表

序号	标准号	标准名称
77	CJJ 112—2007	生活垃圾卫生填埋场封场技术规程
78	CJJ 113—2007	生活垃圾卫生填埋场防渗系统工作技术规范
79	CJJ 134—2009	建筑垃圾处理技术规范
80	CJJ 150—2010	生活垃圾渗沥液处理技术规范
81	CJJ 17—2004	生活垃圾卫生填埋技术规范
82	CJJ 175—2012	生活垃圾卫生填埋气体收集处理及利用工程运行维护技术规程
83	CJJ 176—2012	生活垃圾卫生填埋场岩土工程技术规范
84	CJJ 179—2012	生活垃圾收集站技术规程
85	CJJ 184—2012	餐厨垃圾处理技术规范
86	CJJ 47—2006	生活垃圾转运站技术规程
87	CJJ 90—2009	生活垃圾焚烧处理工程技术规范
88	CJJ 93—2011	生活垃圾卫生填埋场运行维护技术规程
89	CJJ/T 102—2004	城市生活垃圾分类及其评价标准（附条文说明）
90	CJJ/T 107—2005	生活垃圾填埋场无害化评价标准
91	CJJ/T 156—2010	生活垃圾转运站评价标准
92	CJJ/T 172—2011	生活垃圾堆肥厂评价标准
93	CJJ/T 52—1993	城市生活垃圾好氧静态堆肥处理技术规程
94	CJJ/T 86—2000	城市生活垃圾堆肥处理厂运行、维护及其安全技术规程
95	CJJ/T 137—2010	生活垃圾焚烧厂评价标准
96	CJJ/T 52—93	城市生活垃圾好氧静态堆肥处理技术规程
97	CJ/T 360—2010	下水道及化粪池气体监测技术要求
98	CJJ 27—2005	城镇环境卫生设施设置标准
99	CJJ 30—2009	粪便处理厂运行维护及其安全技术规程
100	CJJ 47—2006	生活垃圾转运站技术规范
101	DG/T J08—402—2000	小型压缩式生活垃圾收集站设置标准
102	GJJ 128—2009	生活垃圾焚烧厂运行维护与安全技术规程

续表

序号	标准号	标准名称
103	GWKB 3—2000	生活垃圾焚烧污染控制标准
104	HJ 2012—2012	垃圾焚烧袋式除尘工程技术规范
105	HJ 564—2010	生活垃圾填埋场渗滤液处理工程技术规范（试行）
106	ZBBZH/CS/ 1	城市生活垃圾卫生填埋处理工程项目建设标准（附条文说明）
107	ZBBZH/CS/ 2	城市生活垃圾堆肥处理工程项目建设标准（附条文说明）
108	建标 124—2009	生活垃圾卫生填埋处理工程项目建设标准
109	建标 149—2010	小城镇生活垃圾处理工程建设标准
110	建标 153—2011	生活垃圾综合处理工程项目建设标准
111	DB 11/T 170—2002	生活有机垃圾微生物处理设备技术条件
112	DB 11/T 269—2005	粪便处理设施运行管理规范
113	DB 11/T 270—2005	生活垃圾卫生填埋场运行管理规范
114	DB 11/T 273—2005	生活垃圾粪便处理设施环境监测规范
115	DB 11/T 354—2006	生活垃圾收集运输管理规范
116	DB 11/T 355—2006	粪便收集运输管理规范
117	DB 11/T 356—2006	公共厕所服务管理规范
118	DB 11/T 627—2009	好氧降解法治理生活垃圾非卫生填埋场监测技术规范
119	DB 11/T 835—2011	生活垃圾填埋场恶臭污染控制技术规范
120	DB 11/T 861—2012	生活垃圾转运站运行评价
121	DB 31/T 398—2007	建筑垃圾车技术及运输管理要求
122	DB 37 535—2005	生活垃圾填埋水污染物排放标准
123	DB 37/T 945—2007	城市生活垃圾收集、清运服务规范
124	DB 50/T 282—2008	城市生活垃圾：卫生填埋场运行维护技术规程
125	DB 63/944.5—2010	消防安全四个能力建设第 5 部分：医院、养老院、福利院、幼儿园

续表

序号	标准号	标准名称
126	DB 64/T 592—2010	医院、养老院、福利院、幼儿园消防安全“四个能力”建设标准
127	HJ/T 352—2007	环境污染源自动监控信息传输、交换技术规范（试行）
128	HJ/T 353—2007	水污染源在线监测系统安装技术规范（试行）
129	HJ/T 354—2007	水污染源在线监测系统验收技术规范（试行）
130	HJ/T 355—2007	水污染源在线监测系统运行与考核技术规范（试行）
131	HJ/T 356—2007	水污染源在线监测系统数据有效性判别技术规范（试行）
132	HJ/T 373—2007	固定污染源监测质量保证与质量控制技术规范（试行）
133	HJ/T 416—2007	环境信息术语
134	HJ/T 417—2007	环境信息分类与代码
135	HJ/T 418—2007	环境信息系统集成技术规范
136	HJ/T 419—2007	环境数据库设计与运行管理规范
137	GB 50348—2004	安全防范工程技术规范
138	GB 50401—2007	消防通信指挥系统施工及验收规范
139	GB/T 15408—2011	安全防范系统供电技术要求
140	GB/T 21741—2008	住宅小区安全防范系统通用技术要求
141	GB/T 28181—2011	安全防范视频监控联网系统　信息传输、交换、控制技术要求
142	GB/T 28458—2012	安全漏洞标识与描述规范
143	DB 11/ 729—2010	外墙外保温工程施工防火安全技术规程
144	DB 11/ 852.1—2012	地下有限空间作业安全技术规范　第 1 部分：通则
145	DB 11/ 853—2012	封闭式停车场安全技术防范通用要求
146	DB 11/ 945—2012	建设工程施工现场安全防护、场容卫生及消防保卫标准

续表

序号	标准号	标准名称
147	DB 11/T 637—2009	房屋结构安全鉴定标准
148	DB 11/T 777—2011	安全防范工程监理规范
149	DB 11/T 779—2011	安全防范系统运行检验规范
150	DB 11/T 855—2012	安全技术防范系统维护通用要求
151	DB 11/T 917—2012	安全防范工程企业质量管理通用要求
152	DB 32/ 857—2005	学校消防安全管理
153	DB 32/ 861—2005	宾馆饭店消防安全管理
154	DB 32/ 862—2005	医院消防安全管理
155	DB 372/T 137—2007	公共娱乐场所消防安全管理
156	DB 37/T 652.1—2006	城市社区及农村消防安全管理规范第 1 部分：城市社区消防安全管理规范
157	DB 37/T 652.2—2006	城市社区及农村消防安全管理规范第 2 部分：农村消防安全管理规范
158	DB 37/T 653—2006	人员密集场所消防安全管理规范
159	DB 37/T 654—2006	易燃易爆场所消防安全管理规范
160	DB 41/T 623—2010	桑拿洗浴场所消防安全管理规范
161	DB 41/T 624—2010	公共娱乐场所消防安全管理规范
162	DB 41/T 625—2010	宾馆饭店消防安全管理规范
163	DB 41/T 626—2010	商场、市场消防安全管理规范
164	DB 42/T 409—2009	商场市场消防安全管理规范
165	DB 42/T 410—2009	学校消防安全管理规范
166	DB 42/T 411—2009	宾馆饭店消防安全管理规范
167	DB 42/T 412—2009	歌舞娱乐放映游艺场所消防安全管理规范
168	DB 42/T 413—2009	餐饮场所消防安全管理规范
169	DB 43/ 159—2002	居民住宅小区安全防范系统技术规范
170	DB 50/T 341—2009	城乡社区消防安全管理规范
171	DB 11/T 948.1—2013	电梯运行安全监测信息管理系统技术规范第 1 部分：系统总体结构

续表

序号	标准号	标准名称
172	DB 11/T 948.2—2013	电梯运行安全监测信息管理系统技术规范第 2 部分：电梯基础信息与数据格式
173	DB 11/T 948.3—2013	电梯运行安全监测信息管理系统技术规范第 3 部分：采集设备编码规则
174	DB 11/T 948.4—2013	电梯运行安全监测信息管理系统技术规范第 4 部分：采集设备和平台的通信协议与数据格式
175	DB 11/T 948.5—2013	电梯运行安全监测信息管理系统技术规范第 5 部分：传输网络要求
176	DB 11/T 948.6—2013	电梯运行安全监测信息管理系统技术规范第 6 部分：监测数据存储要求
177	DB 11/T 948.7—2013	电梯运行安全监测信息管理系统技术规范第 7 部分：图像子系统技术要求
178	DB 11/T 948.8—2013	电梯运行安全监测信息管理系统技术规范第 8 部分：采集设备技术要求
179	DB 11/T 948.9—2013	电梯运行安全监测信息管理系统技术规范第 9 部分：电梯运行数据格式与输出要求
180	DB 11/T 948.10—2013	电梯运行安全监测信息管理系统技术规范第 10 部分：采集设备安装验收规范
181	DB 11/T 948.11—2013	电梯运行安全监测信息管理系统技术规范第 11 部分：平台技术要求
182	DB 11/T 948.12—2013	电梯运行安全监测信息管理系统技术规范第 12 部分：系统信息安全规范
183	DB 11/T 948.13—2013	电梯运行安全监测信息管理系统技术规范第 13 部分：平台维护要求

5.3.5 社区服务标准体系

服务标准体系包括公共服务标准和便民服务标准 2 个门类，主要体现智慧社区的服务规范。

（1）公共服务标准

主要体现智慧社区的各项公共服务规范。下设6个标准类别，包括社区医疗服务标准、居家养老服务标准、住房保障服务标准、计划生育服务标准、社区公益服务标准。

序号	标准号	标准名称
1	GB/T 20647.1—2006	社区服务指南第1部分：总则
2	GB/T 20647.2—2006	社区服务指南第2部分：环境管理
3	GB/T 20647.3—2006	社区服务指南第3部分：文化、教育、体育服务
4	GB/T 20647.4—2006	社区服务指南第4部分：卫生服务
5	GB/T 20647.5—2006	社区服务指南第5部分：法律服务
6	GB/T 20647.6—2006	社区服务指南第6部分：青少年服务
7	GB/T 20647.7—2006	社区服务指南第7部分：社区扶助服务
8	GB/T 20647.8—2006	社区服务指南第8部分：家政服务
9	GB/T 28927—2012	度假社区服务质量规范
10	GB/T 28928—2012	社区休闲服务质量导则
11	YDB 065—2011	泛在物联应用 医疗健康监测系统 业务场景及技术要求
12	GB/T 20647.3—2006	社区服务指南第3部分：文化、教育、体育服务
13	GB/T 28221.1—2011	灾后过渡性安置区基本公共服务第1部分：总则
14	GB/T 28221.2—2011	灾后过渡性安置区基本公共服务第2部分：环境
15	GB/T 28221.3—2011	灾后过渡性安置区基本公共服务第3部分：安全
16	GB/T 28221.4—2012	灾后过渡性安置区基本公共服务第4部分：商业
17	GB/T 28221.5—2011	灾后过渡性安置区基本公共服务第5部分：文化体育

续表

序号	标准号	标准名称
18	GB/T 28221.6—2011	灾后过渡性安置区基本公共服务第 6 部分：帮扶救助
19	GB/T 29353—2012	养老机构基本规范
20	DB 11/ 215.1—2003	市民卡规范第 1 部分：IC 卡（卡片）
21	DB 11/ 215.2—2003	市民卡规范第 2 部分：应用
22	DB 11/ 215.3—2003	市民卡规范第 3 部分：终端
23	DB 11/T 240—2004	市民基础信息数据元素目录规范
24	DB 11/T 241.1—2004	市民基础信息数据交换规范第 1 部分：信息结构
25	DB 11/T 241.2—2004	市民基础信息数据交换规范第 2 部分：交换协议
26	DB 11/T 405—2007	社区管理与服务信息分类代码
27	DB 11/T 406—2007	社区管理与服务信息系统通用数据结构
28	DB 11/T 148—2008	养老服务机构服务质量规范
29	DB 11/T 149—2008	养老服务机构院内感染控制规范
30	DB 11/T 219—2004	养老服务机构服务质量星级划分与评定
31	DB 11/T 220—2004	养老服务机构医务室服务质量控制规范
32	DB 11/T 303—2005	养老服务机构标准体系要求、评价与改进
33	DB 11/T 304—2005	养老服务机构标准体系技术标准、管理标准和工作标准
34	DB 11/T 305—2005	养老服务机构老年人健康评估服务规范
35	DB 13/T 1185—2010	养老服务机构服务质量规范
36	DB 13/T 1194—2010	医院、养老院、福利院、幼儿园消防安全“四个能力”建设指南
37	DB 21/T 1813.6—2010	社会单位消防安全能力建设第 6 部分：医院、养老院、福利院、幼儿园
38	DB 31/T 461—2009	社区居家养老服务规范
39	DB 32/T 1644—2010	居家养老服务规范

续表

序号	标准号	标准名称
40	DB 37/T 1111—2008	家政服务居家养老服务质量规范
41	DB 37/T 1598.1—2010	家政培训服务规范第 1 部分：居家养老
42	DB 41/T 595—2009	养老护理员等级规定及服务规范
43	GB 16895.24—2005	建筑物电气装置第 7-710 部分：特殊装置或场所的要求医疗场所
44	GB/T 10001.6—2006	标志用公共信息图形符号第 6 部分：医疗保健符号
45	WS/T 305—2009	卫生信息数据集元数据规范
46	DB 11/T 320—2005	公共卫生信息系统指标代码体系与数据结构
47	DB 31/T 630—2012	医疗保险社会服务规范
48	DB 44/T 725.1—2010	数字医疗互动平台规范第 1 部分：总规范
49	GB/T 28225—2011	灾区农户住房倒塌或损坏数量抽样核查方法
50	GB/T 50626—2010	住房公积金支持保障性住房建设项目贷款业务规范
51	CJJ/T 196—2012	住房保障信息系统技术规范
52	CJJ/T 197—2012	住房保障基础信息数据标准
53	DB 64/785—2012	保障性住房建设标准

（2）便民服务标准

主要体现智慧社区的各项便民服务规范。下设 4 个标准类别，包括家政服务标准、生活服务标准、金融服务标准、便民出行服务标准。其中，生活服务包括便利店、超市、菜场、餐饮、业委会等；金融服务包括缴费、结算服务、社区银行等。

序号	标准号	标准名称
1	GB/T 19252—2003	电子商务协议
2	GB/T 19256.1—2003	基于 XML 的电子商务第 1 部分：技术体系结构
3	GB/T 19256.2—2006	基于 XML 的电子商务第 2 部分：协同规程轮廓与协议规范

续表

序号	标准号	标准名称
4	GB/T 19256.3—2006	基于 XML 的电子商务第 3 部分：消息服务规范
5	GB/T 19256.4—2006	基于 XML 的电子商务第 4 部分：注册系统信息模型规范
6	GB/T 19256.5—2006	基于 XML 的电子商务第 5 部分：注册服务规范
7	GB/T 19256.6—2006	基于 XML 的电子商务第 6 部分：业务过程规范模式
8	GB/T 19256.9—2006	基于 XML 的电子商务第 9 部分：核心构件与业务信息实体规范
9	GB/T 20538.1—2006	基于 XML 的电子商务业务数据和过程第 1 部分：核心构件目录
10	GB/T 20538.6—2006	基于 XML 的电子商务业务数据和过程第 6 部分：技术评审组织和程序
11	GB/T 20538.7—2006	基于 XML 的电子商务业务数据和过程第 7 部分：技术评审指南
12	GB /Z 28828—2012	信息安全技术 公共及商用服务信息系统个人信息保护指南
13	JR/T 0088.1—2012	中国金融移动支付应用基础第 1 部分：术语
14	JR/T 0088.2—2012	中国金融移动支付应用基础第 2 部分：机构代码
15	JR/T 0088.3—2012	中国金融移动支付应用基础第 3 部分：支付应用标识符
16	JR/T 0088.4—2012	中国金融移动支付应用基础第 4 部分：支付账户介质识别码
17	JR/T 0089.1—2012	中国金融移动支付安全单元第 1 部分：通用技术要求
18	JR/T 0089.2—2012	中国金融移动支付安全单元第 2 部分：多应用管理规范
19	JR/T 0090—2012	中国金融移动支付非接触式接口规范

续表

序号	标准号	标准名称
20	JR/T 0091—2012	中国金融移动支付受理终端技术要求
21	JR/T 0092—2012	中国金融移动支付客户端技术规范
22	JR/T 0093.1—2012	中国金融移动支付远程支付应用第1部分：数据元
23	JR/T 0093.2—2012	中国金融移动支付远程支付应用第2部分：交易模型及流程规范
24	JR/T 0093.3—2012	中国金融移动支付远程支付应用第3部分：报文结构及要素
25	JR/T 0093.4—2012	中国金融移动支付远程支付应用第4部分：文件数据格式规范
26	JR/T 0093.5—2012	中国金融移动支付远程支付应用第5部分：短信支付技术规范
27	JR/T 0093.6—2012	中国金融移动支付远程支付应用第6部分：基于安全单元（SE）的安全服务技术规范
28	JR/T 0094.1—2012	中国金融移动支付近场支付应用第1部分：数据元
29	JR/T 0094.2—2012	中国金融移动支付近场支付应用第2部分：交易模型及流程规范
30	JR/T 0094.3—2012	中国金融移动支付近场支付应用第3部分：报文结构及要素
31	JR/T 0094.4—2012	中国金融移动支付近场支付应用第4部分：文件数据格式规范
32	JR/T 0095—2012	中国金融移动支付应用安全规范
33	JR/T 0096.1—2012	中国金融移动支付联网联合第1部分：通信接口规范
34	JR/T 0096.2—2012	中国金融移动支付联网联合第2部分：交易与清算流程规范
35	JR/T 0096.3—2012	中国金融移动支付联网联合第3部分：报文交换规范

续表

序号	标准号	标准名称
36	JR/T 0096.4—2012	中国金融移动支付联网联合第 4 部分：文件数据格式规范
37	JR/T 0096.5—2012	中国金融移动支付联网联合第 5 部分：入网管理规范
38	JR/T 0096.6—2012	中国金融移动支付联网联合第 6 部分：安全规范
39	JR/T 0097—2012	中国金融移动支付可信服务管理技术规范
40	YD/T 1322.1—2004	电子商务技术要求第一部分：基于扩充标记语言（XML）的企业对消费者（B2C）电子商务总体框架
41	YD/T 1322.2—2004	电子商务技术要求第二部分：支付网关
42	YD/T 1322.3—2004	电子商务技术要求第三部分：证书及认证系统
43	YD/T 1322.4—2004	电子商务技术要求第四部分：票据的表示层句法
44	GB/T 15150—1994	产生报文的银行卡交换报文规范金融交易内容
45	GB/T 16790.1—1997	金融交易卡使用集成电路卡的金融交易系统的安全结构第 1 部分：卡的生命周期
46	GB/T 16790.5—2006	金融交易卡使用集成电路卡的金融交易系统的安全体系第 5 部分：算法应用
47	GB/T 16790.6—2006	金融交易卡使用集成电路卡的金融交易系统的安全体系第 6 部分：持卡人身份验证
48	GB/T 16790.7—2006	金融交易卡使用集成电路卡的金融交易系统的安全体系第 7 部分：密钥管理
49	GB/T 16791.1—1997	金融交易卡集成电路卡与卡接受设备之间的报文第 1 部分：概念与结构
50	GB/T 17552—2008	信息技术识别卡金融交易卡
51	GB/T 18716—2002	汇款通知报文
52	GB/T 18785—2002	商业账单汇总报文

续表

序号	标准号	标准名称
53	GB/T 18789—2002	自动柜员机（ATM）通用规范
54	GB/T 20206—2006	银行业印鉴核验系统技术规范
55	GB/T 20543.1—2011	金融服务国际银行账号（IBAN）第1部分：IBAN的结构
56	GB/T 20543.2—2011	金融服务国际银行账号（IBAN）第2部分：注册机构的角色和职责
57	GB/T 20545—2006	银行业务和相关金融服务信息交换托收指示格式
58	GB/T 20546—2006	银行业务和相关金融服务信息交换跟单信用证格式
59	GB/T 20547.2—2006	银行业务安全加密设备（零售）第2部分：金融交易中设备安全符合性检测清单
60	GB/T 20548—2006	金融零售业务商户类别代码
61	GB/T 21076—2007	证券及相关金融工具国际证券识别编码体系
62	GB/T 21080—2007	银行业务和相关金融服务基于对称算法的签名鉴别
63	GB/T 23696—2009	证券和相关金融工具交易所和市场识别码
64	GB/T 27910—2011	金融服务信息安全指南
65	GB/T 27911—2011	银行业安全和其他金融服务金融系统的安全框架
66	GB/T 27912—2011	金融服务生物特征识别安全框架
67	GB/T 27913—2011	用于金融服务的公钥基础设施实施和策略框架
68	GB/T 27926.1—2011	金融服务金融业通用报文方案第1部分：库输入输出方法和格式规范
69	GB/T 27926.2—2011	金融服务金融业通用报文方案第2部分：注册机构的角色及职责
70	GB/T 27926.3—2011	金融服务金融业通用报文方案第3部分：建模导则

续表

序号	标准号	标准名称
71	GB/T 27926.4—2011	金融服务金融业通用报文方案第 4 部分：XML 设计规则
72	GB/T 27926.5—2011	金融服务金融业通用报文方案第 5 部分：反向工程
73	GB/T 27927—2011	银行业务和相关金融服务三重数据加密算法操作模式实施指南
74	GB/T 27928.1—2011	金融业务证书管理第 1 部分：公钥证书
75	CNCA01C—20021—2001	电气电子产品强制性认证实施规则信息技术设备金融及贸易结算电子设备（电磁兼容）
76	GA/T 556.1～3—2005	金融治安保卫管理信息代码［合订本］
77	GA/T 556.10—2007	金融治安保卫管理信息代码第 10 部分：安全防范设施合格证编码规则
78	GA/T 556.4～556.10—2007	金融治安保卫管理信息代码
79	GA/T 680—2007	金融治安保卫管理信息基本数据项
80	JR ZBBZH/ZJ	中国金融集成电路（IC）卡规范（V3.0）
81	JR/T 0025.1—2010	中国金融集成电路（IC）卡规范第 1 部分：电子钱包/电子存折应用卡片规范
82	JR/T 0025.2—2010	中国金融集成电路（IC）卡规范第 2 部分：电子钱包/电子存折应用规范
83	JR/T 0025.3—2010	中国金融集成电路（IC）卡规范第 3 部分：与应用无关的 IC 卡与终端接口规范
84	JR/T 0025.4—2010	中国金融集成电路（IC）卡规范第 4 部分：借记/贷记应用规范
85	JR/T 0025.5—2010	中国金融集成电路（IC）卡规范第 5 部分：借记/贷记应用卡片规范
86	JR/T 0025.6—2010	中国金融集成电路（IC）卡规范第 6 部分：借记—0 贷记应用终端规范
87	JR/T 0025.7—2010	中国金融集成电路（IC）卡规范第 7 部分：借记—0 贷记应用安全规范

续表

序号	标准号	标准名称
88	JR/T 0025.8—2010	中国金融集成电路（IC）卡规范第 8 部分：与应用无关的非接触式规范
89	JR/T 0025.9—2010	中国金融集成电路（IC）卡规范第 9 部分：电子钱包扩展应用指南
90	JR/T 0025.10—2010	中国金融集成电路（IC）卡规范第 10 部分：借记/贷记应用个人化指南
91	JR/T 0025.11—2010	中国金融集成电路（IC）卡规范第 11 部分：非接触式 IC 卡通讯规范
92	JR/T 0025.12—2010	中国金融集成电路（IC）卡规范第 12 部分：非接触式 IC 卡支付规范
93	JR/T 0025.13—2010	中国金融集成电路（IC）卡规范第 13 部分：基于借记—0 贷记应用的小额支付规范
94	JR/T 0045.1—2008	中国金融集成电路（IC）卡检测规范第 1 部分：
95	JR/T 0045.2—2008	中国金融集成电路（IC）卡检测规范第 2 部分：
96	JR/T 0045.3—2008	中国金融集成电路（IC）卡检测规范第 3 部分：
97	JR/T 0062—2011	金融工具常用统计术语
98	JR/T 0063—2011	金融工具统计分类及代码
99	JR/T 0064.1—2011	金融工具统计计值第 1 部分：存款
100	JR/T 0064.2—2011	金融工具统计计值第 2 部分：贷款
101	JR/T 0071—2012	金融行业信息系统信息安全等级保护实施指引
102	JR/T 0072—2012	金融行业信息系统信息安全等级保护测评指南
103	JR/T 0073—2012	金融行业信息安全等级保护测评服务安全指引
104	YZ/T 0032—2001	邮政金融卡磁条卡
105	YZ/T 0034—2001	邮政金融计算机网络系统工程验收规范——储蓄部分
106	YZ/T 0103—2004	邮政金融机构代码编制规则
107	YZ/T 0115—2005	邮政金融计算机网络系统工程设计规范（储蓄部分）

续表

序号	标准号	标准名称
108	YZ/Z 0035—2001	邮政金融计算机网入网设备测试方法 ATM 和 POS 部分
109	YZ/Z 0052—2005	邮政金融计算机网络系统（储蓄应用软件）省中心与网点（终端）接口技术规范
110	YZN 001—1999	邮政金融计算机网络技术体制（暂行规定）
111	YZN 002—1999	邮政金融计算机网络应用层通信协议——储蓄部分（暂行规定）
112	DB 11/T 467.1—2007	信用信息目录第 1 部分：个人
113	DB 11/T 467.2—2007	信用信息目录第 2 部分：企业

5.4 标准研制工作建议

（1）研究标准制定工作的创新机制

标准研制以企业为主体，服务于企业和城市，倡导用户与企业积极参与我国智慧社区标准研制。目前智慧社区技术标准相对服务标准完善，但智慧社区最后呈现的应该是基于技术的用户感良好的服务，因此，建议各地方智慧社区建设涉及的用户单位与承建企业高度重视智慧社区标准化研制工作，积极将典型、有效、自主的智慧社区应用实践经验固化为标准，提升我国智慧社区标准的适用性和实用性，并在智慧社区规划、实施、验收、运行中加强标准的实施，提升我国智慧社区标准的适用性和实用性。建立企业管理服务标准、联盟服务标准研制及推广机制，提升智慧城市标准形态的多样性和互补性。

（2）标准应用推广和实施

标准研制过程采用边实验边验证的途径，确保标准的落地、适用、推广和实施。标准应用推广过程结合标准宣贯，标准验证、标准试点及推广，最终达到以标准为核心推动力，推进智慧社区相关产业的可持续发展。

（3）促进标准国际化发展

推进国际标准化工作和与国际其他城市在智慧城市建设方面的合作，国际国内标准化工作同步推进，将我国国内智慧社区标准化工作积极向国际标准化成果转化，扩大我国的标准影响力，培养一批智慧社区国际标准化专家。

6 结 束 语

本书主要从智慧社区的发展现状与趋势、技术体系、标准化工作三个方面进行了总体的探讨，探析智慧社区标准化体系，提出智慧社区标准体系框架，期望以标准化手段和思路为智慧社区建设的快速复制和规模推进提供有效的帮助与指引。对于每个城市来说，应在充分借鉴国内外相关智慧社区标准基础上，建立符合本地实际的智慧社区标准。

为了更好地响应十九大报告提出的“提高社会治理社会化、法治化、智能化、专业化水平”，实现智慧社区服务惠民的根本，政府部门加强基层组织建设，应积极开展宣传与培训，提升市民感知性，营造智慧社区氛围，例如与居委会或者物业公司联合进入社区、小区开展宣传推广活动，充分盘点智慧社区建设的阶段性成果，降低智慧应用的学习门槛，用老百姓听得懂、看得明的方式帮助市民更多的了解、体验和参与到智慧社区的建设中来。多形式、多渠道长期性征集各方建议，提升互动性，激发民众创造性，形成全民支持智慧社区建设的良好气氛。通过普及让市民们对智慧社区的生活产生向往，只有在使用中老百姓才会提出更多的需求，使得智慧社区真正服务于民，真正使人民共享智慧社区的建设成果。

附一　绿城物业服务集团企业标准和规范

1　智慧园区平台

　1.1　技术平台

　　1.1.1　平台综述

　　1.1.2　平台架构

　1.2　软件系统

　　1.2.1　软件系统概述

　　1.2.2　软件内容

　1.3　服务平台

　　1.3.1　平台综述

　　1.3.2　园区服务中心

2　智能硬件

　2.1　环境要求

　　2.1.1　场地要求

　　2.1.2　气候要求

　　2.1.3　环保要求

　2.2　工程建设标准

　　2.2.1　慧通行前端工程建设

　　2.2.2　智能快递柜前端工程建设

　　2.2.3　智能设备监测前端工程建设

　　2.2.4　智能电梯监测前端工程建设

　　2.2.5　智能蓝牙门禁前端工程建设

　　2.2.6　园区 WiFi 前端工程建设

　　2.2.7　智能人脸识别前端工程建设

　　2.2.8　鹰眼监控前端工程建设

1 智慧园区平台

当今互联网＋时代，信息化大潮澎湃，传统物业结合大数据、物联网、移动互联网、云计算、信息通信等新技术的快速发展和运用，正在不断满足人们日益增长的生活品质需求，推动面向未来的、以用户为中心、以人为本的服务模式演变将成为现实。智慧园区则是其重要表现形态，越来越多的园区利用智慧城市建设的契机树立独特品牌，进而刺激相关产业创新发展，创造新的经济增长点，建设智慧园区已经成为提升老百姓幸福指数的重要举措。智慧园区服务体系＝ 互联网＋园区生活服务体系，是在园区生活服务体系的基础上，通过大数据平台的建立、智能设施设备的引入、物联网应用架构的形成，移动互联网 OTO 模式的推行，让业主方便地获取安全健康、文化教育、居家生活等各项服务。智慧园区服务体系战略的全面实施将对园区管理、园区服务带来“质”的变化，园区环境更加安全绿色，用户服务更加便捷直达，内部管理更加节能高效，沟通顺畅、人际和睦，促进了业主满意度的极大提升，物业服务品牌将更加牢固。

1.1 技术平台

1.1.1 平台综述

智慧园区服务云平台作为智慧园区服务体系的技术系统承载，通过利用移动互联网、物联网、大数据等技术，科学统筹基础物业服务、园区生活服务、公共服务及微商圈服务和邻里社交服务等资源于一体，为业主提供安定、健康、便捷、幸福的服务，建设“网格化管理、信息化服务、智能化生活”的生态化智慧园区。

1.1.2 平台架构

（1）CRM 平台

定制化的物业服务 CRM 平台为智慧园区云平台的其他子平台提供基础数据并进行汇总、加工、分析，各个平台的数据统一存取，实现同步的汇合共享，形成大数据，为后续的智能数据分析提供基础。

（2）RIS 平台

平台在业主端的表现方式，是服务提供者与业主之间以及业主与业主之间的互动渠道和主要的服务载体，通过业主端 APP、园区生活服务网、微信公众号以及 TV、触摸屏等不同媒介展现。

（3）SPM 平台

物业及第三方服务方为业主提供服务的线上平台，它对接业主端 APP，打通和实现对园区业主服务的自动化闭环。根据服务人员岗位、角色的不同，展现统一化、实时性数据，提供差异性工具：在移动中办公的物业服务人员（如秩序维护队员、管理员等）使用物业端 APP，在固定办公场所办公的物业服务人员（如前台、综管等）使用 Web 端的综合管理系统，为业主提供商品和服务的第三方服务方使用商家端 APP。

（4）FIM 系统

根据设备的功能特点，可分为三大类：安定类、便捷类和绿色类。安定类的设备主要包含保卫园区安全、监测设备稳定、保护业主家庭及财产安全的设施设备，目的在于保护园区、设备、业主家庭的财产及人身不受伤害，让业主在安全、稳定的环境下生活、学习、工作。便捷类设备方便园区的服务和管理，让服务者高效率地工作，让业主便捷地享受服务。绿色类设备是指为园区及业主营造健康、舒适、安心环境而接入的设备。

1.2　软件系统

1.2.1　软件系统概述

智慧园区服务云平台作为技术系统，主要通过业主端 APP、物业端 APP、商家端 APP 会同综合管理后台（应用平台），向业主、物管服务人员及商家提供智慧园区综合软件应用服务能力。

1.2.2 软件内容

（1）业主端 APP

业主端 APP 是物业服务集团向业主提供的社区专享服务软件，它以物业基础服务为立足点，将基础物业服务、园区生活服务、微商圈与公共服务、邻里社交服务都“装进”业主的口袋。业主端 APP 作为云平台在业主端的主要表现方式，打通与业主之间便捷有效的信息沟通渠道。各部门将线下整合的服务以统一、规范的模式接入 APP，让业主足不出户就能解决一切生活所需。业主端必须始终坚持功能的优化及迭代，优化的功能主要可划分为智慧管家、友邻社交、业主自治、园区商圈、园区健康、园区学院和园区金融等板块，为业主提供“尊享、贴身、专业、全面”的服务。

智慧管家：是为以实现园区业主之间互相帮助、互相监督、共同治理的平台。切实地让业主参与社区的管理工作中来，也是民众民主意识实践的一次有价值的尝试与探索。包括基础服务、一键服务和物业公告。

友邻社交：通过二手交易、社区活动、话题分享、在线社交，意在打破这种城市人之间渐行渐远的尴尬关系，重塑社区邻里关系。

业主自治：“业主自治”与传统的业委会或单一的在线业委会有所不同，意在通过业主之间互助、互信、互相监督、社区管理参与，以实现和谐社区、亲情社区为目的。

园区商圈：是以满足业主日常生活需要为核心，基于绿城自有优质资源并通过严格的品控机制，整合社会优质资源，为业主生活提供全生活维度的生活服务。

园区健康：服务是通过建立业主数字健康档案，服务于社区、家庭，以老人、妇女、儿童和慢性病人为重点服务对象；以促进业主健康为目的，依靠生活服务中心集预防、医疗、保健、康复、优生优育指导为服务内容，利用手机、PAD 等移动设备和一些医疗设备终端，将部分医院的功能及服务搬回家，最大程度地让业主不受时间、地域的限制，可充分地享受健康服务和健康教育。

园区学院：是以满足业主不同生命周期文化教育需求为基础的社区式教育服务，是有别于学历教育的一种成长式教育。

园区金融：是以满足社区内业主、组织在金融产品及金融服务的全方位需求为目标，并与开发商合作创建、提供具有创新意义的社区及相关的金融产品及服务。

（2）物业端 APP

物业端 APP 是物业服务人员的移动服务软件。业主通过 APP 下单或者前台人员录入业主需求后，物业端 APP 可第一时间通知相应服务人员，告知服务人员有任务需要完成。物业端 APP 实现的主要功能：及时获知业主服务需求，快速响应并第一时间反馈业主处理结果；园区日常巡检，保障园区正常高效的运行；访客、车辆登记、违停车辆查询，有效保障园区安全有序；各类园区信息统计和预警，让管理者时刻运筹帷幄；快递代收管理，简化快递代收流程，优化前台工作等。

人行登记：补充“幸福绿城 APP”访客通行功能，用以登记无访客通行证的步行来访人员的信息，替代原有纸质表单的记录。

车访登记：补充“幸福绿城 APP”访客通行功能，用以登记无访客通行证的驾车来访人员的信息，替代原有纸质表单的记录。

车辆管理：可通过车牌号、车辆通行证号来查询在园区内的车辆（含业主及外来访客）信息，并可记录其违停情况及处理情况。其所查询的车辆数据来源于 CRM 系统数据导入、网页录入及 APP 中的车访登记记录的信息。

快递记录：工作人员通过快递记录可以分别查询“未领取”、“已领取”的快件，也可按房号查询快件，可查看、更改快件的领取状态。

服务工单：用于权限范围内“查找”或“筛选”工单以及按需求将工单排序，也可查看工单详情，接收工单、开始工单处理。

我的工单：用于“筛选”或“查看”需自己处理的工单，也可处理工单，开始工单处理。

访客查询：用于查询进出园区的人行和车辆的来访详情，并可记录访客车辆违停及手工记录车行访客离开。

业主查询：用于通过业主姓名、住址、手机号、车牌号查询业主详情。

活动签到：用于查询、筛选业主参加园区活动的签到情况，可根据活动参与人姓名查询，也可通过活动名称进行筛选。

（3）商家端 APP

商家端 APP 是一款提供给第三方服务方使用的手机端工具软件。商家端 APP 支持订单接收、处理，商品入库、出库、优惠打折、发货，服务评价、反馈，订单报表生成等功能，省下了大量人工操作的工作，方便商家及时响应业主的需求，管理商品的库存，追溯服务的内容。

订单管理：用于商家订单的处理，分成待接收、待处理、处理中、已处理、已完成、已关闭六种订单模式，确保商家对本店铺订单的管理。

评价管理：显示所有订单评价信息，用于监控产品在业主当中的口碑，便于商家及时调整商品信息。

实时数据：显示商铺的今日营业额、今日订单数、显示当天的销售信息，便于商铺对商品信息进行管理。

（4）综合管理后台

综合管理系统与业主端 APP、物业端 APP、商家端 APP 打通，支持固定工作岗位的服务人员使用。综合管理系统是满足业主需求与服务落地的枢纽，具备基础信息管理、服务需求响应、计划制定、报表分析等复杂性事务功能，为后台管理员提供完整的信息发布、审核、检索等功能。同时，物业服务企业作为服务引进方，可根据商家的服务效率、质量等信息管控第三方服务方的行为，确保为业主提供安全、方便、质优的服务。

1.3 服务平台

1.3.1 平台综述

通过成立智慧园区推广专项工作组、建立园区服务中心、组织智慧园区推广活动、制定商家管理规范等一系列具体有效的措施，形成线上线下OTO联动的服务平台，从组织架构、制度管理、用户服务上对智慧园区发展提供稳定持久的运营支撑及服务保障。

1.3.2 园区服务中心

（1）生活服务中心

整合自身资源，主要向业主提供基础物业服务及不需要经营场地的居家生活服务，如健康水配送、快件代收、费用代缴、家政服务、洗衣服务、粮油宅配等。

（2）休闲运动中心

为园区业主提供休闲娱乐服务和运动健身服务，其中休闲娱乐以咖啡茶室、棋牌和美容美发为主要服务内容，运动健身以器械健身、瑜伽、乒乓球等为主要服务内容。

（3）健康养生中心

为园区业主提供健康咨询、保健、养生、医疗等服务。包括部分园区已建成的健康服务中心，目前正在新建的健康管理中心，以及园区内由外部商家打造的养生馆、推拿馆、理疗馆等。

（4）文化教育中心

主要针对青少年与老年业主提供各类文化教育服务，主要通过培训与文化活动等形式实现。针对青少年儿童，主要开展包括早幼教、学科培训、兴趣班培训等服务，针对老年人，主要开展老年文艺晚会、老年兴趣班等服务。

（5）金融服务中心

为业主提供全方位的金融服务，包括理财、投资、保险等。

2 智能硬件

智能硬件系统通过前端智能设施设备的部署、高速宽带线路的数据传输、集团平台统一汇聚形成集中联网的物联网技术架构，现场数据实时采集和预警、总部监控全国各园区的现场环境视频及各类工程和服务运行数据，全局统筹管理；储备的海量业务数据与客户信息，为后续运营大数据统计分析和价值提炼奠定基础，向管理层提供最真实、完整的科学管理决策依据。

2.1 环境要求

2.1.1 场地要求

施工现场开阔，具有足够的空间安装智能硬件设备（如出入口道闸、快递柜等），同时位置较好，一般为园区出入口、会所等人流量大的明显区域，可以使业主及用户及时、便捷看到智慧硬件设备，进行使用和操作。施工过程中，现场必须设置施工安全标志。施工完毕，现场设置智能硬件使用引导的宣传标识。

2.1.2 气候要求

因北方地区冬季冰冻寒冷，智慧园区工程施工做好统筹规划，尽量安排在 2 季度至 3 季度内完成。考虑安全因素和施工效率，可以科学计划，白天在室外场所施工作业（安装、浇筑、布线等），晚间在机房等室内场所安装设备、系统调试等。智能硬件的应用环境需要保证照明，通过安装照明灯、补光设备等措施提高智能硬件项目的使用效率。

2.1.3 环保要求

任何智慧园区工程不得对其他智能化系统造成影响和干扰，专线专用不共享；不得破坏园区原有的装修和景观，施工完毕必须清理现场，打扫卫生，恢复整洁干净的园区环境。

2.2　工程建设标准

2.2.1　慧通行前端工程建设

（1）慧通行性能要求

通过园区住宅主出入口升级改造达成以下主要目的——访客车行、访客人行出入园区，通过门禁道闸控制访客身份安全、智能联动相关设备。

出入口升级对象为住宅类园区，每个园区出入口场地、场景、道路等不同；每个园区物业服务存在差异化；每个园区车场、停车出车方式不同。因此，在升级过程中方案存在差异化，软件、硬件多变化（改动性）。

对园区出入口进行智慧升级：基于行人、机动车、非机动车分道进出，在此基础之上进行智慧升级，即基于互联网＋实现出入口物业端功能，进一步提高园区出入口智能化服务水平。

慧通行改造项目可以保留原系统部分设备，利旧使用，比如，闸机、地感、余位屏、远距离读头、业主卡等；条件允许甚至还可以利用原系统网络及共用服务器之类。但要求改造过程中合理对接、边改造边维护。

项目原有车卡、门禁信息，由园区服务中心提供并导入慧通行平台。

根据现场系统配置，道闸及门禁采用数字（TCP/IP）或总线方式（485线、模拟）与后台相连，采用集中管理模式；车行道闸处设置车牌识别摄像头；人行门禁或摆闸等植入二维码扫描器、刷卡器；改造以不破坏原设备外观为原则。

业主可通过刷卡进入（人行或车行）。

访客可通过刷二维码、密码（人行）进入。

访客可通过车牌识别系统（车行）进入。

控制系统（车辆管理系统/二维码扫描控制系统）需提供接口，可与业主端APP对接。

后期进一步增加与门禁可视对讲、梯控设备的联动。

（2）系统改造总体参数指标要求

1）对升级的园区无论车辆进出场地如何，车牌识别技术要求一致。

2）全天候车辆捕获率≥99%，多检率≤3%；全天候车牌识别正确率≥98%；自适应摄像机调节时间≤3 分钟。（不能有损园区整体景观，白天、晚上一致）

3）输出信息 1 张或 2 张车辆大图（可设置）、车牌彩色小图、车牌二值图、车牌颜色、车牌号码、附加信息文本等。界面上需要有拍摄的车牌，识别对比后的车牌（两者均需存储备查），需要有人工输入识别、人工强制识别功能。

4）可识别符合“GA36-2007”标准的民用车牌照和 12 式军警车牌照与 12 式武警车牌照的汉字、字母、数字、颜色等信息。

5）对自然环境的适应能力强；对不同光照的适应能力强；具有很高的系统可靠性；具有丰富的接口。

6）所有主要硬件部件都采用一体化接插式硬件结构，达到即插即用，不需要接线和调整螺丝，实现傻瓜式维修。

（3）车场建设

车辆出入使用，带辅助功能的独立车牌识别系统和远距离读卡系统共存的控制道闸开启方式，使得车辆出入园区；有预约临时访客车辆，业主（长期用户）使用预约系统（业主端 APP）进行访客预约功能，APP 平台与升级方一体化管理平台数据进行对接，当车辆按照预约时间进入园区时，车牌识别系统识别到预约车牌后，自动开闸放行车辆进入园区，减少秩序维护员盘查程序。出门时，根据车辆进出园区内时间，按照设定的收费标准，系统自动计算临时停车费用，秩序维护员收取停车费用后，开闸放行。若园区临时停车不收费，也就是设定收费值为零，自动开闸放行。（访客车辆预约成功，即刻在园区任意出入口电脑中可查询）出口显示牌上需显示车牌、时间、金额等（显示停留时间需可调节）；无预约用户，根据园区对来访人员进行确认流程处理，确认后，采用秩序维护员发临时卡或取卡机取临时卡，刷卡开闸后，进入园区（记录时间，车牌录入）。出场时，交还秩序维护员临时计费卡，系统自动根据设定的收费标准计算临时停车费用，秩序维护员收取临时停车费后，开闸放行。若园区临时停车不收费，也就是设定收费值为零，刷卡开闸放行；入口显示屏显示车场内剩余临停车位数，出口收费显示屏显示车牌号码、进场时间、出场时间、收费金额等。（具有相应的语音功能，音量可调）；车牌识别系统采用智能管理方式，需预留多个接口为以后拓展提供良好基础。

（4）人行门禁建设

1）人行门禁（摆闸），业主可使用业主端APP软件扫描二维码、刷业主卡以及输入开闸密码的模式出入园区。

2）人行门禁（摆闸），访客预约制度，当访客来访前，与业主联系后，业主使用业主端APP软件，进行访客预约，预约成功后，生成二维码信息，由业主通过短信、QQ、微信等方式发送APP自动生成的二维码图片（有随机性，时效性）到访客业主手机上，当访客按照预约时间到达园区时，扫描二维码信息，门禁（摆闸）开启，无碍进入园区。访客访问结束后，离开时，使用进门时的二维码，再次扫描二维码信息，开启门禁（摆闸），离开园区。

3）人行门禁（摆闸），由于某种访客的手机功能欠佳或不喜欢智能手机应用程序（APP），或老年访客，这种情况访客预约制度可利用密码开闸功能（有随机性，时效性）。业主访客来访，输入密码开闸进入，出来同样输入这个密码开闸放行（要求随机性9-15位密码）。

（5）工程安装、施工标准

1）切槽开沟后必须用水泥砂浆或者混凝土回填。

2）线管布置：所有管线必须穿管，不得裸露，根据线管走势，线管连接延长采用直通/线管拐弯处使用弯头/线管分线处采用三通/线管通过行车、行人通道和绿化带必须掩埋。安全岛墙壁上的明管必须固定。不允许用网线之类的通信线做电源线。线与线之间连接延长要求使用电工胶布包裹或者热缩管保护。

3）安全岛制作：安全岛采用合格混凝土浇筑，表面的瓷砖不得脱落。

4）设备安装：票箱、车行道闸、人行通道闸、门禁读头、车牌识别器、岗亭一体收费电脑等设备安装牢固。补光灯、蓝牙读头立柱、支架、护罩等安装稳固。门禁控制器应防水。非机动车道护栏，四对红外光栅必须对准。岗亭和环境摄像机安装角度合理。服务器机柜上锁。

（6）设备功能

1）票箱：显示屏显示，面板刷卡、语音播报、吐卡机出卡、吞卡机收卡均正常，出入口票箱均切地感。

2）道闸：刷卡起竿、车过落杆、地感位置位于道闸后面。

3）蓝牙：实现压票箱地感读卡。

4）摄像机及补光灯：视频显示清晰，补光效果良好。

5）门禁控制器、人行摆闸、门禁读头：刷卡、密码和二维码等方式均正常开闸。

6）服务器：下发临时卡，月卡，蓝牙卡功能正常。能正常查询报表所有记录，创建用户修改用户权限，修改临时卡月卡收费规则，修改卡片用户权限。设备状态显示与实际相符。

2.2.2 智能快递柜前端工程建设

（1）智能快递柜性能要求

智能快递柜安装于园区开阔和人流量大的位置，方便快递员和业主存取，与业主端 APP 对接，快件入柜后可以实时收到 APP 推送或短信通知，APP 的优先级高于短信（对于 3 天之内未进行取件也未开启业主端 APP 的用户，系统将通过短信通知），业主凭二维码和密码等方式取件。

（2）安装场地选择

1）安装位置应选址园区内部地面平整（视具体情况做好地面硬化措施）、开阔和人流量大的中心位置，如园区大门口、生活服务中心等处。

2）安装位置交通便利，能够方便快递员投件和业主取件，有多人同时取件的回旋余地和空间。

3）安装位置防雨、防晒（室外安装需要加装雨棚），若采用3G/4G无线传输（需要确保无线信号覆盖良好，信号强度至少－75dBm以上）。

4）安装位置方便快递柜供电、取电和网络连接（若采用有线宽带传输，带宽确保4M以上），具备安全性。

5）安装位置能预留括容空间，能够确保后续至少增加2组副柜。安装位置不得占用和影响消防通道。

6）快递柜安装不得影响和破坏园区环境、景观。

（3）快递柜安装及取电

1）快递柜柜体安装：确定快递柜是室内机还是室外机，注意室内机严禁放置在室外。柜体安装牢固，设备连接线路排线清晰（线缆绑扎整齐），设备接口安装稳固，线缆有明确标识。对现场环境无影响。再确定快递柜的配置，是一主几副，确定好“设备尺寸”，选好安装位置，进行地面的区域划分和平整度的调整，地面长度和宽度的确定，原则上地面长度和宽度位置每边要超出快递柜尺寸50厘米，净空高度保持在2400毫米左右，快递柜后壁与隔墙宽度在50厘米左右，方便维修人员在柜体后面操作，四周不要障碍物，快递柜的安装平整度要求较高，在浇筑地面时务必确保地面平整，否则会影响安装时的进度和不必要的返工，平整度参照室内地面平整，可用“水平尺”进行测量。

安装前安排好安装人员，由于快递柜比较重，需进行搬运和组装，安装人员需多人，建议配置安装人员3人一组，维护调试人员1人，共4人进行一组作业。

安装前需准备好安装工具：万用表、螺丝刀、斜口钳、剥线钳、胶布、电钻、冲击钻、玻璃胶、梯子、锤子等常用安装工具。

安装前务必和负责人沟通好相关事项，确定安装位置、安装时间（室外机不可在雨天安装）、用电时间、注意事项等，确保沟通没问题后进行安装，避免不必要的麻烦。

室外机务必提前安装雨棚，雨棚定制时按照快递柜的实际尺寸进行定制，做好防水防晒措施，原则确保后期不会被雨淋湿、太阳暴晒，造成机器损坏。

2）快递柜的电源安装：电源要求 220V、单相 3 线制，附带备用电源。电源高度 2.3 米，电源接头保证火线、零线、地线三线用不同颜色区别（火线红色，零线蓝色，地线黄绿相间），并保证所有接线一致禁止出现错接、短接、断接、露接、虚接现象。电源走线方便、安全，走线要穿管；穿管要求：高度要达到 3 米，不足 3 米的以最高墙角线为准，电源插座不能固定在墙上的，一定要固定在主柜上，机柜也必须接地，建议使用电源盒锁，将插头和电源线放在电源盒并锁上，保证安全为第一原则。

（4）快递柜前端操作

派件/取件/退件功能：快递员派件，快递员派退件，快递员派件换箱，用户取件，维护人员揽超时间，查看剩余的箱体。

1）快递员修改密码，用户修改密码，用户绑定卡片，快递员绑定卡片。

2）短信发送：快递员派件成功，通过短信方式通知用户和配送员。

3）APP 信息推送：快递员派件成功，通过服务器推送消息到业主端 APP，通知用户。

4）临时寄存：用户登录选择寄存，通过短信或 APP 获取取件密码。

5）基础配置：服务器地址配置，外设配置，日志信息，视频监控记录，拍照信息等。

6）信息发布：通过信息发布系统后台制作节目（视频、图片、文字等多媒体组合）一键发送到快递柜前端屏幕进行显示。

7）用户操作：业主端 APP 二维码取件、短信密码取件、退回快件。

2.2.3 智能设备监测前端工程建设

（1）能耗监测系统性能要求

通过在设施设备机房（配电房、水泵房）管、线路上加装三相测控电表、超声波流量计、压力变送器、液位变送器等传感设备，实时采集监测园区用水用电能耗数据，回传后台进行统计分析和故障预警。

1）系统自带 UPS 断电工作维持时间至少达 30 分钟。

2）系统可靠性指标：系统平均无故障工作时间：MTBF≥50000 小时。

3）系统响应时限指标：刷新频率小于 10 秒，各类画面调用响应小于 1 秒。

4）数据保存频率：用电量每 30 分钟 1 次；其他电流、电压、功率、功率因数等每 5 分钟 1 次；异常等情况实时保存。

（2）生活水泵房监测标准

生活供水分三个压力区，每个压力区三台水泵（二用一备）：信号采集取高区供水管上的压力、中区供水管上的压力、低区供水管上的压力，选取压力传感器，须按国家标准 0～10V 或 4～20mA。

三个压力区压力设定高值、低值按线性运作分布状态作组态动感画面，在设定压力值范围内压力动态显示绿色，超压显示红色、低于设定值显示黄色，超压或低于设定值（并且在一定时间内压力没恢复设定值内），画面显示报警和输出报警；同一软件画面显示三个压力区 9 台水泵停运状态。软件设计时考虑到今后三个压力区都需增加一个远传智能水表、三个智能实时流量计；硬件选取时需考虑到今后数个开关量输入及备用模拟量输入。

1）在生活水箱总进水管上加装智能远传水表（需机械旁路施工），接入数据采集器，在监测软件画面上能显示某月某日累计总水量，即水平 X 轴是某月某日，垂直 Y 轴是累计总水量，在图形上累计总水量是一根平行于 X 轴的曲线，并用鼠标移动致点显示累计总水量。

2）在三个压力区（高、中、低）水泵出口附近加装智能电磁流量计（需机械旁路施工），接入数据采集器，在监测软件画面上能显示三个压力区的瞬时流量，即，水平 X 轴是某日 24 小时时段，垂直 Y 轴是对应某个时间的瞬时流量，在图形上瞬时流量连成的曲线平行于 X 轴，并用鼠标移动致点显示瞬时流量。

3）在生活水泵总控制柜上加装智能电表，接入数据采集器，在监测软件画面上能显示瞬时电流、电压；累计消耗功率（度），这分二个视图：水平 X 轴是某日 24 小时时段，垂直 Y 轴是对应某个时间的瞬时电流、电压，瞬时累计消耗功率（度）；水平 X 轴是 1～12 个月，垂直 Y 轴是对应某个月的累计消耗功率（程序内部输入计量时间与项目规定的抄表时间相符，可调式）。

（3）消防水泵房监测标准

被监测设备包括二台消火栓水泵、二台喷淋水泵、一个地下室消防水池、园区最高层有试验消火栓及压力表。在消火栓水泵出口加装一个由设计方选取压力传感器；在喷淋水泵出口加装一个由设计方选取压力传感器；在消防水池中加装一个重力传感器；在园区最高层试验消火栓口加装一个压力传感器，这样三个压力传感器及一个重力传感器在消防泵房内设置一个就地控制箱，有信号输出模块，就地报警功能、就地显示功能，信号输入数据采集器或服务器。

根据项目消防设计要求或实际调定的消火栓泵出口压力值 x；喷淋泵出口压力值 y；园区最高层（最不利点）压力值 z；重力传感器模拟量转化为实际消防水池的水位高度（米），在软件画面上显示四个坐标图形：水平 X 轴某日 24 小时时段（时间轴），垂直 Y 轴分别是三个压力值，初步设想存储量为一个星期后自动删除。当 x 压力值大于 $x+x1$（允许启泵增加的压力值）时，就地报警、画面显示报警，消控室报警、远程报警；当 x 压力值变小，在一定时间内没有恢复原值时就地报警、画面显示报警，消控室报警、远程报警；当 y 压力值大于 $y+y1$（允许启泵增加的压力值）时，就地报警、画面显示报警，消控室报警、远程报警；当 y 压力值变小，在一定时间内没有恢复原值时就地报警、画面显示报警，消控室报警、远程报警；当 z 压力值大于 z

＋z1（允许启泵增加的压力值）时，就地报警、画面显示报警，消控室报警、远程报警；当z压力值变小，在一定时间内没有恢复原值时就地报警、画面显示报警，消控室报警、远程报警。另，消防水池的水位高度（米），在坐标图形边增设柱状静态水位（绿色），当水位超过一定值或低于一定值显示红色并就地报警、画面显示报警，消控室报警、远程报警。

（4）高压配电房监测标准

被监测设备包括二路10kV进线，二个进线柜、二个计量柜、二个出线柜，有明确的二段分路开关柜组（有电容柜、联络柜等）、各分路开关的标识与实际控制对象一致、提供园区能耗计量表系图。

高压配电房监测对象为消防控制柜主、备分路开关，生活水泵主、备分路开关，监控室主、备分路开关，会所主、备分路开关，大型设备主、备分路开关等。但在软件设计中画面的体现要有一段、二段所有分路开关。

所监测的分路开关加装由设计方选取的智能电表，能即时显示三相电流、电压、有功、无功、累计电量等，并有通信接口，信号输入数据采集器。PC机上要能体现一段、二段所有分路开关，但对所监测的开关对象用鼠标双击跳出一个小画面，此画面能显示这个分路开关即时显示三相电流、电压、有功、无功、累计电量等；对所监测的开关在软件画面上能体现二个坐标图形：时间和电流记录曲线、时间和电压记录曲线（1秒为记录基准），注：电压、电流记录曲线存储期为一个星期；对所监视的开关出现人为拉闸和过载跳闸进行显示报警、就地报警、远程报警（人为拉闸可不报）。

（5）高压配电房监测原则

一段、二段计量柜不能动用；最高平台层面主要监测原则是高功高计和高能耗所对应的分路开关。

1）在出线柜内或变压器二次侧开关柜内加装由设计方选取的智能电表，接入数据采集器，在监测软件画面上能显示柱状耗电量图形，即水平 X 轴是月份(程序内部输入计量时间与项目规定的抄表时间相符，可调式)，垂直 Y 轴是当月累计耗电量(柱状形式)

2）对高能耗所对应的分路开关，例生活水泵主、备开关、会所主、备开关也单独在软件画面上显示柱状耗电量图形，即水平 X 轴是月份（程序内部输入计量时间与项目规定的抄表时间相符，可调式），垂直 Y 轴是当月累计耗电量（柱状形式）

3）工程施工中，设备固定、布线套管、标签标记、横平竖直、强弱电分离等强调设备安装及布线规范性。设备安装高度、信号截取位置符合国家相关法规、规程，如《电力安全工作规程》，施工人员持证上岗，安全第一。

2.2.4 智能电梯监测前端工程建设

（1）电梯运行监测及报警要求

可 24 小时实时采集，监测电梯状态（正常/故障/检修），运行方向、当前楼层、轿厢开闭、电梯维保等状况。可对各类电梯故障，在 2 分钟内触发报警，包括非门区停梯报警、冲顶报警、蹲底报警、运行中开门报警、超速故障报警、开门走梯报警、断电报警；同时还可自动识别是否有被困人员。电梯检修状态下则不进行报警。

（2）前端电梯工程安装标准

智能电梯监测产品应适用于不同场合、不同类型电梯的安装运行环境，不区分电梯品牌、型号、驱动方式等，适应于所有垂直电梯的运用。前端感知设备应不影响电梯原有的机械结构，且与电梯原有电气回路无任何连接。智能电梯监测系统应符合国家质监管理部门关于远程监控系统的技术标准要求。适用于各种网络模式，可以根据现场传输条件选择不同的方案。

1）智能电梯监测涉及的所有前端感知设备应置于同一金属壳机箱内，若机房和轿顶都有设备，则必须在机房和轿顶分别设置机箱。机箱外壳应与电梯主电源系统的保护线（PE）连接。

2）电梯网关设备上所有固定的安装螺丝应安装齐全，并且设备被牢固地安装在固定物体上。

3）红外设备被牢固地安装在轿顶，感应器采用两个以上M4～M6螺丝固定。

4）对讲装置被牢固地安装在轿顶，采用两个以上M4～M6螺丝固定。

5）平层感应器支架应采用金属材质的支架，钢板厚度必须大于3.0mm。开关支架与轿顶之间的连接都要采用两颗以上大于M4螺丝固定，每颗螺丝都要配平垫、弹垫。平层感应器支架上所有固定的安装螺丝应齐全，平层感应器应牢固地安装在支架上。平层感应器的感应头和感应片之间的距离在8～20mm之间。电梯平层时，平层桥板插入开关的深度在槽深的1/3～2/3之间，平层开关垂直位置在桥板中部，平层开关的信号线与终端端子的连接牢固，确定电梯原有平层位置开关类型及特性，防止影响电梯。

6）感应片应平整、整齐地安装在电梯的导轨上，在电梯的每个楼层都应安装一条感应片（感应片长度在150～200mm），当电梯处于平层状态时，平层感应器的感应头应在感应片的中间位置。

7）门锁开关和感应片被牢固地安装在轿门上，并且在感应片进入门锁开关的有效范围后，感应片和门锁开关之间的距离在8～15mm之间。开关与轿顶之间的连接都要采用两颗M3螺丝固定，每颗螺丝都要配平垫、弹垫，感应片固定牢靠，与开关之间感应灵敏，并保持有效间隙。

8）轿门在开启和关闭时，门锁开关应能有效地动作。当轿门完全关闭后能正确判断出关闭状态，当轿门从关闭状态进行开启时，有效范围小于20mm，即在轿门在开启大于20mm以上时，门锁开关动作。

9）在电梯的四个角分别进行检查，每个位置都能正确显示有人状态。

10）轿顶、井道和机房所有布线应整洁，无导线外露。线束在接线位置应紧固连接，并且没有裸露的铜线。线束走线应整齐、美观，并用扎带进行固定，绑扎间隔应适当，松紧应合适。

11）各设备上的插头应正确、齐全地插在各对应的插件上，且各插头应插紧，无松动现象。

12）电梯监测感知设备和电梯的通信线需采用专用线束，不能用任何连接线延长该线束。

13）电梯监测感知设备与电梯的通信线长度小于2米。

14）电梯监测感知设备的接地线应和电梯的接地线相连接。

2.2.5 智能蓝牙门禁前端工程建设

（1）蓝牙门禁系统性能要求

在园区单元门内安装智能蓝牙模块，结合业主端APP实现点击或摇一摇开门，智能蓝牙设备包含DC-DC、蓝牙读头、485通信模块（梯控功能备用）、继电器（开门使用）。用户靠近单元门（3米以内），通过在业主端APP上点击开锁按钮，手机APP查找附近蓝牙信号，匹配蓝牙MAC地址，当MAC匹配完成后，APP通过蓝牙信号与模块进行密钥验证，验证通过后开门。

（2）蓝牙门禁系统性能要求

手机蓝牙识别读取最大距离在8米之内，响应时间为100毫米以内；智能蓝牙设备通过128位AES加密与手机等进行通信，保证无线开门的安全问题；在单元门口机内安装蓝牙设备并取电，安装位置空间及施工以不影响原有门禁系统使用、不破坏原有装修及美观为原则；智能门禁模块在园区大门和单元门均可以安装；电动闭门器根据实际情况可选。不带电动闭门器情况下，需要连接开门信号到闭门器控制端。

（3）蓝牙模块工程安装

1）蓝牙门禁模块与单元门口机之间的连接线要尽量固定牢靠，接好线路后要用绝缘胶布包裹好线路；允许从对讲机或读卡器取电。

2）蓝牙门禁模块需要确定位置、固定好，不允许悬挂外露，避免造成线路接触不良，不得影响原有门禁系统功能和环境美观。

3）蓝牙门禁模块的天线尽量放置在预埋盒的外面，这样蓝牙信号会更强一点，如果无法放到外面，在内部放置需要注意，尽量远离金属及电路区域。

2.2.6 园区 WiFi 前端工程建设

（1）园区 WiFi 系统性能要求

园区内部包括会所、服务中心、园区广场、中心花园、休闲凉亭、游泳池、儿童游乐区园区门岗、班车点等场所为主要覆盖区域；系统建设采用分布式、瘦 AP 架构，支持 POE 供电模式；系统支持上网行为审计功能（满足公安 82 号令）；系统支持业主端 APP、短信、固定账号等上网认证方式，且以 APP 认证为主。

（2）无线参数指标

1）园区 WiFi 系统支持 802.11b/g/n 标准，可以工作在 2.4G 和 5G 频段，覆盖区域任意点信号强度＞－75dBm，覆盖半径 30～50 米（无阻挡情况）；在无线覆盖区内 95％位置、99％时间可接入网络，两个有重叠覆盖区的 AP 间能相互切换。

2）对单个 AP 按照至少接入 50 个并发用户数进行设计，用户平均上网速率不低于 500kbps、最高速率限制不高于 2Mbps。建立基于“吞吐量”的负载自发均衡机制，实现用户终端在忙闲 AP 之间的智能调整。

3）系统安全性：物理层支持 WPA/WPA2/WAPI/MAC 等安全机制，支持黑白名单管理和上网行为管理、具备非法 AP 监测、无线协议攻击防御功能，能提供完善的安全保障。

4）系统支持三层漫游功能。

（3）园区 WiFi 工程布线及设备安装

1）机柜（箱）的安装

预留周围空间、高度距地 1.2 米，确保设备整洁，便于取电、平稳抗震。

2）室内、室外 AP 安装

安装牢固，室外 AP 加装抱箍，有必要则需立杆，做好设备防雷接地。AP 安装位置应该选择视野开阔的区域，目标覆盖区域与天线之间最好为视距环境。AP 安装在室外时，需要做好相关设备、线缆等室外设施的防护措施，包括防水、防雷、防尘、防盗等。通过室外覆盖室内时，一般考虑只穿透一堵墙体为宜，室外天线可考虑选择窄波束天线，降低干扰。

AP 与交换机/ONU 一般采用网线连接，理论传送距离为 100 米，通常建议网线不超过 80 米。在网线传送距离不足时，可采用光电转换器或网线中继器等方式进行连接。AP 通常采用 POE 供电方式，也可采用交流直接供电方式。POE 供电距离一般在 80 米以内，一般可分为 POE 供电模块和 POE 交换机两种方式。POE 供电模块主要是配合普通交换机/ONU 使用；POE 交换机是指以太网交换机中内置 POE 供电模块，实际使用时应注意核算 POE 供电交换机总输出功率是否满足所连接多个 AP 的总功率要求。

3）天线安装

调整好角度，支架固定。若为挂墙式天线，必须牢固地安装在墙上，保证天线垂直美观；若为吸顶式天线，可以固定安装在吊顶下，保证天线水平美观，均以不破坏室内整体环境。如果吊顶为石膏板或木质，还可以将天线安装在吊顶内，但必须用天线支架对天线做牢固固定，不能任意摆放在吊顶内，支架捆绑所用的扎带不可少于 4 条。在天线附近须留有口位。安装天线时应戴干净手套操作，保证天线及顶棚的清洁干净。天线的安装位置符合设计文件（方案）的规定，并尽量安装在吊顶的中央。天线放置要平稳牢固，如果垂直放置，安放位置要合理美观。天线连接容易，上紧天线时必须先用手拧紧，最后用扳手拧动的范围在 1 圈内即准确到位，要做到布局合理美观，做天线的过程中不能弄脏顶棚或其他设施，摘装顶棚使用干净的白手套，室内天线接头要用胶带包扎做防水处理，室外天线的接头必须使用更多的防水胶带，然后用塑料黑胶带缠好，胶带做到平整、少皱、美观，安装完天线后要擦干净天线。

室外天线建议使用八木天线，在风力较大地区若使用室外定向板状天线，尽量避免使用反射板，安装反射板后应注意加装增强支架。室外天线在天线架上底安装必须确保天线处于避雷针

45 度角保护范围内。

4）线缆（电源线、馈线、网线）布放

符合综合布线规范，横平竖直、标签标记、套阻燃管，强弱电分离；不允许破坏原有装修。馈线布放要求走线牢固、美观，不得有交叉、扭曲、裂损情况。当跳线或馈线需要弯曲布放时，要求弯曲角保持圆滑，不超过下表的规定：

线径	二次弯曲的半径	一次弯曲的半径
7/8”	360 毫米	120 毫米
1/2”	普通 210 毫米	70 毫米
1/2”	超柔 120 毫米	40 毫米
3/8”	150 毫米	50 毫米
1/4”	普通 100 毫米	50 毫米
1/4”	超柔 40 毫米	20 毫米

穿竖线首先要认真看清图纸，对竖线在各层中的排列顺序要有合理的安排，竖线要直，做到方便检查，布局美观，要求穿 PVC 管，扎带每 1 米一个，剪齐，方向一致。

穿横线要穿套管，走线要水平、拉直，不可捆绑在细的线缆上，要做到单独捆绑，在顶棚上每 1.5 米一个扎带，明线处 0.6 米一个扎带，扎带的头要剪齐，做到方向一致。注意走线的美观，经过白墙时要穿套管。所有 7/8 的馈线要用粗扎带捆扎，没有用套管的地方要用黑色扎带，有白色套管的地方用白色扎带。两条以上的馈线要平行放置，每条线单独捆扎。馈线所经过的线井应为电气管井，也就是通常指的弱电井，不能使用风管或水管管井。馈线尽量避免与强电高压管道和消防管道一起布放走线，确保无强电、强磁的干扰。对于不在机房、线井和吊顶中布放的馈线，应套用 PVC 管。要求所有走线管布放整齐、美观，其转弯处要使用 PVC 软管连接。走线管应尽量靠墙布放，并用线码或馈线夹进行固定。

走线不能有交叉和空中飞线的现象。若走线管无法靠墙布放（如地下停车场），馈线走线管可与其他线管一起走线，并用扎带与其他线管固定。

室外馈线进入室内前必须有一个馈线进出口的墙孔应用防水、阻燃的材料进行密封。

馈线的连接头必须安装牢固，正确使用专用的做头工具，严格按照说明书上的步骤进行，接头不可有松动馈线芯及外皮不可有毛刺，拧紧时要固定住下部拧上部，确保接触良好，接头驻波比应小于 1.2，并做防水密封处理。

5）无源器件安装及标签要求

无源器件应用扎带、固定件牢固固定，不允许悬空无固定放置，要保证量好馈线长度后再锯掉馈线，做到一次成功，较短的连线要先量好以后再做，不要因为不易连接而打急弯，如果线太长要锯掉，不能盘在器件周围。

如果业主没有特殊要求，需使用统一的标签，标签编号应与设计方案保持一致，内容包括每个器件的名称、线的方向和长度(两头都要有)，每个器件和每条馈线都必须有记录，必要时标签要用透明胶带加固。

2.2.7 智能人脸识别前端工程建设

（1）人脸识别系统性能要求

人脸抓拍摄像机抓拍人脸之后将人脸图片传输到后端的人脸比对单元，和其中的白名单图片库进行比对，然后将比对结果通过网络链路传输到摄像机，通过摄像机的开关量输出接口传输给人行通道控制主机，可无缝联动到行人闸机的开关状态，实现人行出入的自动化无人值守管理，要求人与人行道闸距离在 0.5～3 米范围内开门可调（一般用户为 1 米左右距离，可自动识别开启人行道闸），开门方向正确。

（2）人脸检测捕获功能要求

1）实时分析 H.264/JPEG 视频流。

2）采用高清逐帧检测/跟踪技术，自动扫描（检测）监测区域内的人员，输出最佳人脸图像，人脸检测/捕获率高。

3）采用状态辨识机理减少复杂背景的干扰。

4）可检测左右旋转+/−30度以内，俯仰+/−15度以内的人脸。

5）处理速度快捷：对200万像素高清图像，处理速度达到2帧/秒。

6）支持人脸检测区域设置功能。

7）对1080P视频，可检测宽度60像素以上的人脸。

8）准确的人脸跟踪，为每人抓拍多张照片，并通过跟踪滤除人脸误报。

（3）人脸识别特征提取要求

系统后台实时接收前端设备上传的人脸图像，进行人脸特征提取并存储到数据库，供后续比对/辨识使用。自动人脸特征提取可以完成海量人脸自动提取任务，在标准服务器配置时提取一张人脸图像特征在60毫秒内，生成7K字节/人的特征文件。存储每张人脸图像、特征文件以及位置、时间、通道信息，平均入库时间<0.5秒。

（4）人脸动态对比功能要求

人脸动态比对系统为分布式运算系统，采用星状拓扑结构，将前端捕获的人脸图像与黑名单中人员图像进行实时比对，动态更新黑名单中每个目标的“最”相似候选人列表，可以完成海量人脸自动比对任务，提供最有价值的信息，实时性高。人脸比对速度>150000次/秒（单核处理器），人脸筛选率<1/30，响应时间<2秒。

1）支持多种格式的人脸图像数据输入。

2）人脸抓拍尺寸不小于80×80像素。

3）人脸图片后台分析尺寸不小于120×120像素。

4）实现数据库数据的批量导入，实现比对结果的批量输出。

5）服务器为标准配置时，比对速度为200万次/秒。

6）匹配精度可根据需要设置。

（5）人脸抓拍检索功能要求

对前端上传图片中的指定人员的人脸图，与相机抓拍库进行比对，确认该指定人员的真实身份。手动添加一张待查询人脸，选择抓拍相机，静态比对查找，按照相似度从高到低依次排列。支持静态抓拍和动态抓拍。

可进行前端摄像机的过人图片检索，支持两种方式：按结构化信息检索（性别、年龄等）和以图搜图检索。以图搜图：可导入一张前端抓拍图片或其他符合要求（如分辨率、格式等）的人脸图片，与指定相机的抓拍图片进行比对，可检索该人员的过人记录。

系统可支持 24 路人脸比对并发任务，支持万人库容导入和使用，人脸比对速度＞150000 次/秒（单核处理器），人脸筛选率＜1/30，响应时间＜5 秒。

（6）黑名单及报警功能要求

可设置黑名单，黑名单库中的用户禁止放行，且黑名单中人脸相似度高的人员一旦出现，即可报警。人脸比对服务器对前端 IPC 上传的最佳人脸图片进行人脸特征分析，提取人脸信息，并对照内部存储的人脸信息库进行筛查比对，动态更新人脸库中每个目标的“最”相似候选人列表，并可根据要求进行联动告警。

（7）人脸识别工程安装要求

人脸识别摄像机要求安装牢固，摄像角度调整合理，覆盖人行道闸出入范围，无死角，能够与人行道闸联动，灵敏触发。用户在距离人行道闸 1 米左右即开启闸门（且能够根据实际需要，在 0.5～3 米范围可调），摄像机安装高度 2～3 米之间。整体安装施工不影响原有其他系统，不影响园区环境美观。安装走线必须套 PVC 管，横平竖直，线缆有明确标识。服务器安装必须安放在机柜机架内，用配套螺丝牢固固定。220V 电源接线禁止出现错接、短接、断接、露接、虚接等现象。

（8）摄像机安装要求

1）安装位置：处于通道或者出入口的正前方。

2）安装高度：建议 2.0～2.5 米。

3）枪机距离抓拍点的水平距离：和选用的不同镜头的焦距

有关系，焦点在通道出入口，人脸瞳距要求为 60～80，且人脸像素不小于 80×80。

4）监控区域的宽度：介于 1.5 米到 2.5 米之间。

5）摄像机俯视角度：约在 15°以内。

（9）现场安装环境要求

1）光照：如果监控区域没有补光，建议在监控区域的正上方离地面 3 米处每隔 1 米安装一个 25 瓦的白光日光灯进行补光，同时保证人脸左右两边的补光均匀，无阴影，高光溢出等，否则会影响人脸抓拍率。

2）遮挡：人的脸部如果被口罩、头盔等其他物体遮挡，则智能枪无法检出人脸。

3）人脸在画面中的倾斜角度：拍摄到的人脸基本为正面直立姿态，人脸正对相机最容易被抓拍到，智能枪允许人脸有一定的倾斜角度，但是左右偏转要小于 30°，上下偏转要小于 15°。

4）强顺光、逆光场景：人员卡口业务选择场景时尽量避免强顺光、逆光场景，这种场景会因为人脸过暗或者过曝导致人脸检测不到，从而使人脸抓拍率下降。

5）人流量：单台智能枪同时可以检测的人脸不超过 15 个且无干扰，对于易同时出现 15 人以上的场景建议通过安装多台智能枪进行抓拍。

6）人员在场景内能持续拍摄时间：从人脸到可识别的远界（一般由分辨率决定）到近界（一般由人脸姿态角度决定），行进时间应不低于 1 秒，一般行进距离应不小于 2 米。

7）行人运动速度：人员卡口的应用场景推荐出入口等有行人正常走动的场所（行人正常的移动速度在 5 千米/小时左右），不推荐应用在道路等有行人快速移动的场景，行人运动速度超过 10 千米/小时时无法保证抓拍率。

8）摄像机成像：应鲜明、清晰、锐利，所拍摄到的人脸有足够分辨率。

9）宽动态场景：避免宽动态场景。

10）玻璃门等反光场景：玻璃门上的倒影干扰人脸抓拍识别；玻璃门反光较严重，对门外的人脸影响也较大。

2.2.8 鹰眼监控前端工程建设

（1）鹰眼监控系统建设要求

监控点必须包含园区出入口、服务中心、设备房、消监控中心、园区（主干道、中心花园、娱乐设施中至少1处）、会所、泳池等重点场所。图像应覆盖整个出入口，无卡顿现象，能清晰反映车辆及行人出入状态，能清晰反映员工的工作状态，夜间如照度不够应在相应处增加补光设备。系统支持双码流，提供PC和手机客户端查看方式。

（2）鹰眼监控工程安装

1）室外机箱安装：箱体材料适应室外环境，位置便于取电，安装平稳牢固，做好防雷接地。

2）设备安装：设备安装牢固，如需要设置立杆，安装角度符合监控区域要求，位置方便取电，做好设备防雷接地。

3）立杆要求：立杆材料、壁厚、承重符合相关标准要求。

4）管道、线缆布放：符合管线施工规范要求，横平竖直、标签标记、套阻燃管，强弱电分离；不允许破坏原有装修；光纤熔接按照标准规范操作。

5）标识牌：监控区域做好标识牌标记，要求清晰可见。

附二　智慧社区　智慧家庭业务接入管理通用规范 DB 42/T 1226—2016

目　　次

5 系统要求

5.1 系统组成

5.2 业务汇聚平台

5.3 业务接入网关

5.4 清分结算中心

5.5 业务节点平台（社区运营平台）

5.6 业务门户

5.7 系统安全性

6 业务接入

6.1 信息模型

6.2 接入方式

6.3 第三方接入

6.4 系统接口

6.5 业务流程

附录 A 业务汇聚平台功能结构（规范性附录）

A.1 总体要求

A.2 合作伙伴管理

A.2.1 资质管理

A.2.2 基本信息管理

A.2.3 业务管理

A.2.4 考核管理

A.3 业务管理

A.3.1 业务分类管理

A.3.2 业务信息配置

A.3.3 业务审核发布

A.3.4 业务状态管理

A.4 产品管理

A.4.1 产品目录管理

A.4.2 产品创建

A.4.3　产品上线

A.4.4　产品退出

A.5　客户管理

A.5.1　客户信息管理

A.5.2　用户信息管理

A.5.3　账户信息管理

A.5.4　业务服务开通

A.6　账务管理

A.6.1　账单管理

A.6.2　账务处理

A.6.3　结算管理

A.6.4　账务审核

A.6.5　账务报表

A.7　计费管理

A.7.1　订购管理

A.7.2　详单管理

A.7.3　计费处理

A.7.4　异常处理

A.8　操作权限管理

A.8.1　组织机构管理

A.8.2　系统账号管理

A.8.3　系统权限管理

A.9　系统日志管理

A.9.1　系统日志维护

A.9.2　系统日志查询

A.9.3　系统日志统计

A.10　系统备份管理

A.10.1　数据备份

A.10.2　数据恢复

A.10.3　数据清理

A.11　客服中心数据接口

A.11.1　客户资料接口

A.11.2　用户信息接口

A.11.3　订购接口

A.11.4　合作伙伴接口

A.11.5　服务开通接口

A.12　综合网管数据接口

A.12.1　业务应用接口

A.12.2　系统日志接口

A.12.3　服务器及数据库配置接口

A.13　大数据平台数据接口

A.13.1　业务详单接口

A.13.2　业务应用接口

A.13.3　用户行为数据接口

附录B　业务节点平台(社区运营平台)功能结构(规范性附录)

B.1　总体要求

B.1.1　总体功能要求

B.1.2　功能结构图

B.1.3　信息模型

B.1.4　服务范围

B.2　业务门户

B.2.1　智能手机/PAD

B.2.2　智能电视/机顶盒

B.2.3　PC电脑

B.2.4　智能终端屏

B.3　管理门户

B.4　终端UI管理

B.5　客户管理

B.6　产品管理

附录D　系统信息模型（规范性附录）

D.1　总体说明

D.2　空间域

D.3　客户域

D.4　用户域

D.5　账户域

D.6　产品域

D.7　通用域

附录E　系统接口规范（规范性附录）

E.1　业务门户与（社区）业务节点平台（社区运营平台）的接口

E.1.1　业务门户注册接口

E.1.2　业务门户认证接口

E.1.3　业务门户订购/退订业务接口

E.2　业务汇聚平台与（社区）业务节点平台（社区运营平台）的接口

E.2.1　合作伙伴信息同步接口

E.2.2　客户资料信息同步接口

E.2.3　账户资料信息同步接口

E.2.4　用户信息同步接口

E.2.5　产品订购/变更/取消接口

E.3　业务接入网关与第三方业务系统的接口

E.3.1　合作伙伴信息发布接口

E.3.2　业务配置信息发布接口

附录F　第三方业务审核、发布流程（规范性附录）

F.1　总体要求

F.2　业务流程（示例）

F.2.1　业务（产品）接入审核

F.2.2　产品发布和管理

附录G　社区用电及能效管理系统（资料性附录）

G.1　总体要求

G.2　智能家居用电管理

G.3　电动汽车充电桩管理

G.4　客户能效管理系统

附录H　小区业务（资料性附录）

H.1　总体说明

H.2　物业基础服务

H.3　增值服务

H.4　智能系统业务

1 范围

本标准规定了智慧社区智慧家庭接入业务的分类及编码、业务接入管理系统的组成和基本要求、业务系统接入的基本要求。

本标准适用于湖北省行政区域内智慧社区智慧家庭新建、改建项目的设施设备。

2 规范性引用文件

下列文件对于本文件的应用是必不可少的。凡是注日期的引用文件，仅所注日期的版本适用于本文件。凡是不注日期的引用文件，其最新版本（包括所有的修改单）适用于本文件。

GB/T 12325 电能质量 供电电压允许偏差

GB/T 14549 电能质量 公用电网谐波

GB/T 15945 电能质量 电力系统频率允许偏差

GB/T 22239 信息安全技术 信息系统安全等级保护基本要求

GB/T 28450 信息安全技术 信息安全管理体系审核指南

GB/T 28453 信息安全技术 信息系统安全管理评估要求

GB/T 28455 信息安全技术 引入可信第三方的实体鉴别及接入架构规范

GB/Z 28828 信息安全技术 公共及商用服务信息系统个人信息保护指南

DB42/T 1226 智慧社区 智慧家庭设施设备通用规范

3 术语及定义

DB42/T 1226 的术语及定义和下列术语及定义适用本标准。

3.1 业务接入网关

业务接入网关 service access gateway

各类社区相关的智慧业务接入业务汇聚平台的前置平台。

3.2 清分结算中心

清分结算中心 sorting and settlement center

对接多种第三方的支付平台，提供业务过程中支付、计费、结算和清分的能力系统。

3.3 信息模型

信息模型 information model

智慧社区智慧家庭各相关系统共用的信息间关联模型，包括空间域、客户域、用户域、账户域、产品域、通用域等。

3.4 空间域

空间域 spatial domain

满足家庭各数据源对到户地址不同层级（空间）的设备和业务管理和应用要求的信息模型。

3.5 地址

地址 address

指层次化、结构化的地址资源，家庭单位的主要标识，是支撑来自业务网关的用户业务活动识别、汇聚的主要纬度之一。

3.6 地址元素

地址元素 address element

描述地址构成中不可拆分的最小单位。

3.7 地址层级

地址层级 address hierarchy

地址层级依据地址的结构而抽取并标准化，描述地址元素在地址中的位置。

3.8 第三方平台

第三方平台 third-party platform

通过业务网关接入到业务汇聚平台、为智慧家庭提供智慧业务的他方业务平台系统。

3.9 系统接口

系统接口 system interface

业务汇聚平台与第三方平台间、业务汇聚平台与业务节点平台（社区运营平台）间、业务汇聚平台与清分结算中心间、业务节点平台（社区运营平台）与业务门户间的业务接口。

3.10 业务流程

业务流程 service flow

表述各系统平台之间以及与用户（客户）之间的业务操作动作和流程关系。

3.11 社区用电及能效管理

社区用电及能效管理 community power consumption and enerngy efficiency management

社区用电及能效管理指电力行业针对社区的电网管理、用电管理和能效管理。

3.12 电动汽车充放电管理系统

电动汽车充放电管理系统 electric car charging and discharging management system

指电力行业针对社区的电动汽车充放电进行监控与网络化管理的专业应用系统。

3.13　小区业务

小区业务　community service

指在物业公司所辖范围内、由物业管理服务平台提供或业务节点平台集成提供的社区基本业务，包括物业基础服务、增值服务、智能系统业务。

4　业务分类及编码

4.1　业务分类

业务的分类如表1。

表1　业务的分类

1级分类	2级分类	3级分类
1. 康健养护类业务	11. 健康监测咨询类业务	111. 咨询服务平台
		112. 设施设备（入户）接入管理
		113. 小区公用健康监测、体检
		114. 健康咨询师座席（按专业分）
	12. 养老及妇婴护理类业务	121. 咨询服务平台
		122. 设施设备（入户）接入管理
		123. 老人公共活动设施设备管理
		124. 老人护理
		125. 妇婴保姆服务
		126. 月嫂服务
	13. 医疗康复类业务	131. 社区管理平台（对接医疗机构）
		132. 设施设备（入户）接入管理
		133. 小区公用医疗检测设备
		134. 社区医疗站服务
		135. 病人监视及应急服务
		136. 保健康复服务

续表 1

1 级分类	2 级分类	3 级分类
2. 家庭服务类业务	21. 综合信息服务	211. 信息咨询及综合服务平台
	22. 入户类服务	221. 保姆服务
		222. 入户保洁服务
		223. 入户烹饪等服务
	23. 配送类服务	231. 电商类配送集中管理服务
		232. 周边商圈配送服务
		233. 餐饮类配送服务
		234. 委托采办类服务
	24. 其他服务	241. 学生接送类服务
		242. 幼儿托管类服务
		243. 洗衣类服务
		244. 订餐类服务
		245. 社区门店
		246. 社区公共活动
3. 家庭教育类业务	31. 综合信息服务	311. 信息咨询及综合服务平台
	32. 学生课后互动教育	321. 小学课后互动教育
		321. 中学课后互动教育
	33. 高考辅导	331. 高考专业互动辅导课
		332. 教师辅导座席
	34. 其他家庭教育类服务	331. 成人教育
		332. 学前教育
		333. 兴趣教育
4. 小区基本业务	41. 综合管理服务	411. 小区物业综合管理平台
		412. 电子政务服务平台
		423. 党建服务平台
	42. 物业管理基础业务	421. 公告信息
		422. 报装、报修
		423. 投诉建议

续表1

1级分类	2级分类	3级分类
4. 小区基本业务	42. 物业管理基础业务	424. 生活缴费
		425. 安防及停车管理
		426. 小区保洁
		427. 小区工设备运行和维保
		428. 小区绿化管理
		429. 小区秩序管理
		4210. 小区硬件工程建设
	43. 小区其他服务	431. 社交活动平台
		432. 上门服务
		433. 拼团活动
		434. 管家服务
		435. 房源信息服务
	44. 小区智能系统的业务	441. 能效管理服务
		442. 智能停车管理服务
		443. 电动汽车智能充电服务
		444. 远程监控服务
5. 其他业务	51. 智能家居服务	511. 智能家居云平台
		512. 设施设备（入户）接入管理
		513. 设施设备远程监控服务
	52. 环境、环保服务	521. 环境监控服务
		522. 净水处理及供应服务
	53. 智慧旅游类服务	531. 信息咨询及综合服务平台
		532. 旅游套餐综合服务
		533. 自由行交通、餐宿定制服务
		534. 旅游陪同、导游服务
	54. 视听娱乐类业务	541. 运营商（广电）提供的业务
		542. 运营商（电信）提供的业务
		543. 运营商（移动）提供的业务
		544. 运营商（联通）提供的业务

续表1

1级分类	2级分类	3级分类
5. 其他业务	54. 视听娱乐类业务	545. 其他业务提供商接入的业务
		546. 自媒体业务
		547. 游戏平台
	55. 智慧社区服务站	551. 服务站门户
		552. 小区周边电商服务平台
		553. 小区居家养老服务平台

4.2 业务类型编码

4.2.1 业务类型的编码

业务类型的编码为6位，前2位为地域代号，后4位为业务类型代号。

4.2.2 业务类型代号

业务类型代号为4位，前三位为业务分类号，第4位为业务类型的细分序号。业务设备的分类见表1。

4.2.3 业务类型编码示例

示例："222 1"

表示：业务分类：家庭服务类业务、入户类服务、入户保洁服务；该服务类型的细分序号为1。

5 系统要求

5.1 系统组成

5.1.1 系统应能实现对业务的接入、管理，通过业务门户将业务推送到家庭用户。系统应能支持接入业务的运营。

5.1.2 系统组成应包括业务汇聚平台、业务节点平台（社区运营平台）、业务接入网关、清分结算中心、业务门户等。系统组成的结构框图如图 1。

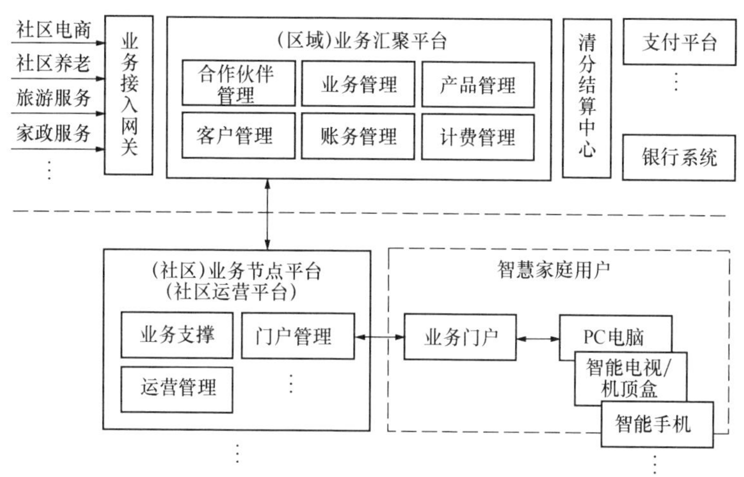

图 1 系统组成的结构框图

5.1.3 业务汇聚平台是系统的核心平台。业务汇聚平台应能为业务运营提供统一的接入、管理。业务汇聚平台可按覆盖区域进行部署。

5.1.4 业务接入网关是业务汇聚平台的前置平台。各类社区相关的智慧业务应能通过业务接入网关接入到业务汇聚平台，为业务节点平台（社区运营平台）提供智慧社区智慧家庭的相关业务，如社区养老、家政服务、旅游服务、家庭教育、社区电商等。

5.1.5 社区业务节点平台（社区运营平台）是智慧社区的业务展示和运营平台。业务节点平台（社区运营平台）应能将接入到社区的系统和业务通过业务门户提供到智慧家庭用户。智慧家庭用户可通过 PC 电脑、机顶盒/智能电视、智能手机等智能终端访问各类智慧业务和应用。业务节点平台（社区运营平台）可按社区（小区）进行部署。

5.1.6 清分结算中心应能对接多种第三方的支付平台，提供业务过程中支付、计费、结算和清分的系统能力。

5.1.7 社区的信息服务类应用如电子政务、小区物业管理等可不通过业务汇聚平台接入，直接由业务门户向家庭用户提供服务。

5.1.8 系统可按照附录G的要求与社区用电及能效管理系统进行集成，为家庭用户提供智能用电能效管理服务。

5.2 业务汇聚平台

5.2.1 业务汇聚平台应能通过业务接入网关提供智慧家庭业务的接入能力，通过清分结算中心提供业务过程中的支付、清分结算能力。

5.2.2 业务汇聚平台对社区业务节点平台（社区运营平台）提供统一的运营管理和业务支撑。

5.2.3 业务汇聚平台应基于空间资源数据库构建，应包括业务管理、客户管理、产品管理、计费管理、账务管理、合作伙伴管理、系统管理等功能模块。业务汇聚平台各功能模块的系统要求见附录A。

5.2.4 业务汇聚平台应为大数据分析平台、综合网管平台和客户服务平台提供数据接口。

5.3 业务接入网关

5.3.1 业务接入网关是业务汇聚平台向外提供前置服务的接口平台。业务接入网关应能将智慧业务系统与业务汇聚平台进行逻辑隔离，保证核心业务平台的安全性、稳定性、适配性和可扩展性。

5.3.2 业务接入网关的系统功能应包括合作伙伴信息上传、业务资料上传、产品和客户信息同步等。

5.3.3 业务接入网关应能提供业务访问过程中的认证、鉴权服务，通过转发或重定向将用户界面定位到第三方业务系统。

5.3.4 业务接入网关应能支持第三方业务使用过程中的在线订购，生成业务使用详单、实现支付、提供业务账单统计查询数据。

5.4 清分结算中心

5.4.1 清分结算中心应能对接多种第三方支付平台，将支付接口封装成业务汇聚平台的核心业务能力，提供给第三方业务系统调用。

5.4.2 清分结算中心可根据业务分层模式，对业务使用支付信息进行分账处理，提供给业务汇聚平台作为业务结算依据。

5.4.3 清分结算中心可对接银行系统的清分结算平台，支撑清分结算中心的业务能力。

5.5 业务节点平台（社区运营平台）

5.5.1 （社区）业务节点平台（社区运营平台）与（区域）业务汇聚平台共同构成社区和家庭业务的核心系统。

5.5.2 业务节点平台（社区运营平台）应基于空间资源数据库构建，应包括业务门户、管理门户、终端 UI 管理、客户管理、产品管理、账务管理、服务管理、系统管理等功能模块。（社区）业务节点平台（社区运营平台）各功能模块的系统要求见附录 B。

5.5.3 业务节点平台（社区运营平台）应能接入电子政务、社区（街道）、物业管理等服务平台。

5.5.4 业务节点平台（社区运营平台）应能通过业务门户为智能手机、智能电视/机顶盒、PAD、PC 电脑和智能终端屏用户提供接入访问，应能根据家庭地址对用户的各种行为和活动进行综合管理。

5.5.5 业务节点平台（社区运营平台）应能为家庭客户、用户、社区管理和业务管理人员等提供统一的业务支撑和管理。

5.5.6 业务节点平台（社区运营平台）应能提供客服管理功能，也应能通过业务汇聚平台接入第三方客服平台，为家庭客户提供专业化的客户服务。

5.6 业务门户

5.6.1 业务门户可包含智能手机门户，PAD门户、机顶盒/智能电视门户、PC电脑端门户、智能终端屏门户等多种形式。

5.6.2 业务门户的服务范围应能覆盖：

a）由业务汇聚平台接入的业务和信息；

b）由（社区）业务节点平台（社区运营平台）直接接入的业务和信息，包括电子政务相关业务和信息、物业管理相关业务和信息、由（社区）业务节点平台（社区运营平台）直接接入的其他业务。

5.6.3 业务门户应按照业务和功能合理布局，操作菜单不宜超过3级。

5.6.4 接入业务门户的基本业务应能由系统直接推送和卸载。

5.6.5 接入业务门户的增值业务可由系统分别推送和卸载，也可采用应用商城方式由用户选择下载导入和删除。

5.6.6 机顶盒的业务门户应能实现与多个视听门户间的相互切换。

5.6.7 业务门户的基本功能应满足附录B的总体功能要求。

5.6.8 业务门户的基本数据模型应采用附录D的信息模型。

5.6.9 业务门户与（社区）业务节点平台（社区运营平台）的接口应符合E.1的要求；业务门户与系统的通信应按照6.4业务流程的要求。

5.6.10 业务门户的注册流程可采用密码＋短信的身份认证方式，格式应按照E.1.1的要求。

5.6.11 业务门户的launcher桌面可由（社区）业务节点平台（社区运营平台）终端UI管理动态生成、通过动态Portal实现业务产品展现和访问入口认证，格式应按照附录E的要求。

5.7 系统安全性

5.7.1 系统的安全性包括物理与环境安全、通信与运营管理、访问控制、系统开发与维护、业务连续性管理等。系统应满足 GB/Z 28828、GB/T 22239、GB/T 28450、GB/T 28453、GB/T 28455 对安全性的相关要求。

5.7.2　系统应具备物理与环境安全控制机制，规范管理中心机房物理环境，防止非授权访问、破坏、干扰机房场所和信息，保障各类 IT 设备的安全性与稳定性和应用系统业务的连续运行。

5.7.3　系统应具备通信与运行管理机制，实现对计算机基础设施及网络设备的性能监控与管理，实现对基础软件、应用系统实时运行监控，保障通信网络与应用系统的高效、稳定、安全运行。

5.7.4　系统应具备安全访问控制能力，按照被访问的业务要求进行控制，实现用户访问管理，防止非授权用户访问应用系统；加强网络、操作系统、应用、监控系统的访问与使用，防止非授权的访问。

5.7.5　系统应能保障系统开发与维护的安全，保障应用系统的安全，防止应用系统用户数据的丢失、被修改或误用；如采取密码等技术控制，保护信息的保密性、可靠性、完整性，保障系统文件的安全，保障开发和支持过程的安全和应用系统软件和信息的安全。

5.7.6　系统应实现业务的连续性管理，防止业务活动的中断及保护关键业务过程不受重大失误或灾难事故的影响；系统应具备灾难备份与恢复体系，以降低核心应用系统安全运行风险。

6　业务接入

6.1　信息模型

6.1.1　系统的信息模型可按照附录 D 的描述分为空间域、客户域、用户域、账户域、产品域、通用域。

6.1.2 系统中业务汇聚平台、业务节点平台（社区运营平台）等的信息模型应符合附录D的要求。

6.2 接入方式

6.2.1 业务汇聚平台应能通过业务接入网关为第三方业务平台：

a）提供直通方式的接入服务（可不关注业务过程）；

b）提供收入分成方式的接入服务（需关注业务过程并形成业务详单）。

6.2.2 业务汇聚平台应能针对接入的一个或多个第三方业务平台业务和产品提供打包产品的服务。

6.2.3 业务节点平台（社区运营平台）应能：

a）接入业务汇聚平台6.1.1和6.1.2提供的各项服务；

b）按照6.1.1a）的方式接入电子政务、社区（街道）等服务平台提供的信息和服务；

c）按照6.1.1a）的方式接入小区的物业管理服务平台业务（可按照附录F的要求）；

d）按照6.1.1a）的方式接入周边商圈、家政服务等具有区域特征的第三方业务平台。

6.2.4 业务节点平台（社区运营平台）应能接入业务门户，为家庭客户提供6.1.1、6.1.2和6.1.3接入的业务。

6.2.5 业务汇聚平台应能接入清分结算中心，为系统提供对接入业务的清分结算能力。

6.3 第三方接入

6.3.1 业务汇聚平台应能审核接入的第三方平台，对平台和业务允否接入进行相应处理。

6.3.2 业务汇聚平台应能管理已接入的平台和业务。

6.3.3 业务汇聚平台应能进行产品管理（创建发布和退出），包括第三方平台提供的产品和业务汇聚平台创建的产品。

6.3.4 业务汇聚平台应能对6.1.3b)、c)、d）方式接入的业务和产品进行授权管理。

6.3.5 业务汇聚平台应能提供新创建产品的试运营环境。

6.3.6 第三方业务审核、发布流程应按照附录F的要求。

6.4 系统接口

6.4.1 按照图1的系统组成结构，系统间的接口至少应包括：

a）业务门户与（社区）业务节点平台（社区运营平台）间的接口；

b）业务汇聚平台与（社区）业务节点平台（社区运营平台）间的接口；

c）业务接入网关与第三方业务系统间的接口。

6.4.2 系统的接口规范应满足附录E的要求。

6.5 业务流程

6.5.1 业务流程应能表述多业务平台节点之间以及与用户（客户）之间的业务操作动作和流程关系。

6.5.2 系统的业务流程应按照附录C的要求。

附录A 业务汇聚平台功能结构（规范性附录）

A.1 总体要求

业务汇聚平台为业务运营提供统一的接入、管理。业务汇聚平台应满足5.2的总体功能要求。

业务汇聚平台应包含合作伙伴管理、业务管理、产品管理、客户管理、计费管理、账务管理、系统管理等功能模块。业务汇聚平台的功能结构如图A.1。

业务汇聚平台应采用附录D的信息模型。

业务汇聚平台可按覆盖区域进行部署。

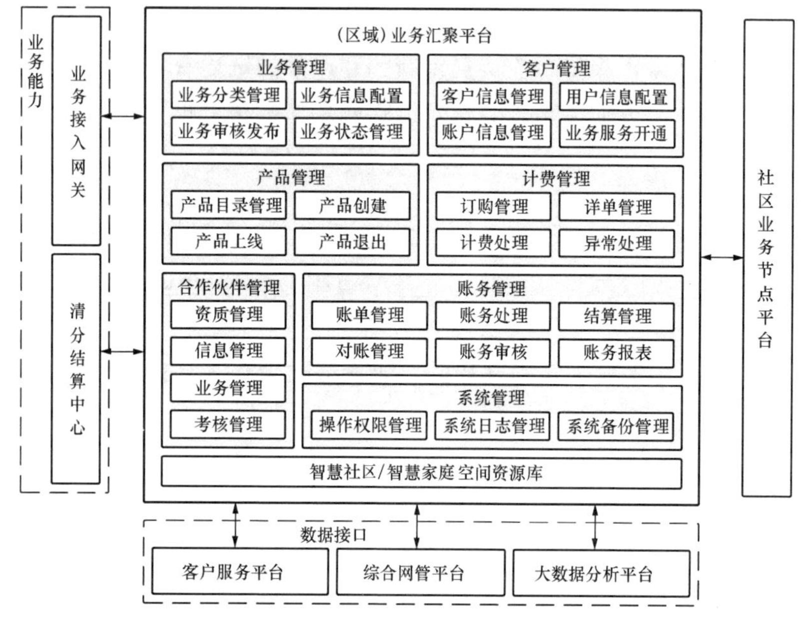

图 A.1 业务汇聚平台功能结构

A.2 合作伙伴管理

A.2.1 资质管理

A.2.1.1 合作伙伴资质管理涉及的资质资料应包括：

a）合作伙伴（企业）对准入条件符合性的相关证明材料；

b）合作伙伴（企业）向业务运营商提交申请材料；

c）业务运营商组织合作评估活动产生的材料；

d）合作各方签署的合作协议。

A.2.1.2 合作伙伴资质管理的系统功能要求应包括：

a）合作申请的受理、上发；审核结果的接收、处理、反馈；

b）业务管理人员对合作伙伴申请材料的查阅、审核，记录审核结果；

c）以系统方式对合作伙伴进行评估、反馈；

d）合作伙伴申请资料的退回与补交；

e）申请结果反馈给合作伙伴；

f）记录对合作伙伴操作的相关日志。

A.2.2　基本信息管理

A.2.2.1　合作伙伴基础信息应包括基本资料、合作方式、店面资料、地址、合作伙伴业务覆盖地址范围、法人资料、账户资料、联系人资料等。

A.2.2.2　对合作伙伴基础信息管理的系统功能要求应包括：

a）合作伙伴基本资料的录入、删除、修改、查询；

b）按照不同合作类型对合作伙伴进行分类管理；

c）合作伙伴资料的上传，上传的文件作为附件应能与网点资料一起保存在系统中；

d）合作伙伴资料的导出；

e）合作伙伴实体的统一编码；

f）记录合作伙伴资料修改操作日志的功能。

A.2.3　业务管理

A.2.3.1　系统应能对合作伙伴所提供的业务信息进行管理，包括业务描述、业务编码、业务类型、业务状态、业务配置、业务所覆盖的地址范围信息等。

A.2.3.2　合作伙伴业务信息管理的系统功能要求应包括：

a）新增/修改业务的申请管理：合作伙伴录入/修改业务的基本信息，向系统提交新的业务申请；

b）业务申请审批：管理员对合作伙伴提出的新业务/修改业务的申请进行审批，业务申请审批通过后，系统给新业务分配业务编码；

c）业务信息维护：业务合作伙伴根据新的业务编码记录详细的业务信息；

d）记录业务信息管理相关的操作日志。

A.2.4 考核管理

A.2.4.1 系统应能根据考核指标对考核对象进行考评，记录考核处理意见、考核处理情况说明。

A.2.4.2 合作伙伴考核管理的系统功能要求应包括：

a）考核分值以及历史分值的查询；

b）根据考核对象查询考核分值；

c）考核处理意见、处理方式、处理结果的录入；

d）考核处理意见、处理方式、处理结果的查询和修改。

A.2.4.3 对合作伙伴的处理方式可包括通报、罚金、降低合作级别、取消合作资质等。

A.3 业务管理

A.3.1 业务分类管理

A.3.1.1 系统应能按照智慧业务的类型管理业务分类信息。

A.3.1.2 业务分类管理的系统功能要求应包括：

a）新增/修改业务类型：录入业务类型/修改业务类型；

b）删除业务类型：未使用的业务类型应可以删除；

c）记录业务类型管理相关的操作日志。

A.3.2 业务信息配置

A.3.2.1 系统应能对合作伙伴所提供的业务信息进行管理，包括业务描述、业务编码、业务类型、业务状态、业务配置信息等。

A.3.2.2 业务信息配置的系统功能要求应包括：

a）新增/修改业务的申请管理：录入新业务/修改业务的基本信息，向系统提交新的业务申请；

b）业务删除：对未审批的业务进行删除；

c）业务信息维护：业务合作伙伴根据新的业务编码记录详细的业务信息；

d）记录业务信息管理相关的操作日志。

A.3.3　业务审核发布

A.3.3.1　系统应能对合作伙伴所提供的业务申请进行审核。

A.3.3.2　业务审核发布的系统功能要求应包括：

a）业务申请审批：管理员对合作伙伴提出的新业务/修改业务的申请进行审批；业务申请审批通过后，系统为新业务分配业务编码；

b）业务发布：将审批通过的业务信息下发到社区业务节点平台（社区运营平台）；

c）记录业务审核的相关操作日志。

A.3.4　业务状态管理

A.3.4.1　系统应能对合作伙伴所提业务进行上下线管理。

A.3.4.2　业务状态管理的系统功能要求应包括：

a）业务下线：对正常发布的业务进行下线处理，变更业务状态为下线状态，业务不可用；

b）业务上线：将下线状态的业务进行上线处理，变更业务状态为上线状态，业务可用；

c）记录业务状态管理的相关操作日志。

A.4　产品管理

A.4.1　产品目录管理

A.4.1.1　系统应能根据产品不同属性对产品进行分类，组成产品目录结构并进行管理维护。

A.4.1.2　产品目录管理的系统功能要求应包括：

a）产品目录的维护和分级目录管理；

b）产品目录的删除、修改、查询、恢复；

c）个人产品、家庭产品的分类管理；

d）根据产品目录的个性化展示。

A.4.2　产品创建

A.4.2.1　系统应能创建产品：将接入的业务进行打包形成产品。

A. 4. 2. 2 系统应能定义产品的相关资料，包括：产品编码、产品名称、创建时间、产品状态、产品描述、产品价格、产品展示（图片、参数及属性）。

A. 4. 2. 3 产品创建的系统功能要求应包括：

a）产品信息的维护；

b）产品的删除、修改、查询、恢复；

c）一个产品包含一个或多个资费包；

d）定义产品优惠信息，如折扣比例、特殊费率等；

e）根据产品的个性化展示。

A. 4. 3 产品上线

A. 4. 3. 1 系统应能将产品发布（上线）到社区业务节点平台（社区运营平台）。

A. 4. 3. 2 产品上线的系统功能要求应包括：

a）记录发布日志；

b）发布成功后通知社区业务节点平台（社区运营平台）；

c）将产品创建、变更、退出等业务请求同步到社区业务节点平台（社区运营平台）。

A. 4. 4 产品退出

A. 4. 4. 1 系统应能对产品的退出请求进行处理，产生退出后的相应系统配置变更。

A. 4. 4. 2 产品退出的系统功能要求应包括：

a）记录产品退出的日期和操作人，将产品状态修改为退出状态；退出的产品应不能变更；

b）退出产品的导出、失效等操作。

A. 5 客户管理

A. 5. 1 客户信息管理

A. 5. 1. 1 系统应能管理客户的基本信息，包括：客户编号、客户名称、客户类型、客户状态历史（起始时间、终止时间、客户状态）、客户等级、证件类型、证件号码、联系电话、出生日期、创建时间，家庭客户编号、家庭客户名称、家庭地址、创建时间、家庭客户结构等。

A.5.1.2 客户信息管理的系统功能要求应包括：

a）根据客户编号查询客户信息；

b）对客户信息进行修改；

c）与社区业务节点平台（社区运营平台）同步（修改不一致的数据）；

d）在修改客户信息时记录日志。

A.5.2 用户信息管理

A.5.2.1 系统应能管理用户信息，包括：对应的客户编号、用户编号、用户状态、接入方式、终端类型、认证方式、开户时间、用户状态等。

A.5.2.2 用户信息管理的系统功能要求应包括：

a）第三方系统开通用户入网请求创建用户信息；

b）根据社区业务节点平台（社区运营平台）或第三方系统的用户信息变更请求修改用户信息；

c）在创建或变更用户信息时记录日志；

d）用户信息创建或修改成功后通知到社区业务节点平台（社区运营平台）或第三方系统。

A.5.3 账户信息管理

A.5.3.1 系统应能管理客户的账户信息，包括：账户编号、账户名称、客户编号、账户有效期、缴费渠道、账期方案、信用额度、关联第三方支付账号、账单寄送信息、货币类型、开户时间、销户时间等。

A.5.3.2 账户信息管理的系统功能要求应包括：

a）根据社区业务节点平台（社区运营平台）的账户创建请求创建账户信息；

b）根据社区业务节点平台（社区运营平台）的账户信息变更请求修改账户信息；

c）在创建或变更账户信息时记录日志；

d）账户户信息创建或修改成功后通知社区业务节点平台（社区运营平台）。

A.5.4 业务服务开通

A.5.4.1 系统应能对用户开通业务服务，业务开通后的用户应能访问相关业务系统。

A.5.4.2 业务服务开通的系统功能要求应包括：

a）按用户进行业务开通；

b）对服务开通状态进行修改；

c）与社区业务节点平台（社区运营平台）或第三方系统进行信息同步；

d）在业务服务开通时记录日志。

A.6 账务管理

A.6.1 账单管理

A.6.1.1 系统应能管理客户或合作伙伴的业务账单信息。

A.6.1.2 系统应能设置结算周期，如按月结算、按年结算等。

A.6.1.3 账单管理的系统功能要求应包括：

a）按结算周期进行查询；

b）按时间段进行查询结算周期内的业务账单；

c）查询业务详单；

d）对账单导出成文件。

A.6.2 账务处理

A.6.2.1 系统应能处理业务账单的结算结果。

A.6.2.2 账务处理的系统功能要求应包括：

a）对账参数的灵活设置；

b）应用多种手段进行对账，如结算报表对账、分类明细对账、结算记录对账等；

c）不同结算对象的不同业务类型格式数据的导入；

d）业务量的比对和结算费用比对；

e）对文件接口、实时接口等多种对账方式；

f）输出对账结果和明细报表。

A.6.2.3 与结算对象的结算结果比较超出误差范围后，系统应能通过互相提供的基础数据进行具体比对，明确差异的原因，进行行营处理，如销账处理等。

A.6.3 结算管理

A.6.3.1 系统应能对批价记录按照不同的结算对象和结算类别进行分类汇总，按照结算规则划分相关费用，生成指定结算周期内的结算账务数据。

A.6.3.2 结算管理的系统功能要求应包括：

a）按协议价格、按记录费用的百分比、按通次或时长的结算功能。

b）同一合作伙伴分业务类型、分产品类型的多比例结算。

c）不同合作模式的多比例结算。

d）同一业务或产品的多方结算。

e）根据不同营销活动优惠分摊、多业务交叉优惠分摊的结算。

A.6.4 账务审核

A.6.4.1 系统应能对结算批价、账务处理和数据分发等环节进行业务处理的正确性检查和稽核。

A.6.4.2 账务审核的系统功能要求应包括：

a）按业务特性的不同，采用不同的审核校验方式；

b）系统应能对各环节提供的处理日志、中间结果的统计数据、不同数据间平衡关系进行审核，检查数据异常、主流程各环节处理异常情况；

c）支持人为处理数据，进行必要的、有效的检查。

A.6.5 账务报表

A.6.5.1 系统应能按客户、合作伙伴、业务、产品多个维度汇总账务统计报表。

A.6.5.2 账务报表的系统功能要求应包括：

a）按客户汇总账务统计报表；应支持按动态地址层级汇总

账务统计报表）；

b）按合作伙伴汇总账务统计报表；

c）按业务汇总账务统计报表；

d）按产品汇总账务统计报表。

A.7 计费管理

A.7.1 订购管理

A.7.1.1 系统应能管理用户对产品的订购信息。

A.7.1.2 订购管理的系统功能要求应包括：

a）根据用户编号或产品编号查询用户对产品的订购信息；

b）对订购信息进行修改；

c）对订购实例的产品参数进行修改；

d）在修改订购信息时记录日志。

A.7.2 详单管理

A.7.2.1 系统应能管理业务服务使用记录，经过详单定制后生成详单。

A.7.2.2 详单管理的系统功能要求应包括：

a）通过多种接口和文件等方式收集用户详单；

b）对业务详单进行批价、入库；

c）对计费资源信息、产品信息、用户资料无法匹配的服务使用记录进行错误检查。

A.7.3 计费处理

A.7.3.1 系统应能根据已批价的服务使用记录、配置参数和配置文件的定义，生成各类业务详单。

A.7.3.2 计费处理的系统功能要求应包括：

a）支持参数配置输出详单格式；

b）针对不同业务采用不同格式详单的配置。

A.7.4 异常处理

A.7.4.1 系统应能对计费各环节产生的错单进行存储、分析、修正。

A.7.4.2　计费处理环节异常处理的系统功能要求应包括：

a）分离出各环节产生的错单；

b）对各环节产生的错单分别进行存储；

c）对各环节产生的错单提供查询、统计、分析；

d）对各环节产生的错单提供修正。

A.8　操作权限管理

A.8.1　组织机构管理

A.8.1.1　系统应能对业务汇聚平台的使用部门及人员进行统一编码，按部门、人员的组织结构由上至下进行管理。

A.8.1.2　组织机构管理的系统功能要求应包括：

a）部门的增加、修改和删除；

b）部门上下级关系的管理；

c）对编码和组织结构进行查询；

d）对组织机构的初始化和批量设置。

A.8.2　系统账号管理

A.8.2.1　系统应能对业务汇聚平台的使用人员身份工号分配、编制和工号相关业务要素进行维护。

A.8.2.2　系统账号管理的系统功能要求应包括：

a）工号管理功能：确保具有相应权限的管理员方可：

——增加工号，应保证工号在系统中的唯一性、且符合工号的编码规则；

——对工号进行修改（如权限调整、状态调整等），系统应能保存工号被修改的日志；

——对工号进行维护。

b）工号密码管理功能：确保具有相应权限的管理员方可：

——修改工号密码，系统应能保存工号密码被修改的日志；

——在工号所有者遗忘工号密码时对工号密码进行重置（工号所有者在密码修改后首次登录系统时应修改密码）。

A.8.3 系统权限管理

A.8.3.1 系统应能对操作系统的人员进行授权管理和系统功能角色管理：

a）使用者的权限可由一个或多个角色或一组基本权限组成；

b）角色应由系统管理员统一管理；

c）权限的设置应由被授权的系统管理员完成，权限管理应采用分级的管理方式；

d）上一级可以设置下一级的管理权限。

A.8.3.2 系统权限管理的系统功能要求应包括：

a）从多层面进行权限管理，配置相关权限参数；

b）对系统、功能、选项和数据等分类配置基本使用权限参数，供权限配置使用；

c）支持系统功能角色管理，以方便授权及修改权限；

d）各级系统管理员有权对本级所属角色进行增加、修改、删除，可通过组合各种基本权限，设定新角色的权限。

A.9 系统日志管理

A.9.1 系统日志维护

A.9.1.1 系统应能对业务汇聚平台记录系统日志，对重要信息的进行操作日志维护。

A.9.1.2 系统日志维护的系统功能要求应包括：

a）对系统的运行日志、异常日志、业务操作日志进行维护；

b）对系统日志信息调取详情、导出文件格式等；

c）按使用者的操作日志记录操作类型、对象、动作时间、结果等业务要素；

d）使用者可自行检查与自己有关的操作日志，并由使用者上级或系统管理员进行核查。

A.9.2 系统日志查询

A.9.2.1 系统应能对业务汇聚平台系统日志进行查询。

A.9.2.2 系统日志查询的系统功能要求应包括：

a）按时刻进行查询，应能精确到时、分、秒；

b）按工号、角色或使用部门进行查询；

c）对查询的系统日志信息进行导出文件格式。

A.9.3 系统日志统计

A.9.3.1 系统应能对业务汇聚平台系统日志进行汇总统计，生成各种图表展现。

A.9.3.2 系统日志统计的系统功能要求应包括：

a）按时刻进行统计，精确到时、分、秒；

b）列表模式、饼图、柱状图等各种展现形式；

c）按工号、角色或使用部门进行汇总统计；

d）对统计报表进行导出文件格式。

A.10 系统备份管理

A.10.1 数据备份

A.10.1.1 系统应能将系统“当前数据”或“过期数据”按照不同方式进行规划、备份及转储到其他（脱机）存储介质（磁带库、光盘库和阵列等）上保存。

A.10.1.2 数据备份的系统功能要求应包括：

a）将指定的备份对象按既定的备份策略自动或手工备份到指定介质上；

b）定期或不定期做系统备份；

c）具有较强的平滑扩充能力的备份设备，包括系统设备容量的扩充及I/O能力的扩充；

d）应具备自动或人工空间回收功能，便于设备充分利用；

e）支持对备份介质的管理；

f）支持自动编号、质量校验等功能；

g）支持专门的备份工具、支持在线备份功能，备份执行时应不影响正常业务。

A. 10. 2 数据恢复

A. 10. 2. 1 系统应能按照指定的恢复规则，获取已备份或已转储到其他（脱机）存储介质上保存的“历史数据”来替代当前系统内数据。

A. 10. 2. 2 数据恢复的系统功能要求应包括：

a）在需要的时候，备份数据应能方便快捷地恢复到在线系统；

b）对于一些重要数据应提供断点恢复功能，数据应能恢复到故障前状态。

A. 10. 3 数据清理

A. 10. 3. 1 系统应能将系统已备份的“过期数据”按照不同清理规则进行删除的操作。

A. 10. 3. 2 数据清理的系统功能要求应包括：

a）将指定的待清理对象按既定的清理策略自动或手工进行清理操作；

b）定期或不定期做系统清理；

c）提供专门的数据清理工具，清理执行时应不影响正常业务。

A. 11 客服中心数据接口

A. 11. 1 客户资料接口

A. 11. 1. 1 系统应能实现业务汇聚平台与客服中心的客户资料同步。

A. 11. 1. 2 客户资料接口的系统功能要求应包括：

a）客户资料信息、账户信息、账务关系、黑白名单等资料的数据同步接口；

b）A. 11. 1. 2a）所述资料的查询接口。

A. 11. 2 用户信息接口

A. 11. 2. 1 系统应能实现业务汇聚平台与客服中心的用户信息同步。

A.11.2.2　用户信息接口的系统功能要求应包括：

a）用户基本信息、用户与用户的关系、用户群组、用户状态等数据的数据同步接口；

b）A.11.2.2a）所述数据的查询接口。

A.11.3　订购接口

A.11.3.1　系统应能实现业务汇聚平台与客服中心的订购信息同步。

A.11.3.2　订购接口的系统功能要求应包括：

a）产品订购、产品订购变更、产品订购取消、产品订购状态、订单详情等数据的数据同步接口；

b）A.11.3.2a）所述信息的查询接口。

A.11.4　合作伙伴接口

A.11.4.1　系统应能实现业务汇聚平台与客服中心的合作伙伴信息同步。

A.11.4.2　合作伙伴接口的系统功能要求应包括：

a）合作伙伴基本信息、资质、账单、业务统计等数据的数据同步接口；

b）A.11.4.2a）所述数据的查询接口。

A.11.5　服务开通接口

系统应具备业务汇聚平台与客服中心的服务开通接口，服务开通接口的系统功能要求应包括：用户状态变更、服务状态变更等。

A.12　综合网管数据接口

A.12.1　业务应用接口

A.12.1.1　系统应具备业务汇聚平台与综合网管的业务应用接口。

A.12.1.2　业务应用接口的系统功能要求应包括：

a）业务准实时报表、产品准实时报表、客户准实时报表、合作伙伴准实时报表、订购准实时报表等数据的数据同步接口；

b）A. 12. 1. 2a）所述数据的查询接口。

A. 12. 2 系统日志接口

A. 12. 2. 1 系统应具备业务汇聚平台与综合网管的系统日志接口。

A. 12. 2. 2 系统日志接口的系统功能要求应包括：

a）系统运行日志数据、系统异常和告警数据、业务操作日志等数据的数据同步接口。

b）A. 12. 2. 2a）所述数据的查询接口。

A. 12. 3 服务器及数据库配置接口

A. 12. 3. 1 系统应具备业务汇聚平台与综合网管的服务器及数据库配置接口。

A. 12. 3. 2 服务器及数据库配置接口的系统功能要求应包括服务器配置数据、服务器性能指标、数据库配置数据、数据库性能指标、中间件应用服务配置数据、中间件应用服务性能指标等信息的查询接口。

A. 13 大数据平台数据接口

A. 13. 1 业务详单接口

业务汇聚平台应能提供大数据分析的业务详单接口和业务详单的采集接口。

A. 13. 2 业务应用接口

A. 13. 2. 1 业务汇聚平台应能提供大数据分析的业务应用接口。

A. 13. 2. 2 业务应用接口的系统功能要求应包括：

a）业务准实时报表、产品准实时报表、客户准实时报表、合作伙伴准实时报表、订购准实时报表等数据的数据同步接口。

b）A. 13. 2. 2a）所述数据的查询接口。

A. 13. 3 用户行为数据接口

A. 13. 3. 1 业务汇聚平台应能提供大数据分析的用户行为数据

接口。

A.13.3.2　业务汇聚平台应能按包括地址在内的多种维度对用户行为进行分析。

A.13.3.3　用户行为数据接口的系统功能要求应包括业务操作日志接口、用户行为日志接口等信息的采集。

附录 B　业务节点平台(社区运营平台)功能结构(规范性附录)

B.1　总体要求

B.1.1　总体功能要求

(社区）业务节点平台（社区运营平台）与（区域）业务汇聚平台共同构成社区和家庭智慧业务的核心系统。（社区）业务节点平台（社区运营平台）应满足5.5的总体功能要求。

B.1.2　功能结构图

业务节点平台（社区运营平台）应包括业务门户、管理门户、终端UI管理、客户管理、产品管理、账务管理、服务管理、系统管理等功能模块。业务节点平台（社区运营平台）的功能结构如图B.1。

B.1.3　信息模型

业务节点平台（社区运营平台）应采用附录D的信息模型。

B.1.4　服务范围

业务节点平台（社区运营平台）的服务范围应能覆盖小区的智慧家庭业务。

B.2　业务门户

业务节点平台（社区运营平台）的业务门户应能支持智能手机/PAD用户、智能电视/机顶盒用户、PC电脑用户、智能终端屏等多种用户终端。

业务节点平台（社区运营平台）的业务门户功能结构应符合

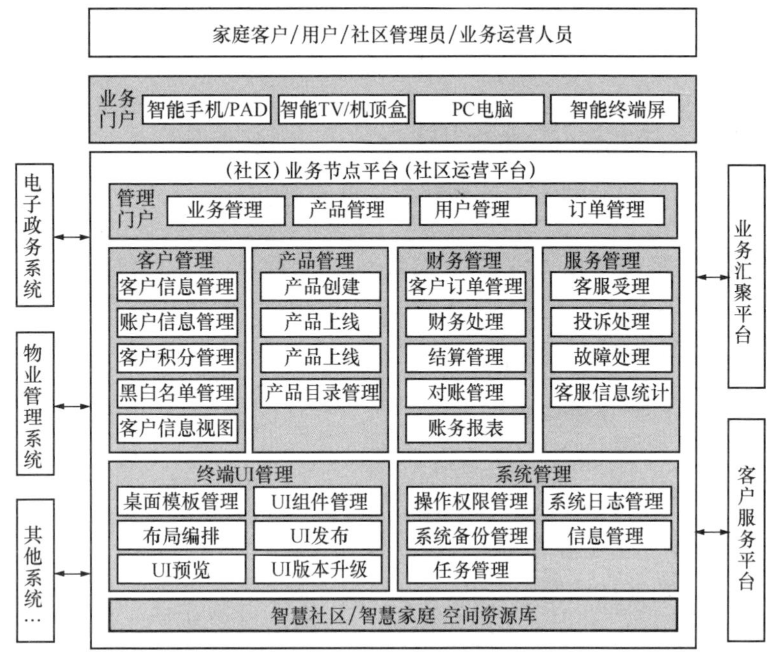

图 B.1 (社区)业务节点平台(社区运营平台)功能结构

5.6 的要求。

B.2.1 智能手机/PAD

B.2.1.1 业务门户应能提供智能手机/PAD 用户访问智慧业务平台的 APP,包括安卓、iOS 版本。

B.2.1.2 智能手机/PAD 业务门户 launcher 桌面应能由终端 UI 管理动态生成。

B.2.1.3 智能手机/PAD 业务门户应能访问具体的智慧业务系统应用 APP。

B.2.2 智能电视/机顶盒

B.2.2.1 业务门户应能提供智能电视/机顶盒用户访问智慧业务平台 APP,业务门户可运行在基于安卓平台的智能电视,也可运行在基于安卓平台的智能机顶盒。

B.2.2.2 智能电视/机顶盒业务门户 launcher 桌面应能由终端

UI 管理动态生成。

B.2.2.3 智能电视/机顶盒业务门户应能访问具体的智慧业务系统应用 APP。

B.2.3 PC 电脑

B.2.3.1 业务门户应能提供 PC 电脑用户访问智慧业务平台的网页。

B.2.3.2 PC 电脑的业务门户网页应能由终端 UI 管理动态生成。

B.2.3.3 PC 电脑的业务门户网页应能访问具体的智慧业务平台。

B.2.4 智能终端屏

B.2.4.1 业务门户应能提供智能终端屏用户（如可视对讲系统的室内机等）访问智慧业务平台的 APP，包括安卓、iOS 版本。

B.2.4.2 智能终端屏的业务门户 launcher 桌面应能由终端 UI 管理动态生成。

B.2.4.3 智能终端屏的业务门户应能访问具体的智慧业务系统应用 App。

B.3 管理门户

系统应能提供家庭客户、社区管理员、运营管理人员的管理门户网站。

管理门户的网站系统功能要求应包括：

a）通过动态 Portal 实现业务产品的展现和访问入口；

b）提供密码＋短信的身份认证方式；

c）提供按不同角色的权限管理；

d）提供在线注册功能。

B.4 终端 UI 管理

系统应能提供运营人员可视化的编辑终端 UI 界面，对终端桌面屏幕的界面布局、展现元素以及点击动作进行管理，应支持预览功能。

终端 UI 管理的系统功能要求应包括：

a）终端布局、生成屏幕配置文件并下发给终端；

b）根据终端类型分组编排不同的屏幕配置；

c）配置各页面的元素布局，支持网格状的元素排列，相邻的多个单元方格可自由组合为独立的显示区，各显示区可放置不同的屏幕展现元素；

d）支持图片、视频、列表、自定义控件等元素，配置循环滚动图片元素或者循环播放视频列表；

e）支持配置元素跳转动作定义，如打开指定的 APK 应用或打开网页；

f）屏幕编排系统支持屏幕元素的资源管理，如图片等。

B.5　客户管理

系统应能管理业务节点平台（社区运营平台）的客户信息。客户管理的系统功能要求应按照 A.5 的要求。

B.6　产品管理

系统应能管理业务节点平台（社区运营平台）的产品信息。产品管理的系统功能要求应按照 A.4 的要求。

B.7　账务管理

系统应能管理业务节点平台（社区运营平台）的账务信息。账务管理的系统功能要求应按照 A.6 的要求。

B.8　服务管理

B.8.1　客服受理

B.8.1.1　系统应能管理客户服务信息，包括问题咨询、投诉建议、故障申报等信息。

B.8.1.2　客服受理的系统功能要求应包括：

a）接收终端门户发出的在线客服信息；

b）对接第三方座席，接受客户反馈的服务信息；

c）对客服信息进行回复；

d）保存客服信息操作的日志记录。

B.8.2　投诉处理

B.8.2.1　系统应能对客户投诉信息进行处理、跟踪反馈。

B.8.2.2　投诉处理的系统功能要求应包括：

a）支持投诉信息的分派，制定具体人员或部门进行处理；

b）支持限时解决，超期提醒；

c）支持对处理过程的跟踪和反馈。

B.8.3　故障处理

B.8.3.1　系统应能对客户申报的故障进行处理、跟踪反馈。

B.8.3.2　客服受理的系统功能要求应包括：

a）故障信息的分派，制定具体人员或部门进行处理；

b）故障信息的限时解决，超期提醒；

c）对处理过程的跟踪和反馈。

B.8.4　客服信息统计

B.8.4.1　系统应能对客服信息统计进行汇总，生成各种统计报表。

B.8.4.2　客服信息统计的系统功能要求应包括：

a）按客服类型进行汇总；

b）按结构化地址进行汇总，用于实现灵活的按地域用户汇总；

c）按时间段进行汇总。

B.9　操作权限管理

B.9.1　组织机构管理

B.9.1.1　系统应能对（社区）业务节点平台（社区运营平台）的使用部门及人员进行统一编码，按部门、人员的组织结构由上至下进行管理。

B.9.1.2 组织机构管理的系统功能要求应按照 A.8.1.1 的要求。

B.9.2 系统账号管理

B.9.2.1 系统应能对（社区）业务节点平台（社区运营平台）的使用人员身份工号的分配、编制以及工号相关业务要素的维护。

B.9.2.2 系统账号管理的系统功能要求应按照 A.8.2.1 的要求。

B.9.3 系统权限管理

B.9.3.1 系统应能对操作该系统的人员进行授权管理和对系统功能角色的管理。

B.9.3.2 系统权限管理的系统功能要求应按照 A.8.3.1 的要求。

B.10 系统日志管理

B.10.1 系统日志维护

B.10.1.1 系统应能对（社区）业务节点平台（社区运营平台）记录系统日志及重要信息的操作日志维护。

B.10.1.2 系统日志维护的系统功能要求应按照 A.9.1.1 的要求。

B.10.2 系统日志查询

B.10.2.1 系统应能对（社区）业务节点平台（社区运营平台）系统日志进行查询。

B.10.2.2 系统日志查询的系统功能要求应按照 A.9.2.1 的要求。

B.10.3 系统日志统计

B.10.3.1 系统应能对（社区）业务节点平台（社区运营平台）系统日志进行汇总统计，生成各种图表展现。

B.10.3.2 系统日志统计的系统功能要求应按照 A.9.3.1 的

要求。

B.11　系统备份管理

B.11.1　数据备份

B.11.1.1　系统应能将系统“当前数据”或“过期数据”按照不同方式进行规划、备份及转储到其他（脱机）存储介质上保存。

B.11.1.2　数据备份的系统功能要求应按照A.10.1.1的要求。

B.11.2　数据恢复

B.11.2.1　系统应能按照指定的恢复规则，获取已备的“历史数据”来替代当前系统内数据。

B.11.2.2　数据恢复的功能要求应按照A.10.2.1的要求。

B.11.3　数据清理

B.11.3.1　系统应能将系统已备份的“过期数据”按照不同清理规则进行删除的操作。

B.11.3.2　数据清理的功能要求应按照A.10.3.1的要求。

B.12　信息管理

系统应能提供对（社区）业务节点平台（社区运营平台）的第三方信息导入、维护。

信息管理的系统功能要求应包括：

a）第三方系统发布的信息导入，支持信息同步接口的方式、离线文件导入的方式；

b）对第三方系统发布的信息进行查询和浏览；

c）对第三方系统发布的信息进行删除。

B.13　任务管理

系统应能提供对（社区）业务节点平台（社区运营平台）的消息通知的维护。

任务管理的系统功能要求应包括：

a）接收业务汇聚平台下发的系统消息；

b）对业务汇聚平台下发的系统消息，发布在终端门户上展现；

c）对业务汇聚平台下发的消息的阅读状态变更；

d）接收业务汇聚平台下发的系统消息，进行查询；

e）接收业务汇聚平台下发的系统消息，进行删除。

附录 C　业务流程（规范性附录）

C.1　总体要求

业务流程应能表述多个系统平台之间以及与用户（客户）之间的业务操作动作和流程关系。

C.2　业务流程（示例）

C.2.1　服务开通

C.2.1.1　服务开通的业务流程如图 C.1。

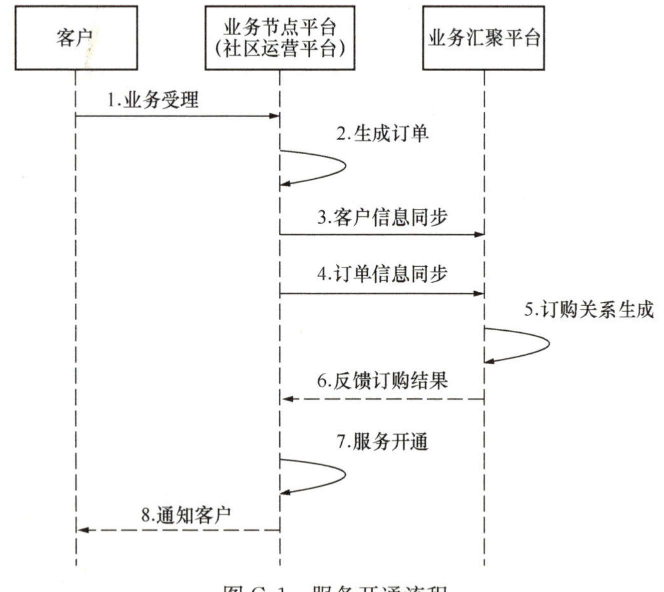

图 C.1　服务开通流程

C. 2. 1. 2 注释

图 C. 1 中，服务开通流程的注释为：

a）1. 业务受理：家庭/个人/企业客户在（社区）业务节点平台（社区运营平台）订购产品的业务申请受理；

b）2. 生成订单：业务节点平台（社区运营平台）按客户订购信息生成订单；

c）3. 客户信息同步：业务节点平台（社区运营平台）将客户信息同步传送给业务汇聚平台；

d）4. 订单信息同步：业务节点平台（社区运营平台）将客户的订购信息同步传送给业务汇聚平台；

e）5. 订购关系生成：业务汇聚平台根据客户订购的产品信息生成订购关系；

f）6. 反馈订购结果：业务汇聚平台向业务节点平台（社区运营平台）反馈订购结果；

g）7. 服务开通：业务节点平台（社区运营平台）根据订单开通相关服务；

h）8. 通知客户：业务节点平台（社区运营平台）将服务开通结果通知客户。

C. 2. 2 认证鉴权

C. 2. 2. 1 认证鉴权的业务流程如图 C. 2。

C. 2. 2. 2 注释

图 C. 2 中，认证鉴权流程的注释为：

a）1. 登陆访问：客户在终端上访问业务节点平台（社区运营平台）；

b）2. 认证鉴权请求：业务节点平台（社区运营平台）向业务汇聚平台对用户访问发起鉴权请求；

c）3. 用户认证：业务汇聚平台对用户信息进行认证；

d）4. 用户鉴权：业务汇聚平台对用户权限进行认证；

e）5. 合作伙伴鉴权：业务汇聚平台对业务所对应的合作伙伴状态进行鉴权；

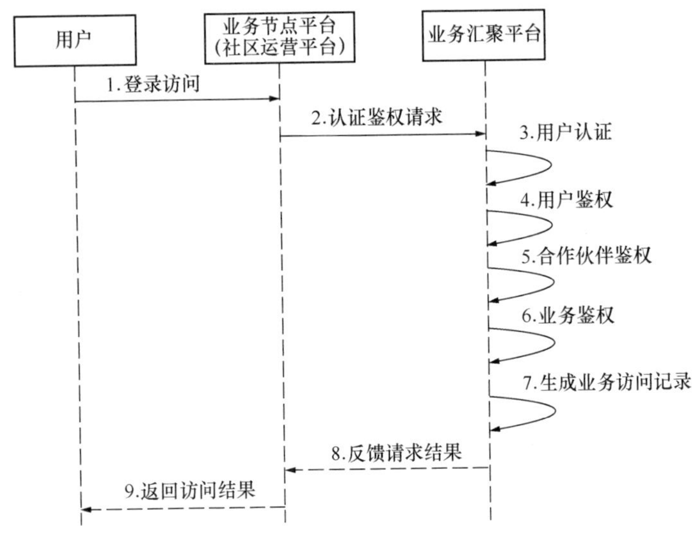

图 C.2　认证鉴权流程

f）6. 业务鉴权：业务汇聚平台对业务状态进行鉴权；

g）7. 生成业务访问记录：业务汇聚平台生成业务访问记录；

h）8. 反馈请求结果：业务汇聚平台反馈鉴权结果；

i）9. 反馈访问结果：业务节点平台（社区运营平台）反馈访问内容。

C.2.3　产品订购

C.2.3.1　产品订购的业务流程如图 C.3。

C.2.3.2　注释

图 C.3 中，产品订购流程的注释为：

a）1. 发起产品订购：用户向业务节点平台（社区运营平台）发起产品订购；

b）2. 订购请求：由业务节点平台（社区运营平台）向业务汇聚平台发起产品订购请求；

c）3. 用户鉴权：业务汇聚平台对用户信息进行鉴权；

d）4. 合作伙伴鉴权：业务汇聚平台对合作伙伴状态进行

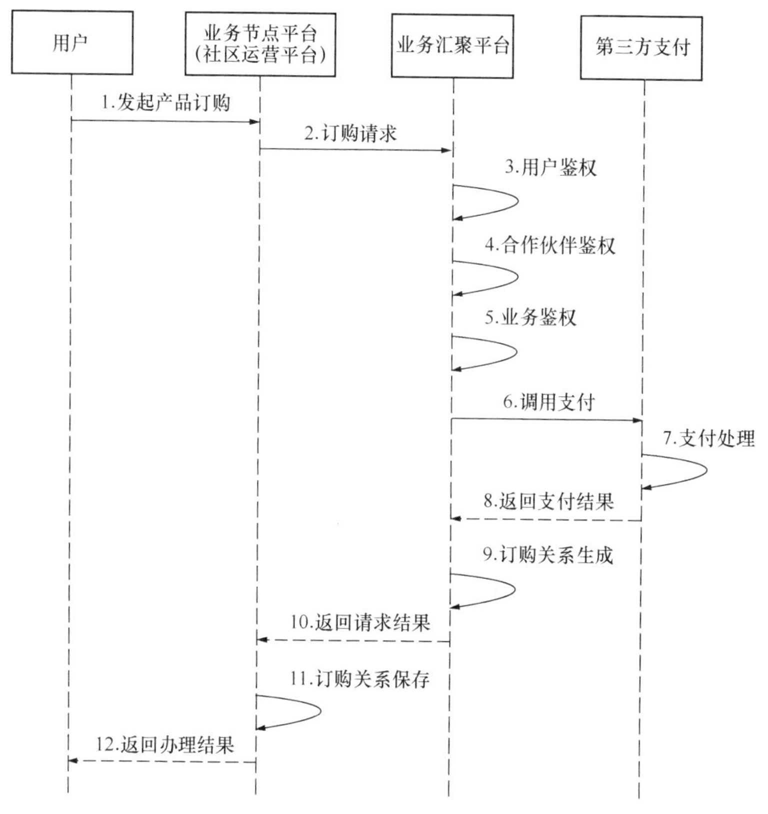

图 C.3　产品订购流程

鉴权；

e) 5. 业务鉴权：业务汇聚平台对业务状态进行鉴权；

f) 6. 调用支付：业务汇聚平台调用支付服务；

g) 7. 支付处理：第三方支付平台完成支付交易过程；

h) 8. 返回支付结果：第三方支付平台返回支付结果；

i) 9. 订购关系生成：业务汇聚平台生成与用户的订购关系；

j) 10. 返回请求结果：业务汇聚平台向业务节点平台（社区运营平台）返回订购请求的处理结果；

k) 11. 订购关系保存：业务节点平台（社区运营平台）生成

订购关系并处理服务开通；

l）12. 反馈处理结果：业务节点平台（社区运营平台）向客户反馈处理结果。

C. 2. 4 用户业务使用

C. 2. 4. 1 用户业务使用的业务流程如图 C. 4。

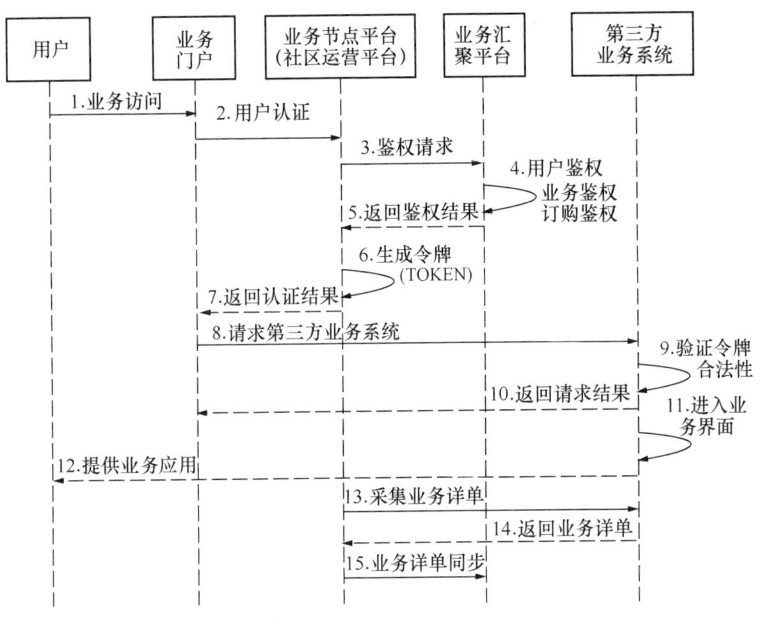

图 C. 4 用户业务使用流程

C. 2. 4. 2 注释

图 C. 4 中，用户业务使用流程的注释为：

a）1. 业务访问：用户通过终端访问业务门户；

b）2. 用户认证：业务门户向社区业务节点平台（社区运营平台）发起用户认证；

c）3. 鉴权请求：社区业务节点平台（社区运营平台）向业务汇聚平台发起鉴权请求；

d）4. 用户认证、业务鉴权、订购鉴权：业务汇聚平台完成用户身份认证、业务鉴权、订购鉴权；

e) 5. 鉴权返回：业务汇聚平台返回鉴权结果；

f) 6. 生成令牌（TOKEN）：业务节点平台（社区运营平台）根据业务代码和用户代码、终端标识生成令牌（TOKEN）；

g) 7. 返回认证结果：认证成功信息和令牌（TOKEN）反馈给终端业务门户；

h) 8. 请求第三方业务系统：终端业务门户根据令牌（TOKEN）请求第三方业务系统；

i) 9. 验证令牌合法性：第三方业务系统验证令牌（TOKEN）的合法性；

j) 10. 返回请求结果：验证通过，返回请求结果；

k) 11. 进入业务界面：用户进入第三方业务系统提供业务界面

l) 12. 提供业务应用：向用户提供业务应用功能；

m) 13. 采集业务详单：业务节点平台（社区运营平台）定时采集第三方业务系统的用户业务详单；

n) 14. 返回业务详单：第三方业务系统反馈用户的业务详单；

o) 15. 业务详单同步：业务节点平台（社区运营平台）将用户的业务详单同步发送给业务汇聚平台。

C.2.5 计费处理

C.2.5.1 计费处理的业务流程如图 C.5。

C.2.5.2 注释

图 C.5 中，计费处理流程的注释为：

a) 1. 业务使用：用户使用相关业务和产品；

b) 2. 计费请求：由业务节点平台（社区运营平台）向业务汇聚平台发起计费请求；

c) 3. 后付费和定制类业务，详单生成：如果是后付费或定制类业务，业务汇聚平台直接生成业务详单；

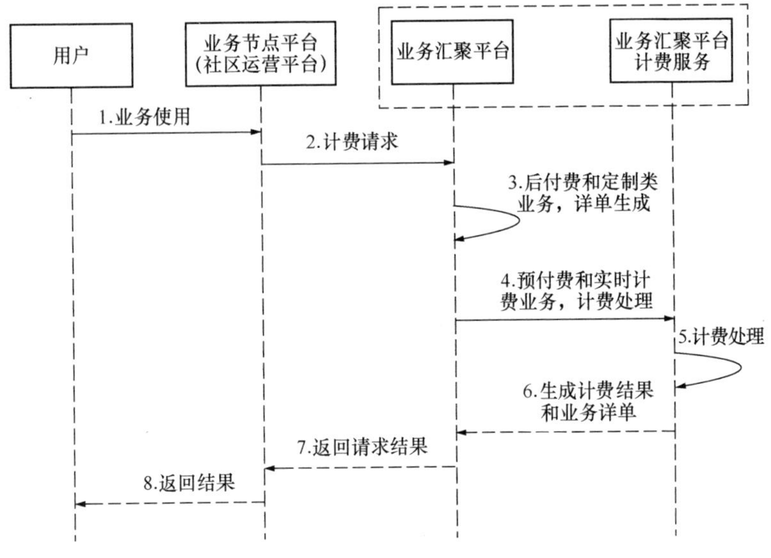

图 C.5　计费处理流程

d) 4. 预付费和实时计费业务，计费处理：如果是预付费或实时计费业务，则进入计费流程，进行计费处理；

e) 5. 计费处理：计费服务器完成计费处理；

f) 6. 生成计费结果和业务详单：计费服务器生成计费结果和业务详单；

g) 7. 返回请求结果：业务汇聚平台向业务节点平台（社区运营平台）反馈计费结果；

h) 8. 返回结果：业务节点平台（社区运营平台）向终端用户反馈处理结果。

附录 D　系统信息模型（规范性附录）

D.1　总体说明

系统的信息模型可按照概念聚类的原则，分为空间域、客户域、用户域、账户域、产品域、通用域等。

系统空间域模型应采用结构化管理模型描述，其他域模型均应采用 UML 类图表示法描述。

D.2　空间域

空间模型应能满足智慧家庭各数据源对到户地址不同层级的管理和应用要求。空间模型应能在每个地址层级元素上挂接多种业务数型。地址资源与业务系统的关系如图 D.1。

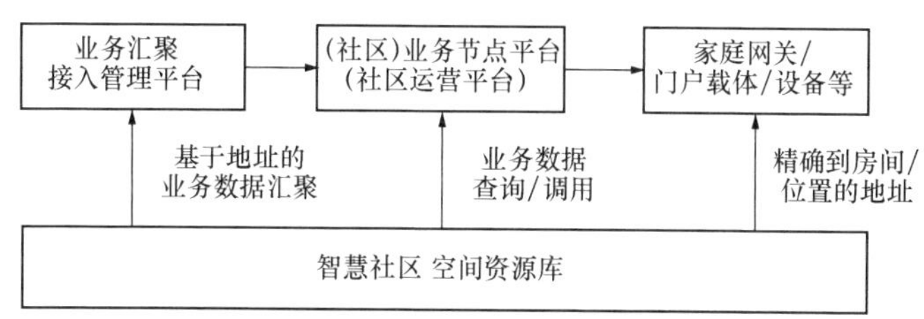

图 D.1　地址资源与业务系统的关系

空间模型应采用结构化管理模型，管理常见地址、房间和房间内的设备位置，为家庭信息网络提供精准信息支持。空间结构化地址模型如图 D.2。

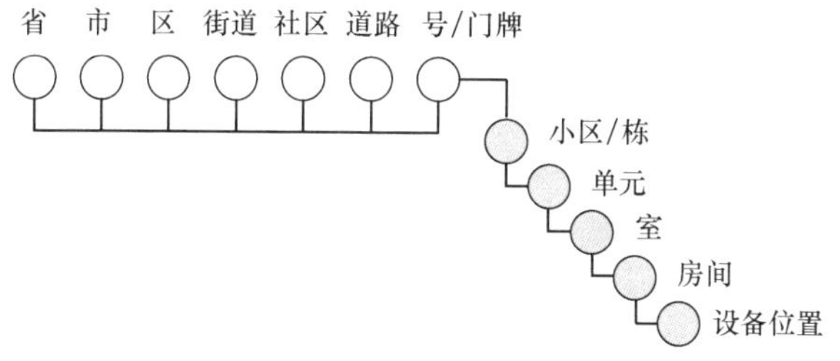

图 D.2　空间结构化地址模型

空间模型的对象层级属性应包括基础属性和扩展属性：

a）空间模型基础属性：描述空间模型必要或常用的属性，如表 D.1 所示。

表 D.1　空间模型的基础属性

序号	字段	数据类型
1	地址元素编码	字符串
2	父地址元素编码	字符串
3	地址名称（中文）	字符串
4	地址名称（拼音）	字符串
5	地址同义词地址编码数组	字符串
6	地址层级编码	整数型
7	地图标识	经纬度
8	房间位置	字符串
9	地址元素状态	字符串
10	用户账户编码	字符串
12	接入网关设备编码	字符串
13	关联业务账户编码（如电力账户）	字符串
14	关联业务账户编码（如燃气账户）	字符串
15	关联业务账户编码（如水务账户）	字符串
16	关联社区编码	字符串
17	社区关联扩展业务字段 1	字符串
18	社区关联扩展业务字段 2	字符串
19	社区关联扩展业务字段 3	字符串
20	创建人	字符串
21	创建时间	字符串

b）空间模型扩展属性：宜采用动态属性标签方式定义和管理，可支撑各种智慧家庭业务的管理。

空间模型的层级管理模型应能满足社区地址管理的需要，应具备房间及设备位置的地址层级定义能力。地址层级定义参考标准如表 D.2。

表 D.2 地址层级定义参考标准

<table>
<tr><td colspan="2">地址级别</td></tr>
<tr><td colspan="2">市</td></tr>
<tr><td colspan="2">区、县</td></tr>
<tr><td>路、街、巷、里、弄</td><td>乡、镇</td></tr>
<tr><td>门牌号、小区/大厦/建筑群</td><td>村、大队</td></tr>
<tr><td>栋/建筑</td><td>组、小队</td></tr>
<tr><td>单元</td><td>门牌号、家庭名</td></tr>
<tr><td colspan="2">层</td></tr>
<tr><td colspan="2">室</td></tr>
</table>

空间模型应对每一个地址元素提供唯一编码，与外部地址编码形成映射关系。

空间模型应能挂载设备和业务，如图 D.3 所示；挂载设备属性和业务属性的功能要求包括：

a）在业务数据汇聚接入过程中，空间模型应能在目标地址层级的地址元素上挂载相应业务属性，形成基于地址的跨业务数据汇聚；

b）空间模型应支持细颗粒度位置描述能力，提供自定义能力，为家庭内部设备提供精准位置描述，提供业务属性与设备属性的管理/覆盖关系；

c）空间模型中描述的设备应可配置网络地址的属性。

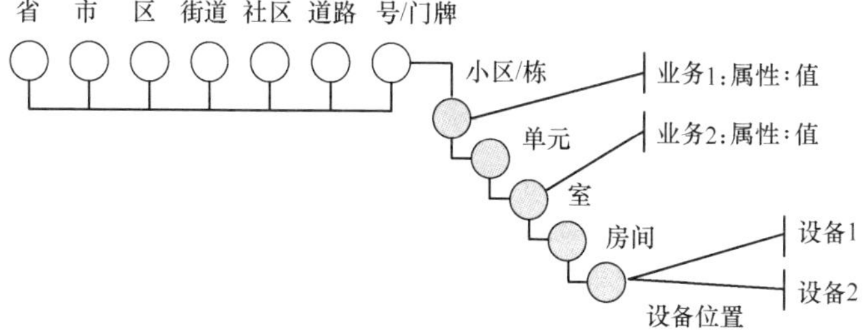

图 D.3 基于空间模型的设备和业务挂载

D.3 客户域

客户模型应能表述客户域信息和相互关系，包括家庭客户域和企业客户域的信息和相互关系。

客户模型的示例如图 D.4。

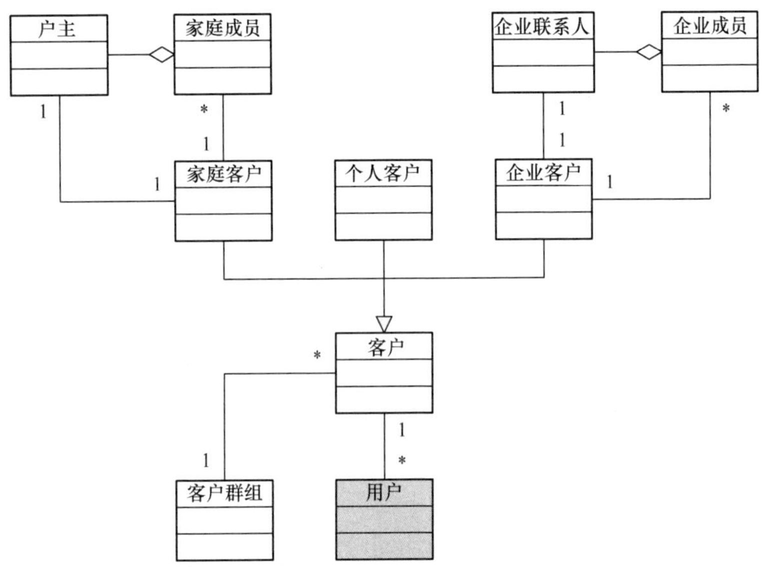

图 D.4 客户模型示例

注释

图 D.4 中，客户模型的注释为：

a) 客户：使用或可能使用业务运营商提供的产品和服务的个人、家庭或企业；

b) 客户群组：按一定规则对客户进行分组，以便于运营和管理；

c) 家庭客户：以家庭组织为形式，使用或可能使用业务运营商产品和服务，与业务运营商建立起家庭客户关系（具有协议关系）的家庭组织；

d) 户主：家庭客户的明确责任人；

e）家庭成员：归属该家庭客户的个人；

f）个人：使用或可能使用业务运营商提供的产品和服务，与业务运营商建立协议关系的个人；

g）企业客户：使用或可能使用业务运营商产品和服务，与业务运营商建立起集团客户关系（具有协议关系）的团体组织或法人单位；

h）企业联系人：企业客户的自然人代表；

i）企业成员：企业客户的员工，使用业务运营商产品和服务的个人。

D.4 用户域

用户模型应能表述用户域信息及相互关系，包括客户订购产品实例的信息（用户是进行服务和计费的载体）。

用户模型的示例如图 D.5。

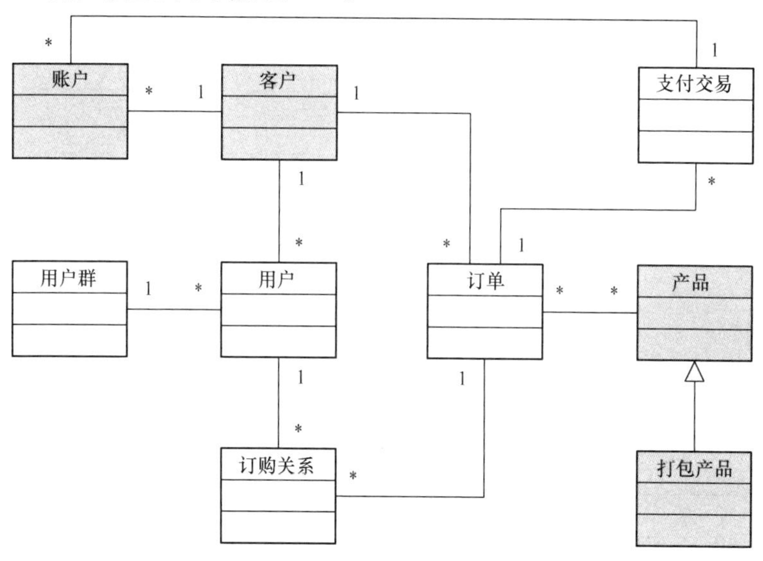

图 D.5 用户模型示例

注释

图 D.5 中，用户模型的注释为：

a) 用户：客户订购产品的实例，是客户获取服务和计费的载体，仅客户在订购产品时才产生（非每次订购产品均产生用户）；

b) 用户群：使用业务运营商特定业务而产生业务关系的特殊用户群体，以便于运营和计费管理（如支持套餐）；

c) 订单：客户通过订购行为形成用户的订购信息；

d) 订购关系：指客户订购产品实例化后形成的实体；

e) 支付交易：指客户支付订单产生的交易记录。

D.5 账户域

账户模型应能表述账户域信息及相互关系，包括客户使用业务产品发生的清单、费用合计、优惠和收费销账全过程信息及账户余额管理所需的信息资料，是费用批价、合账、账单生成、资金回收、欠费管理、账户余额管理等业务功能的基础。

账户模型的示例如图 D.6。

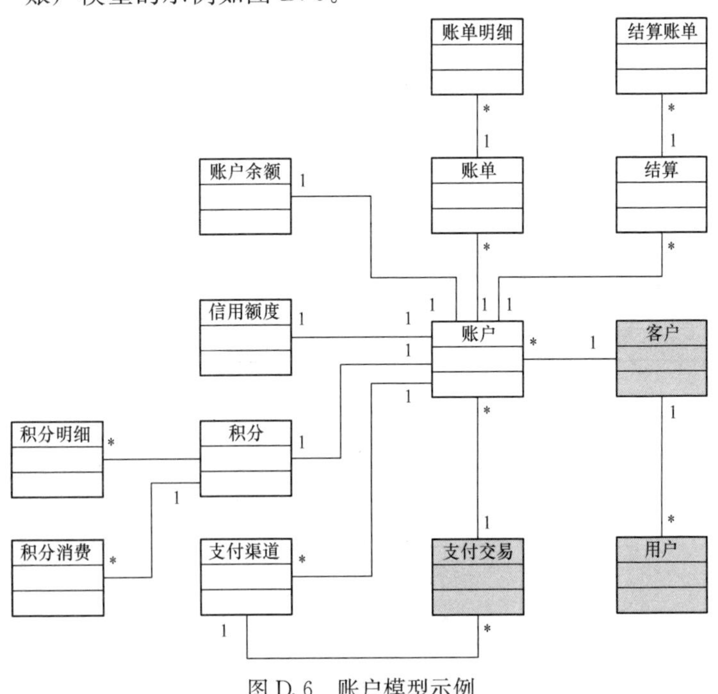

图 D.6　账户模型示例

注释

图 D.6 中，账户模型的注释为：

a）账户：客户使用服务的付费实体，一个客户可以有多个账户；

b）账单：按照运营结算周期定期提供给用户的服务费用信息，详细说明用户拥有和使用各种服务和产品的费用、最终收支差额等，账单类型包括明细账单和综合账单。账单以出账周期为时间单位提供；

c）账单明细：在批价、汇总、出账等阶段形成的账目详细记录，明细账单（也称清单）的对象是用户；

d）结算：对标准服务使用记录经过预处理、结算批价后的记录或销账后的销账记录；

e）结算账单：通过结算账务对结算清单进行汇总、依据结算规则形成的结算账单；

f）账单余额：根据账本及明细账单进行冲销计算得到的各账本科目的实际可使用的金额；

g）信用额度：对客户属性、用户属性、账户属性、消费情况等各方面因素进行综合分析、评估，按照特定的规则得出的对客户、用户、账户信用等级的量化评价指标；

h）积分：客户在使用服务或消费产品过程中所产生的积分，积分按照一定的规则生成；

i）积分明细：客户每次使用服务或消费产品过程中所产生的积分详细记录；

j）积分消费：客户用积分进行产品消费或兑换成其他产品或服务；

k）支付渠道：平台接入的第三方支付平台，包括支付宝、微信支付、银行支付等。

D.6　产品域

产品模型应能表述产品域信息及相互关系，如提供及定义产品的信息集合，包括能够被客户购买/租赁的内容（产品、服务和资费）、产品/服务的所有相关信息（品牌管理、产品目录、产品及之间的关系）等。

产品模型的示例如图 D.7。

图 D.7 为产品模型示例。

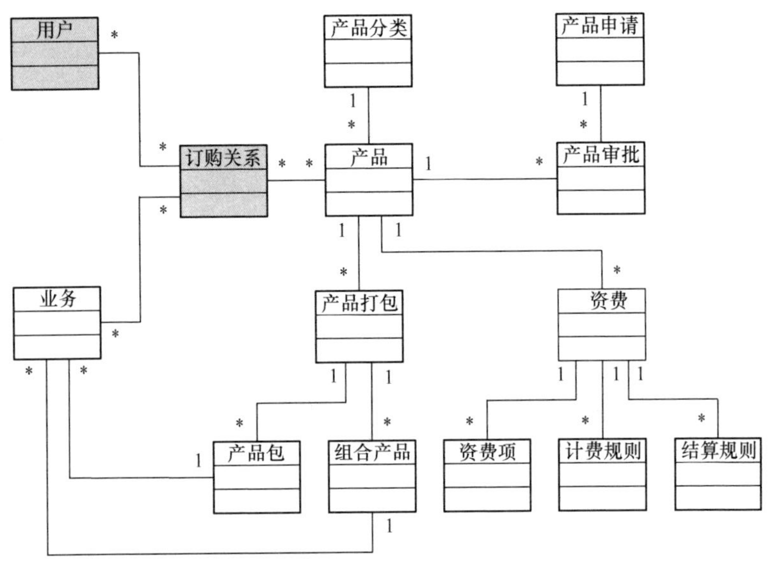

图 D.7　产品模型示例

注释

图 D.7 中，产品模型的注释为：

a）产品：面向客户销售的服务内容；产品按销售对象可分为个人产品、集团产品和家庭产品，按产品开发方式可分为自有产品与合作伙伴产品；

b）产品分类：根据产品的不同属性和产品间的关系进行分类、组合，形成按次序编排的产品名目；

c）产品申请：业务运营人员或合作伙伴申请产品的记录信息；

d）产品审批：对产品信息进行审批、发布的记录信息；

e）业务：平台所提供的服务内容，面向客户提供的一组功能或应用；

f）产品打包：由多个产品和资费捆绑形成；

g）产品包：面向客户使用的服务和应用功能，通过产品包装生成客户可以订购和消费的产品规格；

h）组合产品：包含两个或以上主体产品；一个主体产品可以被0到多个组合产品所包含；

i）资费：对产品的定价、折扣策略的描述，资费由一组资费项构成；

j）资费项：产品资费明细；

k）计费规则：产品的资费计算模式或资费计算方法和规则；

l）结算规则：产品按照运营分成模式进行结算的规则和方法。

D.7　通用域

通用域模型应能表示平台级的基础数据和基础模型。通用域模型跨越两个或更多域的业务实体，这些业务实体不由任何一个域所单独拥有。通用业务实体可表示对其他现实世界业务实体的普遍抽象。

通用域模型图的如图D.8。

注释

图D.8中，通用域模型的注释为：

a）系统用户：使用系统的人，包括汇聚平台运营人员、社区平台运营人员、合作伙伴运营人员等；

b）组织结构：按照机构单位的描述，通过上下级关系定义的组织内部结构；

c）组织属性：对组织管理中的各种扩展信息进行记录；

d）人员属性：对员工管理中的各种扩展信息进行记录；

e）系统日志：对系统使用过程中或运行过程中的重要信息进行记录；

f）权限：对系统实体的操作限制；系统的功能模块、菜单

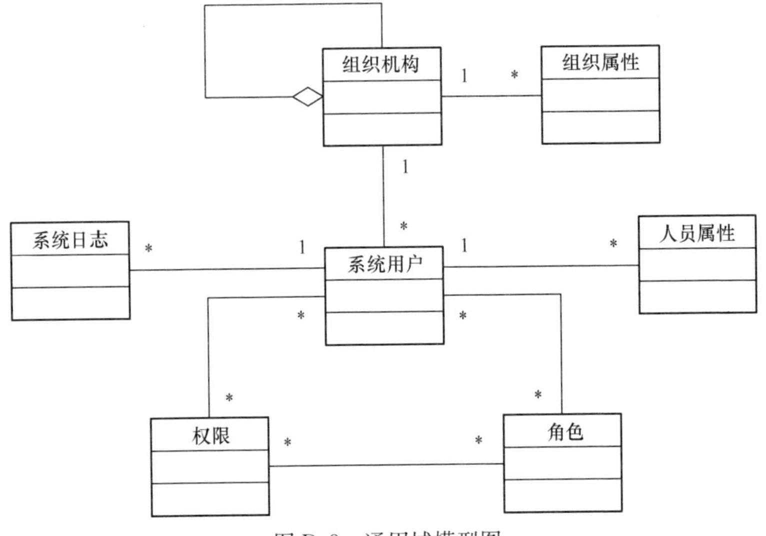

图 D.8　通用域模型图

项、页面控件、数据集等都可以通过权限进行定义；

g）角色：各种基本权限的集合，使操作员拥有一组特定的权限。

附录 E　系统接口规范（规范性附录）

E.1　业务门户与(社区)业务节点平台(社区运营平台)的接口

E.1.1　业务门户注册接口

业务门户注册接口如表 E.1 所示。

表 E.1　业务门户注册接口

接口功能		用户通过业务门户进行注册	
接口方向		业务门户→（社区）业务节点平台（社区运营平台）	
接口请求		https 协议，JASON 格式	
	属性	类型	说明
接口参数			
1	SerialNo	Integer	流水号，唯一标志该记录

续表 E.1

	属性	类型	说　明
接口参数			
2	RegPhoneNum	String	用户注册手机号码
3	DeviceType	Integer	发送设备类型：1—手机；2—PAD；3—机顶盒；4—电脑；5—智能终端屏
4	CommunityId	Integer	用户所在社区 ID
5	VerifyCode	String	用户验证码
6	Password	String	用户密码
返回参数			
1	HandleState	Integer	处理成功状态：0—失败；1—成功
2	UserName	String	用户名称

E.1.2　业务门户认证接口

业务门户认证接口如表 E.2 所示。

表 E.2　业务门户认证接口

接口功能		用户登录业务门户进行身份认证	
接口方向		业务门户→（社区）业务节点平台（社区运营平台）	
接口请求		https 协议，JASON 格式	
	属性	类型	说　明
接口参数			
1	SerialNo	Integer	流水号，唯一标志该记录
2	RegPhoneNum	String	用户注册手机号码
3	DeviceType	Integer	发送设备类型：1—手机；2—PAD；3—机顶盒；4—电脑；5—智能终端屏
4	CommunityId	Integer	用户所在社区 ID
5	Password	String	用户密码
返回参数			
1	HandleState	Integer	处理成功状态：0—失败；1—成功
2	UserName	String	用户名称
3	UserToken	String	用户唯一 token（动态生成，24 小时失效）

E.1.3 业务门户订购/退订业务接口

业务门户订购/退订业务接口如表 E.3 所示。

表 E.3 业务门户认证接口

接口功能		用户通过业务门户对业务进行订购/退订	
接口方向		业务门户→（社区）业务节点平台（社区运营平台）	
接口请求		https 协议，JASON 格式	
	属性	类型	说　明
接口参数			
1	DeviceType	Integer	流水号，唯一标志该记录
2	UserToken	String	用户注册手机号码
3	ServiceId	Integer	发送设备类型：1—手机；2—PAD；3—机顶盒；4—电脑；5—智能终端屏
4	ServiceHandle-State	Integer	用户登录时获取的 TOKEN
5	DeviceType	Integer	业务 ID
6	UserToken	String	业务操作状态：1—增订；2—退订
返回参数			
1	HandleState	Integer	处理成功状态：0—失败；1—成功
2	ServiceURL	String	业务系统地址

E.2 业务汇聚平台与（社区）业务节点平台（社区运营平台）的接口

E.2.1 合作伙伴信息同步接口

合作伙伴信息同步接口如表 E.4 所示。

表 E.4 合作伙伴信息同步接口

接口功能		合作伙伴信息的同步	
接口方向		业务汇聚平台←→（社区）业务节点平台（社区运营平台）	
接口请求		https 协议，JASON 格式	
	属性	类型	说　明
接口参数			
1	SerialNo	Integer	流水号，唯一标志该记录
2	ServiceId	String	业务编码
3	SerialNum	Integer	业务流水号
4	PartnerName	String	合作伙伴名称
5	PartnerCode	String	合作伙伴代码
6	PartnerType	Integer	合作伙伴类型：1—物业；2—业务提供商；3—运营商
7	PartnerLevel	Integer	合作伙伴等级：1——级；2—二级；3—三级；4—四级；5—五级
8	IssueTime	String	合作伙伴准入时间：起始日期 yyyymmdd-yyyymmdd
返回参数			
1	HandleState	Integer	处理成功状态：0—失败；1—成功

E.2.2 客户资料信息同步接口

客户资料信息同步接口如表 E.5 所示。

表 E.5 客户资料信息同步接口

接口功能		客户资料信息的同步	
接口方向		业务汇聚平台←→（社区）业务节点平台（社区运营平台）	
接口请求		https 协议，JASON 格式	
	属性	类型	说　明
接口参数			
1	SerialNo	Integer	流水号，唯一标志该记录
2	CustomerId	String	客户标识

续表 E.5

	属性	类型	说　明
接口参数			
3	CustomerName	String	客户名称
4	CustomerType	Integer	客户类型：1—家庭客户；2—企业客户；3—其他
5	CustomerLevel	Integer	客户级别：1—普通；2—VIP
6	CardType	Integer	证件类型：1—身份证；2—户口本；3—其他证件
7	CardNum	String	证件号码
8	ContactPerson	String	联系人
9	ContactPhone	String	联系电话
10	ContactAddr	String	联系地址
11	HomeAddr	String	家庭地址
12	CreateTime	String	创建时间 yyyymmdd
13	CustomerState	Integer	客户状态：0—失效；1—生效
14	CommunityId	Integer	建档节点
返回参数			
1	HandleState	Integer	处理成功状态：0—失败；1—成功

E.2.3　账户资料信息同步接口

账户资料信息同步接口如表 E.6 所示。

表 E.6　账户资料信息同步接口

接口功能		账户资料信息的同步	
接口方向		业务汇聚平台←→（社区）业务节点平台（社区运营平台）	
接口请求		https 协议，JASON 格式	
	属性	类型	说　明
接口参数			
1	SerialNo	Integer	流水号，唯一标志该记录

续表 E. 6

	属性	类型	说　明
接口参数			
2	AccountID	String	账户标识
3	AccountName	String	账户名称
4	CustomerId	String	客户标识
5	AccountPeriod	String	账户有效期 -起始日期 yyyymmdd-yyyymmdd
6	Payment-Channels	Integer	缴费渠道：1—柜台缴纳；2—汇款；3—第三方支付
7	CreditTime	Integer	账期：1—月；2—年
8	BankName	String	缴费银行
9	BankAccount	String	银行账号
10	CurrencyType	Integer	货币类型：1—人民币；2—美元；3—欧元
11	CreateTime	String	开户时间 yyyymmdd
12	CloseTime	String	销户时间 yyyymmdd
返回参数			
1	HandleState	Integer	处理成功状态：0—失败；1—成功

E. 2. 4　用户信息同步接口

用户信息同步接口如表 E. 7 所示。

表 E. 7　用户信息同步接口

接口功能		用户信息的同步	
接口方向		业务汇聚平台←→（社区）业务节点平台（社区运营平台）	
接口请求		https 协议，JASON 格式	
	属性	类型	说　明
接口参数			
1	SerialNo	Integer	流水号，唯一标志该记录
2	UserId	String	用户标志
3	AccessType	Integer	接入方式：1—终端应用接入；2—URL 访问

续表 E.7

	属性	类型	说　明
接口参数			
4	TerminalType	Integer	终端类型：1—手机；2—PAD；3—机顶盒；4—电脑；5—智能终端屏
5	AuthType	Integer	认证方式：1—账号密码；2—固件；3—账号密码+短信认证
6	TerminalSerial	String	终端固件号
7	CreateTime	String	用户入网时间 yyyymmdd
8	UserState	Integer	用户状态：0—失效；1—生效
返回参数			
1	HandleState	Integer	处理成功状态：0—失败；1—成功

E.2.5　产品订购/变更/取消接口

产品订购/变更/取消接口如表 E.8 所示。

表 E.8　产品订购/变更/取消接口

	接口功能	产品订购/变更/取消	
	接口方向	业务汇聚平台←→（社区）业务节点平台（社区运营平台）	
	接口请求	https 协议，JASON 格式	
	属性	类型	说　明
接口参数			
1	SerialNo	Integer	流水号，唯一标志该记录
2	HandleTime	String	操作时间 yyyy-mm-dd hh：mi：ss
3	ServiceId	String	业务编码
4	SerialNum	Integer	业务流水号
5	OrderFlag	Integer	订购标志：0—退订；1—订购
6	ServiceURL	String	业务配置 IP 和端口
7	UserId	String	用户标志
8	ProductId	String	产品代码
9	HandleType	Integer	处理方式：1—订购；2—变更；3—取消
返回参数			
1	HandleState	Integer	处理成功状态：0—失败；1—成功

E.3　业务接入网关与第三方业务系统的接口

E.3.1　合作伙伴信息发布接口

合作伙伴信息发布接口如表 E.9 所示。

表 E.9　合作伙伴信息发布接口

接口功能		将合作伙伴信息发布到第三方业务系统	
接口方向		业务汇聚平台→第三方业务系统	
接口请求		https 协议，JASON 格式	
	属性	类型	说　明
接口参数			
1	SerialNo	Integer	流水号，唯一标志该记录
2	PartnerName	String	合作伙伴名称
3	PartnerCode	String	合作伙伴代码
4	PartnerType	Integer	合作伙伴类型：1—物业；2—业务提供商；3—运营商
5	PartnerLevel	Integer	合作伙伴等级：1— 一级；2—二级；3—三级；4—四级；5—五级
6	IssueTime	String	合作伙伴准入时间：起始日期 yyyymmdd-yyyymmdd
返回参数			
1	HandleState	Integer	处理成功状态：0—失败；1—成功

E.3.2　业务配置信息发布接口

业务配置信息发布接口如表 E.10 所示。

表 E.10　业务配置信息发布接口

接口功能		将业务配置信息发布到第三方业务系统	
接口方向		业务汇聚平台→第三方业务系统	
接口请求		https 协议，JASON 格式	
	属性	类型	说　明
接口参数			
1	SerialNo	Integer	流水号，唯一标志该记录

续表 E.10

	属性	类型	说　明
接口参数			
2	ServiceId	String	业务编码
3	ServiceDesc	String	业务描述
4	ServiceType	Integer	业务类型：1—社区业务；2—家政业务；3—……
5	PartnerLevel	Integer	业务状态：0—失效；1—生效
6	AccessServ	String	接入认证服务器 IP
7	CommunityId	Integer	业务所覆盖社区
返回参数			
1	HandleState	Integer	处理成功状态：0—失败；1—成功

附录 F　第三方业务审核、发布流程（规范性附录）

F.1　总体要求

业务汇聚平台应能审核接入的第三方平台，对平台和业务允否接入进行相应处理。

F.2　业务流程（示例）

F.2.1　业务（产品）接入审核

F.2.1.1　第三方的业务（产品）接入审核的流程如图 F.1。

F.2.1.2　注释

图 F.1 中，业务（产品）接入审核流程的注释为：

a）提交书面业务申请：智慧家庭业务厂家书面提交业务申请（系统线下完成，包括合作协议等）；

b）业务信息生成：业务汇聚平台运营人员在系统中创建业务信息（包括业务分类、业务编码、业务状态、业务配置信息等）；

c）业务信息配置：业务汇聚平台将业务配置信息下发到社区

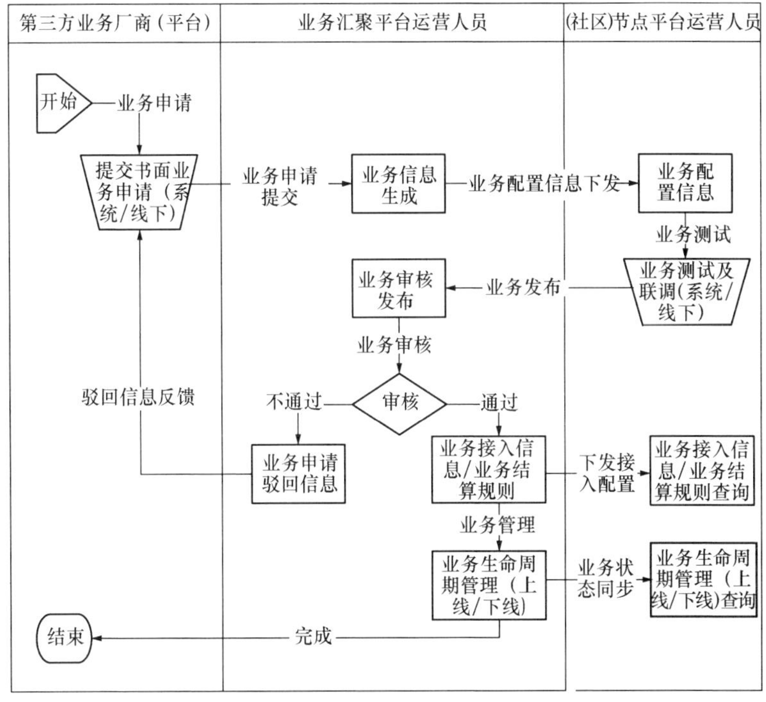

图 F.1 业务（产品）接入审核流程

业务节点平台（社区运营平台）；

d）业务测试和联调：业务系统在社区进行测试和联调（线下完成，包括硬件适配）；

e）业务审核发布：测试通过的业务在业务汇聚平台中审核发布；

f）审核不通过：向智慧家庭业务厂家反馈驳回信息，按要求修改；

g）审核通过：在业务汇聚平台中生成业务接入信息和业务结算规则；

h）业务接入信息和业务结算规则查询：接入信息和业务结算规则下发到社区业务节点，运营人员可查询业务接入信息和业务规则；

i）业务生命周期进行管理：业务汇聚平台运营人员对业务生命周期进行管理，可以对业务进行上线、下线操作；

j）业务状态同步：业务状态实时同步给社区业务节点平台（社区运营平台），运营人员可查询业务状态。

F.2.2 产品发布和管理

F.2.2.1 产品发布管理的流程如图 F.2。

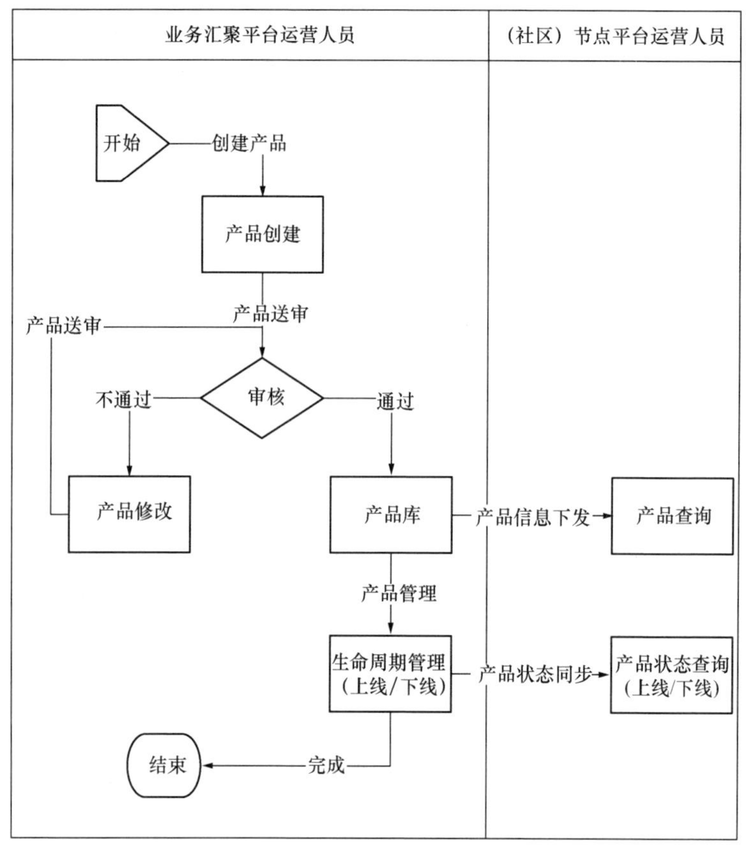

图 F.2 产品发布管理流程

F.2.2.2 注释

图 F.2 中，产品发布管理流程的注释为：

a）产品创建：业务汇聚平台运营人员在系统中创建产品，

定义产品属性和产品业务构成、产品资费，以及未来扩展的活动和积分策略等；

b）产品审核：业务汇聚平台内部完成产品信息的审核（按产品管理人员权限）；

c）审核不通过：对产品进行修改；

d）审核通过：生成完整的产品资料库，同时将生效的产品信息下发到社区业务节点平台（社区运营平台）；

e）产品信息下发：社区业务节点平台（社区运营平台）的运营人员可以查询产品资料库；

f）生命周期管理：业务汇聚平台运营人员对产品生命周期进行管理，进行产品上线、下线操作；

g）产品状态同步：产品状态信息实时同步给社区业务节点平台（社区运营平台）；

h）产品状态社区业务节点平台（社区运营平台）运营人员可以查询产品状态，用户在业务门户中只能访问正常生效的产品查询。

附录 G　社区用电及能效管理系统（资料性附录）

G.1　总体要求

社区用电及能效管理系统可包括电网管理、用电管理和能效管理。

电网管理可接入业务汇聚平台。电网管理可包括社区供配电设备、分布式电源与储能管理、智能量测管理。

用电管理和能效管理系统可接入（社区）业务节点平台（社区运营平台）或业务汇聚平台。其中：

a）用电管理可包括智能家居用电管理、社区电动汽车充电桩管理。

b）能效管理可包括社区用能设备设施的数据管理等。

G.2 智能家居用电管理

智能家居用电管理系统的设施设备应满足 DB42/T 1226 的要求，可与智能家居设备进行集成。

智能家居用电管理系统包括智能电表、智能终端和智能家居控制器（网关）。

智能家居用电管理系统应能：

a）对家庭用电进行监测和控制；

b）对家庭用电进行实时查询、在线监控、灵活配置；

c）在线缴纳用电费用，查询历史用电信息等功能；

d）集中或远程控制和管理家庭电器。

G.3 电动汽车充电桩管理

应为社区电动汽车充电桩提供专用供电系统，供电系统应符合 GB/T 12325、GB/T 14549、GB/T 15945 的规定的电网质量。

系统应包括智能监控终端、充放电设施等。系统应能：

a）实现电动汽车充放电智能控制，满足客户便捷与智能充放电的应用要求；

b）预测需求、优化方案、合理调配充电时段、有序充电，提高电力资产利用率；

c）智能削峰填谷、平抑电网负荷波动；

d）与配网、调度等系统实现数据交换。

充电桩待机状态应不能接入强电系统，仅允许弱电监控系统运行。

G.4 客户能效管理系统

G.4.1 系统应满足行业对智能用电服务的要求。

G.4.2 系统应包括交互终端、传感器、客户表计、智能用电设备等。系统应能：

a）提供多种渠道监控和操作智能用电设备，采集客户用能信息；

b）分析客户用能信息，提供用能策略查询、用能状况分析、最优用能方案等多种服务；

c）与电动汽车充电桩管理和智能家居用电管理等系统进行信息交互。

附录 H　小区业务（资料性附录）

H.1　总体说明

业务应在物业公司所辖范围。

业务可由物业管理服务平台提供，也可由业务节点平台（社区运营平台）集成提供。

H.2　物业基础服务

物业基础服务包括生活缴费、报装报修、投诉建议、公告信息、智能停车管理等。

H.3　增值服务

增值服务包括社交活动、小区电商服务、商家合作、上门服务、拼团活动、管家服务、房源信息、快递管理、营销管理、话费充值等。

H.4　智能系统业务

智能系统业务包括能效管理、智能停车管理、云监控、电动汽车智能充电、远程智能家居等。

参考文献

[1] 郭理桥. 智慧城市导论[M]. 北京：中信出版股份有限公司，2015. 1.

[2] 李翼，马昌军，董辰儿，刘广红. 智慧城市顶层设计探讨[J]. 郑州：邮电设计技术，2013.6.

[3] 广东国信物联科技股份有限公司. 智慧园区建设解决方案[Z]. 佛山，2016.

[4] 广东国信物联科技股份有限公司. 网格化智慧社区管理系统[Z]. 佛山，2016.

[5] 广东国信物联科技股份有限公司. 智慧社区服务站[Z]. 佛山，2017.

[6] 绿城科技有限公司. 物业服务集团企业标准和规范[Z]. 东莞，2015.

[7] DB 42/T ××××—2017. 智慧社区 智慧家庭业务接入管理通用规范[S]. 湖北，2017.

[8] http：//www. baidu. com/

[9] http：//www. people. com. cn/.

[10] 李静. 关于智慧社区的建设与思考[J]. 管理观察，2015(17).

[11] 中国电子技术标准化研究院、全国信息技术标准化技术委员会 SOA 分技术委员会(筹)《中国智慧城市标准化白皮书》，2013.7

[12] 王喜富，陈肖然. 智慧社区——物联网时代的未来家园. 电子工业出版社，2015.1.

[13] 端木一博，柴彦威，周微茹. 国内外智慧社区建设的标准化审视[J]. 建设科技，2017(13)：49-52.

[14] 2016 中国智慧社区发展报告.

[15] 高远. 智慧小区技术体系及应用集成技术研究. 重庆大学计算机学院.